*I*MES

KARL MARX
FRIEDRICH ENGELS
GESAMTAUSGABE
(MEGA)

HERAUSGEGEBEN VON DER
INTERNATIONALEN MARX-ENGELS-STIFTUNG
AMSTERDAM

Editionsrichtlinien der Marx-Engels-Gesamtausgabe (MEGA)

Dietz Verlag Berlin

1993

Internationale Marx-Engels-Stiftung Amsterdam

Editionsrichtlinien der Marx-Engels-Gesamtausgabe (MEGA) /
Hrsg. von der Internationalen Marx-Engels-Stiftung. –
Berlin: Dietz Verl. GmbH 1993. – 239 S.

ISBN 3-320-01815-9

© Dietz Verlag Berlin GmbH 1993
Die Satzvorlage lieferte der Herausgeber
Printed in Germany
Druck und Bindearbeit: Graphischer Großbetrieb Pößneck GmbH
Ein Mohndruck-Betrieb

Inhalt

**Hinweise für die Anwendung
der Editionsrichtlinien der MEGA**   43

Vorwort

Nach den Ereignissen des Herbstes 1989, mit denen sich auch die Bedeutung von Karl Marx und Friedrich Engels im Gegenwartsbewußtsein sowie das Bedingungsgefüge der Marx-Engels-Forschung abrupt änderten, schien es fraglich, ob die in den 1970er Jahren begonnene neue, „zweite" Marx-Engels-Gesamtausgabe (MEGA²) fortgeführt werden könnte. Überzeugt, daß eine historisch-kritische Edition des gesamten Werkes von Marx und Engels – nicht zuletzt im Interesse einer fundierten Auseinandersetzung damit – ein Desiderat blieb, ergriffen das Internationaal Instituut voor Sociale Geschiedenis, Amsterdam, in dem sich der Großteil des handschriftlichen Marx-Engels-Nachlasses befindet, und das Karl-Marx-Haus der Friedrich-Ebert-Stiftung, Trier, im Einvernehmen mit den beiden bisherigen Herausgeberinstituten die Initiative zur Gründung der Internationalen Marx-Engels-Stiftung (IMES), Amsterdam.

Am 22. Mai 1990 wurde in Amsterdam das Protokoll über die Gründung der IMES unterzeichnet, die künftig „als Herausgeberin der MEGA auftreten" sollte.[1] Die IMES stellte sich die Aufgabe, die MEGA², von der bis dahin bereits 43 Bände (bzw. Teilbände) erschienen waren,[2] in internationaler Kooperation als rein akademische Edition ohne jegliche parteipolitische Zielsetzung fortzuführen.[3]

Wie bekannt, war die „erste" MEGA (1927–1934) von V. I. Lenin initiiert worden. Unter der Leitung von David Rjazanov begonnen, von Vladimir Adoratskij

---

1 Protokoll [der Besprechungen am 21. und 22. Mai 1990 im IISG]. Amsterdam, den 22. Mai 1990, Art. 1 und 2.
2 Seit der Gründung der IMES erschienen — bereits unter deren Namen — vier weitere, noch unter der Verantwortung der früheren Redaktionskommissionen bearbeitete Bände. Insgesamt sind von 1975 bis Ende 1992 in den vier Abteilungen der MEGA² 47 Bände (bzw. Teilbände) erschienen:
    I.   Abt., Bd. 1, 2, 3, 10, 11, 12, 13, 18, 20, 22, 24, 25, 26, 27, 29.
    II.   Abt., Bd. 1.1, 1.2, 2, 3.1, 3.2, 3.3, 3.4, 3.5, 3.6, 4.1, 4.2, 5, 6, 7, 8, 9, 10.
    III. Abt., Bd. 1 bis 8.
    IV. Abt., Bd. 1, 2, 4, 6, 7, 8, 9.
3 Siehe Jürgen Rojahn: Die Marx-Engels-Gesamtausgabe (MEGA). Stand der Arbeit und geplante Fortführung. In: IWK. Internationale wissenschaftliche Korrespondenz zur Geschichte der deutschen Arbeiterbewegung. Berlin, Dezember 1991. 27. Jg. H. 4, S. 470–482.

weitergeführt, blieb sie infolge der Machtergreifung Hitlers und des stalinistischen Terrors ein Torso. Erst in den 1960er Jahren wurde die Arbeit an der „zweiten" MEGA aufgenommen.[4] Vor der Gründung der IMES lag die Verantwortung für die Edition bei dem Institut marksizma-leninizma pri CK KPSS, Moskau, und dem Institut für Marxismus-Leninismus beim ZK der SED, Berlin. Anfang 1990 trat an die Stelle des Berliner Instituts die Akademie der Wissenschaften der DDR, Berlin.

Aus der Zielsetzung der IMES sowie den veränderten Bedingungen ergaben sich weitreichende Konsequenzen. Von den Mitarbeitern der MEGA wird künftig erwartet, daß sie sich, einem pluralistischen Wissenschaftsverständnis verpflichtet, ausschließlich an den anerkannten Standards historisch-kritischer Forschung und Edition orientieren. Der wissenschaftliche Meinungsstreit soll nicht nur gepflegt, sondern auch offen ausgetragen, der Informationsaustausch gefördert werden.

Was die Finanzierung anbelangt, verlor die MEGA ihre privilegierte Position. Die IMES ist auf die normalen Forschungsförderungsinstitutionen angewiesen. Um die Bearbeitungszeit zu reduzieren, ist eine Rationalisierung der verschiedenen Arbeitsgänge anzustreben. Unter anderem sind die Möglichkeiten der Computertechnik im Bereich von Datenspeicherung, Textverarbeitung und Textverwaltung verstärkt zu nutzen.

Nach bedeutenden Einschnitten im Bereich des Editionspersonals mußte die gesamte Arbeit an der Edition neu organisiert werden. An die Stelle der Partei-Institute traten selbständige Kleineinheiten an Akademien, Universitäten und anderen wissenschaftlichen Institutionen, deren Arbeit von der IMES koordiniert wird. Neben zwei vom IISG finanzierten Arbeitsgruppen in Moskau konstituierte sich eine deutsch-französische Arbeitsgruppe in Trier und Aix-en-Provence. Anfang 1992 konnte ein Kooperationsvertrag mit der Konferenz der deutschen Akademien der Wissenschaften, Mainz, abgeschlossen wer-

---

4 Siehe Rolf Dlubek: Frühe Initiativen zur Vorbereitung einer neuen MEGA (1955–1958). In: Beiträge zur Marx-Engels-Forschung. Neue Folge, Berlin 1992, H. 2, S. 43–55. Für den Zeitabschnitt 1959–1975 siehe den Beitrag desselben auf der Aixer Konferenz, März 1992: Die Entstehung der zweiten Marx-Engels-Gesamtausgabe. In: MEGA-Studien. Hrsg. von der Internationalen Marx-Engels-Stiftung Amsterdam. Amsterdam 1993. H. 1 (in Vorbereitung).

den. Diese übernahm die Einrichtung einer MEGA-Arbeitsstelle in den neuen Ländern der Bundesrepublik Deutschland. Auf Empfehlung des Wissenschaftsrates sowie auf Grund einer gutachtlichen Evaluierung hatte sie sich für die Aufnahme der MEGA in das Akademienprogramm entschieden.

Schon im Dezember 1990 hatte die Redaktionskommission der IMES die ihr in den Statuten übertragenen Aufgaben näher bestimmt. Die Redaktionskommission übernahm „die Koordination der gesamten MEGA-Arbeit" sowie „die Kontrolle der Einheitlichkeit und der wissenschaftlichen Qualität der MEGA-Bände". Dazu gehörte nicht nur die Kontrolle der „Einhaltung der Editionsrichtlinien", sondern auch ihre „Überprüfung und eventuelle Revision".[5]

Allgemeine Richtlinien sind für ein Unternehmen vom Umfang der MEGA, das an verschiedenen Orten durchgeführt wird, unverzichtbar. Die Herausgeber hatten eine vorläufige Fassung solcher Richtlinien 1972 in einem Probeband veröffentlicht.[6] Die über 100 Gutachten, die sie erhielten, fanden großenteils Berücksichtigung. Doch wurde die überarbeitete Fassung, in der jetzt Editions- und Redaktionsrichtlinien[7] unterschieden wurden, nicht veröffentlicht, sondern als internes Material der beiden Institute und der angegliederten Arbeitsgruppen behandelt.[8] Im Verlauf der Arbeit an den Bänden wurden die Richtlinien in den Jahren 1982–1984 mehrfach ergänzt bzw. korrigiert.[9]

---

5 Protokoll der Sitzung der Redaktionskommission („Kernkommission") am 21.–22. Dezember 1990 in Moskau: Punkt 4. Aufgaben der Redaktionskommission.
6 Editionsrichtlinien der Marx-Engels-Ausgabe (MEGA). In: Karl Marx, Friedrich Engels: Gesamtausgabe (MEGA). Probeband. Editionsprinzipien und Probestücke. Berlin 1972. S. 39*–68*. Redaktion des Bandes: Rolf Dlubek und A. I. Malysch (Leitung); Erich Kundel, S. S. Lewiowa, Richard Sperl, Inge Taubert. Redaktionssekretäre: L. R. Miskewitsch und Heinz Ruschinski.
7 Institut für Marxismus-Leninismus beim ZK der KPdSU und Institut für Marxismus-Leninismus beim ZK der SED. Editionsrichtlinien der Marx-Engels-Gesamtausgabe (MEGA). Maschinenschriftlich vervielfältigt. Berlin 1976. 214 S.
8 Solche Arbeitsgruppen existierten an der Akademie der Wissenschaften der DDR und der Humboldt-Universität in Berlin, an den Universitäten in Halle-Wittenberg, Jena und Leipzig sowie an der Hochschule Erfurt-Mühlhausen.
9 Nachtrag Nr. 1 [bis 25] zu den Redaktionsrichtlinien der MEGA. Mai 1982 bis Mai 1984. [IML Berlin.] 39 S. Damals war bereits eine Revision fällig. Siehe Richard Sperl/Inge Taubert: Zu einigen Fragen der Autorschaftsbestimmung. In: Beiträge zur Marx-Engels-Forschung. IML Berlin. 1985. H. 19, S. 111–118. Inge Taubert: Probleme der Aufnahme, der Beschreibung und der Siglierung von Textzeugen in der Ersten Abteilung der MEGA. In: ebd. S. 119–125.

Die Redaktionskommission der IMES betrachtete die Überprüfung und eventuelle Revision der Richtlinien als eine vorrangige Aufgabe. Dabei kam es in erster Linie darauf an, in Hinblick auf die historisch-kritische Zielsetzung politisch-ideologische Regelungen zu beseitigen. Weitere Ziele waren die Verminderung des Zeitaufwands für die Bearbeitung der Bände und die Vereinfachung des Apparates ohne Verlust an wissenschaftlicher Substanz. Im März 1991 wurde beschlossen, zur Revision der Richtlinien eine Konferenz einzuberufen.

Die Konferenz fand ein Jahr später, vom 23. bis 28. März 1992, in Aix-en-Provence statt. Es nahmen an ihr damalige bzw. bald darauf ernannte Mitglieder der IMES-Gremien, zu denen alte und neue Mitarbeiter an der MEGA zählten, weitere langjährige Mitarbeiter an der Ausgabe sowie international anerkannte Editionsspezialisten teil.[10] Die Konferenzteilnehmer hatten zuvor die bisherigen Editions- und Redaktionsrichtlinien samt den Nachträgen erhalten. Ferner lag der Konferenz der von einer engeren Kommission erstellte Entwurf einer revidierten Fassung vor, der die Abtrennung der eigentlichen Editionsrichtlinien von den Hinweisen zu ihrer Anwendung vorsah. Nach eingehenden, teilweise sehr lebhaften Debatten über Vergangenheit, Zielsetzung und Inhalt der MEGA erarbeitete die Konferenz detaillierte Empfehlungen für die Neufassung der Richtlinien.

---

10 Die Teilnehmer an der Konferenz waren:
  – damalige bzw. bald darauf ernannte Mitglieder der IMES-Gremien: Georgij Bagaturija (Moskau), Galina Golovina (Moskau), Jacques Grandjonc (Aix-en-Provence), Hans-Peter Harstick (Braunschweig), Martin Hundt (Berlin), Manfred Neuhaus (Leipzig), Teinosuke Otani (Tokyo), Hans Pelger (Trier), Jürgen Rojahn (Amsterdam), Walter Schmidt (Berlin), Fred Schrader (Paris), Vitalij Vygodskij (Moskau), Zhou Liangxun (Peking);
  – langjährige Mitarbeiter an der MEGA: Rolf Dlubek (Berlin), Anneliese Griese (Berlin), Manfred Müller (Berlin), Richard Sperl (Berlin), Inge Taubert (Berlin), Gunter Willing (Halle);
  – Editionsspezialisten, Herausgeber anderer Autoren: Karlfried Gründer (Berlin), Walter Jaeschke (Berlin), Georges Labica (Paris), Siegfried Scheibe (Berlin), Michael Werner (Paris), Winfried Woesler (Osnabrück), Hans Zeller (Fribourg);
  – Sekretariat: Ursula Balzer (Amsterdam), Angelika Hechenblaickner und Valérie Seroussi (Paris), Marine M'Sili (Aix-en-Provence), Elke Röllig (Berlin).

Nach Verarbeitung dieser Empfehlungen konnten die neuen Editionsrichtlinien, im Einvernehmen mit der Konferenz der deutschen Akademien der
Wissenschaften, von der mittlerweile erweiterten Redaktionskommission am
2.–3. Juli 1992 in Amsterdam verabschiedet werden. In der folgenden Redak-
tionssitzung, die am 26.–27. November 1992 in Trier stattfand, wurden auch
die Hinweise zur Anwendung der Editionsrichtlininen angenommen.

Editionsrichtlinien und Hinweise treten 1993 in Kraft. Davon ausgehend, daß
sie nicht nur eine interne Angelegenheit der IMES und der MEGA-Arbeits-
gruppen sind, sondern als Bestandteil der Edition selbst auch deren Benutzern
zugänglich sein sollen, werden sie hier veröffentlicht. Außerdem enthält der
Band im Anhang die früheren Editions- und Redaktionsrichtlinien (samt
Nachträgen), nach denen die bisher erschienenen 47 Bände der MEGA^2
bearbeitet wurden.

Dezember 1992

Für die Redaktionskommission der IMES

Jacques Grandjonc

Abkürzungen

ER	Editionsrichtlinien
Erl.	Erläuterung(en)
ET	Edierter Text
KT	Kolumnentitel
LR	Literaturregister
M/E	Marx/Engels (im Register)
NR	Namenregister
RT	Redaktioneller Text

Der Text der Editionsrichtlinien und der Hinweise zu ihrer Anwendung erscheint in Editorschrift (Helvetica 10 Punkt). Die Beispiele in derselben Schrift (9 Punkt). Die Zitate von Marx/Engels in Autorschrift (Times 10 bzw. 9 Punkt).

Editionsrichtlinien
der
Marx-Engels-Gesamtausgabe
(MEGA)

A. CHARAKTER, INHALT UND GLIEDERUNG

I. Charakter der Ausgabe

Die **Marx-Engels-Gesamtausgabe (MEGA)** ist die vollständige, historisch-kritische Ausgabe der Veröffentlichungen, der Handschriften und des Briefwechsels von Karl Marx und Friedrich Engels.

II. Inhalt

1   In der MEGA werden die nachweisbar von Marx und/oder von Engels (im folgenden: Marx/Engels) stammenden und in handschriftlicher und/oder gedruckter Form überlieferten Texte sowie bestimmte Texte anderer Personen (siehe 1.1.2, 1.1.4 und 1.1.5) ediert.

1.1   Als Textzeugen werden herangezogen:

1.1.1   Alle eigenhändigen Niederschriften von Marx/Engels einschließlich ihrer Eintragungen in handschriftlichen und gedruckten Texten (Korrekturen, Randbemerkungen usw.).

1.1.2   Nicht eigenhändige Niederschriften sowie nicht eigenhändige Eintragungen in handschriftlichen und gedruckten Texten, die nachweisbar unter unmittelbarer Mitwirkung von Marx/Engels entstanden sind bzw. von ihnen veranlaßt wurden (Diktathandschriften; Niederschriften bzw. Abschriften durch Familienangehörige, Mitarbeiter oder Kopisten; Korrektureintragungen) und Protokollniederschriften, die nachträglich von ihnen gebilligt wurden.

1.1.3   Alle autorisierten Drucke, d.h. alle selbständigen Drucke und Abdrukke in Periodica, für die Marx/Engels die Vorlage geliefert und/oder die Revision während der Drucklegung durchgeführt haben bzw. für die sich die Autorisation indirekt belegen läßt.

1.1.4   Briefe Dritter an Marx/Engels, auch wenn sie formal an Institutionen gerichtet sind.

1.1.5   Widmungen von und an Marx/Engels.

1.2   Weiterhin werden nötigenfalls herangezogen:

1.2.1   Nicht autorisierte Niederschriften, die auf einen nicht überlieferten oder nicht zugänglichen autorisierten Textzeugen (Handschrift oder Druck) zurückgehen.

1.2.2   Nicht autorisierte Drucke, die auf einen nicht überlieferten oder nicht zugänglichen autorisierten Zeugen (Handschrift oder Druck) zurückgehen bzw. die als Vorlage für einen autorisierten Druck dienten.

2	Darüber hinaus können — vollständig oder auszugsweise — noch folgende Texte als Anhang Aufnahme finden:
2.1	Texte von Marx/Engels, die ohne ihr Einverständnis durch dritte Personen in erheblicher Weise verändert oder redigiert worden sind und von denen kein autorisierter Textzeuge überliefert ist.
2.2	Aufzeichnungen von Reden, Unterhaltungen und Interviews von bzw. mit Marx/Engels, die von diesen nicht autorisiert wurden und von denen kein autorisierter Textzeuge überliefert ist.
2.3	Texte, bei denen die Autorschaft von Marx/Engels nicht mit ausreichender Sicherheit nachzuweisen ist (Dubiosa).
2.4	Dokumente, die von Marx/Engels unterzeichnet bzw. mitunterzeichnet sind, ohne daß sie von ihnen verfaßt wurden bzw. ihre Autorschaft nachweisbar ist.
2.5	Übersetzungen von Texten von Marx/Engels, die durch dritte Personen angefertigt, jedoch von den Autoren durch Prüfung des Manuskripts bzw. der Korrekturabzüge und durch Zustimmung zur Veröffentlichung autorisiert wurden, zumal wenn nachweisbar ein bedeutender Einfluß von Marx/Engels vorliegt.
2.6	Schriften anderer Autoren, die von Marx/Engels übersetzt wurden.
2.7	Schriften anderer Autoren, die unter unmittelbarer Anleitung bzw. Beteiligung von Marx/Engels entstanden oder von ihnen bearbeitet wurden, zumal bei einem nachweisbar bedeutenden Arbeitsanteil von Marx/Engels.
2.8	Die unter 2.1–2.7 genannten Texte werden in jedem Fall zumindest bibliographisch beschrieben.
3	Der Ausgabe können Lebenszeugnisse beigefügt werden.

III. Gliederung und Anordnung der Materialien

1	**Gliederung der Ausgabe**
	Die Ausgabe wird in vier Abteilungen gegliedert.
1.1	*Erste Abteilung: Werke • Artikel • Entwürfe*
	Die Erste Abteilung enthält sämtliche Werke, Schriften, Artikel und Reden von Marx/Engels sowie überlieferte Vorstufen und spätere Bearbeitungen (einschließlich der von Marx/Engels selbst angefertigten Übersetzungen), unabhängig davon, ob die Texte vollendet wurden bzw. vollständig überliefert sind.
1.1.1	Ausgenommen bleibt Marx' Werk „Das Kapital" mit den direkt dazugehörenden Vorstufen.
1.1.2	Als Anhang können die unter A.II.2.1–2.7 angeführten Materialien in geeigneter Form wiedergegeben werden.

1.2   *Zweite Abteilung: „Das Kapital" und Vorarbeiten*
Die Zweite Abteilung enthält Marx' Werk „Das Kapital" in seinen autorisierten Ausgaben (einschließlich der autorisierten Übersetzungen) und alle direkt dazugehörenden Vorstufen (von den Ökonomischen Manuskripten von 1857/58 an).

1.3   *Dritte Abteilung: Briefwechsel*
Die Dritte Abteilung enthält den gesamten überlieferten Briefwechsel von Marx/Engels und die in ihrem Auftrag verfaßten Briefe in chronologischer Reihenfolge sowie Widmungen von und an Marx/Engels.

1.3.1   Als Anhang zu den einzelnen Bänden können Lebenszeugnisse aus dem entsprechenden Zeitraum wiedergegeben werden. Nach Sammlung aller in den jeweiligen Zeitraum fallenden Lebenszeugnisse entscheiden die Bearbeiter, ob und in welcher Form sie im Band wiedergegeben werden sollen.

1.4   *Vierte Abteilung: Exzerpte • Notizen • Marginalien*
Die Vierte Abteilung erfaßt in geeigneter Form, unter Berücksichtigung moderner technischer Publikationsverfahren, die Exzerpthefte und Einzelexzerpte, Notizbücher und Einzelnotizen von Marx/Engels sowie ihre Randbemerkungen und Anstreichungen in Drukken und Handschriften.

1.4.1   Die Marginalien von Marx/Engels werden vollständig erfaßt und im Apparat aller Abteilungen verwertet. Wie sie für die wissenschaftliche Benutzung zugänglich gemacht werden, wird zu gegebener Zeit entschieden. In einem Band der Vierten Abteilung werden die wiedergefundenen Bücher *ex libris* Marx/Engels einschließlich der darin enthaltenen Lesespuren beschrieben.

2   **Zeichnungen und Skizzen**
Zeichnungen und Skizzen, die nachgewiesenermaßen von Marx/Engels stammen, werden, soweit sie einem Manuskript, Brief, Exzerpt usw. zugehören, in Verbindung damit veröffentlicht. Andernfalls können sie als selbständige Dokumente in die Erste Abteilung aufgenommen werden.

3   **Nicht überlieferte Texte**
3.1   Im Apparat der Bände der Ersten, Zweiten und Vierten Abteilung erscheint ein Verzeichnis nicht überlieferter Texte von Marx/Engels, deren Entstehung in den Zeitraum des jeweiligen Bandes fällt. Dabei werden Zeugnisse angeführt, welche die frühere Existenz dieser Texte belegen; wichtige Aussagen über Anlaß, Inhalt, Entstehungszeit, Etappen der Arbeit u.ä. werden wörtlich zitiert (siehe E.III).

3.2   Nicht berücksichtigt werden in diesem Verzeichnis Projekte, deren Niederschrift nicht begonnen wurde bzw. nicht belegt werden kann.

Nicht überlieferte autorisierte Zeugen von Texten, für die im Band ein anderer Textzeuge bzw. ein Ersatzzeuge abgedruckt wird, bleiben ebenfalls unberücksichtigt; sie werden im Apparatteil Überlieferung (siehe C.III.3) angeführt und — wenn ihre frühere Existenz bewiesen ist — in der Zeugenbeschreibung als X-Zeugen beschrieben.

3.3   Im Apparat der Bände der Dritten Abteilung erscheinen
- ein Verzeichnis der erschlossenen, nicht überlieferten Briefe von und an Marx/Engels in chronologischer Anordnung (siehe E.IV),
- ein Verzeichnis der in den betreffenden Briefen erwähnten, nicht ausgeführten Projekte bzw. nicht überlieferten Texte von Marx/Engels (siehe E.IV).

4   Gliederung der Abteilungen

4.1   Jede Abteilung wird in Bände gegliedert und erhält eine fortlaufende Bandnumerierung.

4.2   Für Texte, die in anderer als in Buchform erscheinen sollen, werden im Einzelfall Regelungen getroffen.

5   Gliederung der Bände

5.1   Jeder Band besteht aus einem Text- und einem Apparatteil, die gesondert gebunden werden. Sie erhalten zusammen eine durchgehende Seitennumerierung sowie Kolumnentitel.

5.1.1   Sowohl Text- wie Apparatteil beginnen mit einem Inhaltsverzeichnis des gesamten Bandes.

5.2   Der Textteil umfaßt den Edierten Text (den Haupttext und gegebenenfalls einen Anhang) (siehe B).

5.3   Der Apparatteil umfaßt:

5.3.1   Soweit notwendig eine Einführung in den Band (siehe C.I.1).

5.3.2   Das Verzeichnis der Abkürzungen, Siglen und Zeichen (siehe C.I.2).

5.3.3   Soweit notwendig Allgemeine Textgeschichten zu Textgruppen, z.B. publizistische Texte, Serien von Exzerptheften usw. (siehe C.I.4 und C.III.1.2).

5.3.4   Den Apparat zu den einzelnen Texten, bestehend aus:
- der Kopfleiste (Kurzfassung wichtiger Angaben),
- der Darstellung von Entstehung, Überlieferung und Textkonstitution,
- dem Variantenverzeichnis,
- dem Korrekturenverzeichnis,
- den Erläuterungen (siehe C.II–VI).

5.3.5	Register zum gesamten Band:
	– Literaturregister,
	– Namenregister,
	– Sachregister,
	– besondere Register nach Bedarf
	(siehe D).
5.3.6	Verzeichnisse zum gesamten Band:
	– ein Verzeichnis nicht überlieferter Texte von Marx/Engels (in der Ersten, Zweiten und Vierten Abteilung),
	– ein Verzeichnis nicht überlieferter Briefe von und an Marx/Engels (in der Dritten Abteilung),
	– ein Verzeichnis der in den Briefen erwähnten, nicht ausgeführten Projekte bzw. nicht überlieferten Texte von Marx/Engels (in der Dritten Abteilung),
	– ein Verzeichnis der im Apparat ausgewerteten Quellen und der benutzten Literatur,
	– besondere Verzeichnisse nach Bedarf
	(siehe E).
5.4	Alle redaktionellen Texte im Apparat werden in deutscher Sprache abgefaßt und in Editorschrift dargeboten. Zitate, bibliographische Angaben u.ä. erscheinen in der Sprache des Originals.

6 Abbildungen

6.1	Die einzelnen Bände werden mit Abbildungen — im Bedarfsfalle auch mit geographischen Karten — ausgestattet. Dabei finden vor allem Berücksichtigung:
6.1.1	Faksimiles von Handschriftenseiten (Briefe, Exzerpte, Dokumente usw.) von textkritischer Relevanz.
6.1.2	Faksimiles von Druckseiten (Titelblätter oder einzelne Textseiten selbständiger Drucke, Zeitschriften, Zeitungen, Flugblätter, Korrekturfahnen usw.).
6.1.3	Originalfotos oder zeitgenössische Zeichnungen, die Marx/Engels darstellen, sowie andere authentische Bildzeugnisse (Wohn- und Wirkungsstätten, Familienangehörige, Freunde und Mitarbeiter, zeitgenössische Karikaturen u.ä.).
6.2	Für die Abbildungen ist der Standort der jeweiligen Vorlage nachzuweisen, soweit diese nicht als Edierter Text im Band selbst abgedruckt wird.

B. TEXT

I. Textgrundlage

1 Im Textteil wird in der Regel von dem jeweiligen Werk nur ein Textzeuge (Textgrundlage) vollständig abgedruckt (Edierter Text).

1.1 Weitere autorisierte Textzeugen des Werkes werden, verkürzt auf
ihre zum Edierten Text varianten Stellen, in Form eines Variantenverzeichnisses (siehe C.IV) im Apparat wiedergegeben.

1.2 Verschiedene autorisierte Textzeugen des Werkes werden nur dann
abgedruckt, wenn einzelne Fassungen oder Teile von ihnen durchgehend so stark voneinander abweichen, daß sie syntaktisch nicht
mehr aufeinander beziehbar sind.

2 Die Textgrundlage wird für das jeweilige Werk unter Berücksichtigung der unter A.II.1 genannten Gesichtspunkte folgendermaßen
bestimmt:

2.1 Für Werke, die zu Lebzeiten der Autoren nicht gedruckt wurden,
dient die letzte autorisierte Handschrift als Textgrundlage. Handelt es
sich dabei um einen mehrschichtigen Textzeugen, wird nach einer
Analyse der Entstehungsumstände entschieden, welcher Textstand
wiedergegeben wird.

2.2 Für Werke, die in mehreren autorisierten Textzeugen (Handschriften
bzw. Drucken) überliefert sind, wird nach einer textkritischen Analyse
entschieden, welche Textgrundlage zu wählen ist.

2.3 Für Werke, von denen mehrere autorisierte Drucke überliefert sind,
dient in der Regel der Erstdruck, der kein Teil- oder Vorabdruck sein
soll, als Textgrundlage.

2.4 Für Werke, von denen weder eine autorisierte Handschrift noch ein
autorisierter Druck zu ermitteln ist, wird eine nicht autorisierte Handschrift oder ein nicht autorisierter Druck (Ersatzzeuge) als Textgrundlage herangezogen.

3 Kontaminationen zwischen verschiedenen Textzeugen oder Textschichten (Mischtexte) sind unzulässig.

II. Textanordnung

1. Die Edierten Texte werden innerhalb der einzelnen Abteilungen
chronologisch angeordnet: maßgeblich für die Anordnung ist der
Zeitraum der Abfassung (Niederschrift) und nicht der der Vorbereitung bzw. der Veröffentlichung.

2 Über die Anordnung von Werken, deren Abfassung sich über einen
längeren Zeitraum erstreckt, wird auf der Basis der Entstehungsgeschichte entschieden.

3	Undatierte Manuskripte, Briefe usw. werden entsprechend dem ermittelten Abfassungszeitraum angeordnet. Ist die Datierung von Werken nicht genau zu bestimmen, erfolgt die Anordnung auf der Basis der Entstehungsgeschichte.
4	Texte, die in Periodica, Reihen usw. ohne größere Unterbrechung in Fortsetzungen erschienen sind, können geschlossen gebracht werden, wenn ihre Zusammengehörigkeit außer Zweifel steht. Die Anordnung erfolgt entsprechend dem Abfassungszeitraum des ersten Beitrages.
4.1	Artikel zur selben Thematik, die sich auf Grund unterschiedlicher Veranlassung oder Stoffbehandlung oder anderer Merkmale nicht als Fortsetzung erweisen, werden einzeln chronologisch angeordnet.
5	In begründeten Ausnahmen können innerhalb einzelner Abteilungen oder einzelner Bände bestimmte Texte (z. B. Materialien von Kongressen, Manuskripte, Exzerpte) abweichend von der chronologischen Anordnung thematisch zusammengeführt werden.
6	Spätere Fassungen eines Werkes, die bereits in Verbindung mit einer früheren Fassung ediert oder im Variantenverzeichnis berücksichtigt wurden, werden an der Stelle der Ausgabe, wo sie chronologisch anzuordnen sind, folgendermaßen berücksichtigt: Im Edierten Text erscheint für die betreffende Fassung die Kopfleiste; im Apparat die Entstehungs- und Überlieferungsgeschichte; ferner wird auf die Stelle(n) der Ausgabe verwiesen, wo der Text zu finden ist.
7	Einleitungen, Vor- und Nachworte von Marx/Engels zu späteren Fassungen eines Werkes sowie Übersetzungen von Werken werden entsprechend dem Datum ihrer Abfassung angeordnet und erhalten einen Apparat.
8	Materialien, die als Anhang zu den Bänden der Ersten Abteilung erscheinen, werden je nach Überlieferungslage und Anzahl in Gruppen zusammengefaßt und innerhalb dieser Gruppen chronologisch angeordnet. In begründeten Ausnahmen ist eine Zusammenfassung nach thematischen Komplexen möglich.
9	Lebenszeugnisse werden chronologisch angeordnet.
10	Exzerpte und Notizen werden chronologisch angeordnet, wobei Exzerpthefte und Notizbücher jeweils als Texteinheiten zu werten und in ihren inneren Strukturen aufrechtzuerhalten sind.
11	Die von jedem der beiden Autoren angefertigten Exzerpte und Notizen aus dem gleichen Zeitraum werden in getrennten Chronologien dargeboten.
12	Manuskript- bzw. Exzerpthefte, die Marx/Engels als Serien konstituiert haben, bleiben in der von ihnen bestimmten Anordnung, auch wenn diese nicht der Chronologie der Niederschrift entspricht. Die ermittelte Chronologie wird in der Entstehungsgeschichte bzw. Textkonstitution mitgeteilt.

III. Textdarbietung

1 Allgemeine Grundsätze

1.1 Der Edierte Text folgt getreu der festgelegten Textgrundlage. Nur eindeutig korrupte Textstellen werden korrigiert und im Korrekturenverzeichnis nachgewiesen.

1.2 Unsichere Buchstaben werden in kleinerem Druck, unleserliche Buchstaben durch groß X bzw. klein x wiedergegeben.

1.3 Bei Textverlust durch Beschädigung oder Verschmutzung des Papiers wird im Edierten Text, wo dies mit Sicherheit möglich ist, der verlorengegangene Text in eckigen Klammern in Autorschrift ergänzt bzw. durch drei in eckige Klammern eingeschlossene Punkte kenntlich gemacht. Begründungen für die Rekonstruktion bzw. Angaben über den Umfang des Textverlustes erscheinen in den textkritischen Bemerkungen des Apparates.

1.4 Zum Textverständnis erforderliche redaktionelle Einfügungen (z. B. fehlende Worte, ohne die der Sinnzusammenhang unverständlich bleibt, oder Zwischenüberschriften bei großen ungegliederten Manuskripten) werden in Editorschrift gedruckt und in eckige Klammern eingeschlossen.

1.5 Zur Zeit der Abfassung der Texte gebräuchliche Abkürzungen bleiben erhalten. Andere, auch solche von Personennamen, werden in Editorschrift in der Schreibweise der Vorlage aufgelöst. Zweifelsfälle werden im Korrekturenverzeichnis erörtert.

1.6 Zeichen für Münzen, Maße und Gewichte werden beibehalten und nötigenfalls im Apparat besonders erläutert, sofern sie nicht in einem Verzeichnis erscheinen.

1.7 Bei bibliographischen Nachweisen der Autoren werden alle Abkürzungen belassen, unabhängig davon, ob der Nachweis im laufenden Text oder in einer Anmerkung erfolgt oder durch Klammern, Kommata, Gedankenstriche u.ä. vom laufenden Text abgehoben ist.

1.8 Verwechslungen und Versehen bei Faktenangaben werden in Erläuterungen berichtigt bzw. erörtert.

1.9 Entsprechend den verschiedenen Hervorhebungsstufen in den handschriftlichen und gedruckten Textgrundlagen kommen im Edierten Text einheitlich folgende Auszeichnungen zur Anwendung:

    1. Hervorhebungsstufe — kursiv

    2. Hervorhebungsstufe — gesperrt

    3. Hervorhebungsstufe — kursiv gesperrt

    4. Hervorhebungsstufe — halbfett

1.9.1 Wörter, die in der Textgrundlage in Großbuchstaben stehen, werden im Edierten Text nur dann durch Versaliendruck wiedergegeben, wenn sie sich nicht in das normale System von Hervorhebungsstufen einordnen lassen.

1.9.2　Die typographische Gestaltung der Überschriften, Satzanfänge und Unterschriften folgt der Textgrundlage sinngemäß (in der Wertigkeit), verwendet jedoch die für die MEGA festgelegten typographischen Mittel. Innerhalb einer Überschrift wird in der Regel nicht mehr als eine Hervorhebungsstufe (kursiv) verwendet.

1.9.3　Anstreichungen und andere Markierungen am Rand von Handschriften werden möglichst originalgetreu dargestellt. Nachweisbar zu einem späteren Zeitpunkt vorgenommene Hervorhebungen können durch zusätzliche Anwendung besonderer Linien kenntlich gemacht werden. Das gewählte Verfahren wird im Abschnitt Textkonstitution erläutert (siehe C.III.5).

1.10　Anführungszeichen werden in der für die einzelnen Sprachen üblichen Form (z.B. „deutsch", "englisch", «französisch, italienisch, spanisch, portugiesisch») wiedergegeben. Das gilt auch in gemischtsprachigen Texten bei Zitaten aus anderen Sprachen, sofern die angeführten Passagen mindestens einen grammatisch vollständigen Satz umfassen (also nicht bei einzelnen Worten, Wortgruppen oder Titeln von Büchern, Artikeln usw., bei denen die Anführungszeichen die Form der Grundsprache des Textes behalten).

1.10.1　Anführungszeichen am Beginn und Schluß einer Texteinheit sowie halbe Anführungszeichen innerhalb dieser Texteinheit werden — auch wenn das von der jeweiligen Textgrundlage abweicht — in einheitlicher Weise gebracht.

1.11　Jeder Edierte Text erhält eine einheitlich gestaltete redaktionelle Kopfleiste in Editorschrift. Sie enthält:
- in der Ersten, Zweiten und Vierten Abteilung: Autor(en) und Titel (wenn die Textgrundlage keinen Titel aufweist, einen von der Redaktion gegebenen);
- in der Dritten Abteilung: Absender, Empfänger und Bestimmungsort sowie Ort, Wochentag und Datum.

1.11.1　Der Titel wird in der Sprache des Originals, jedoch in modernisierter Orthographie gegeben.

1.11.2　Reicht der in der Textgrundlage vorhandene Titel nicht aus, um ihn von denen anderer Texte zu unterscheiden (z. B.: Erklärung, To the Editor), wird er durch Datum, Titel der Zeitung oder ähnliche sachliche Angaben ergänzt, aber im Wortlaut nicht verändert. Inhaltsübersichten bzw. Inhaltsangaben in Periodica können als Titel übernommen werden, wenn sie dazu geeignet sind.

1.11.3　Bei Titeln, die in späteren autorisierten Textzeugen gegenüber dem für den Edierten Text gewählten Zeugen geändert wurden, wird von Fall zu Fall entschieden, wie zu verfahren ist. Änderungen und Ergänzungen in nicht autorisierten Drucken bzw. späteren Marx-Engels-Ausgaben werden nicht übernommen.

1.12   Bei allen Veröffentlichungen in Periodica werden — wenn das Perio-
        dicum als Textgrundlage dient — zwischen Kopfleiste und Beginn
        des Edierten Textes rechts in Editorschrift Zeitungstitel sowie Num-
        mer und Datum angegeben.

> Neue Rheinische Zeitung.
> Politisch-ökonomische Revue.
> H. 1, Januar 1850
> The Eastern Post.
> Nr. 163, 11. November 1871

Der Erscheinungsort wird nur hinzugefügt, wenn Verwechslungen
möglich sind.

> Die Reform. New York.
> Die Reform. Hamburg.

Ist der betreffende Beitrag in Fortsetzungen erschienen, werden die
entsprechenden Angaben am Beginn jeder Fortsetzung gebracht.

1.13   Die Edierten Texte erhalten seitenweise am Innenrand eine 5-Zeilen-
        Numerierung. In diese werden auch Titel, Anschriften, Unterschrif-
        ten, Zwischenstriche sowie redaktionelle Zwischentitel, jedoch nicht
        die redaktionellen Kopfleisten, die Kolumnentitel und die Periodi-
        cumangaben bei publizistischen Texten einbezogen.

1.14   Die Textdarbietung im Anhang erfolgt in gleicher Weise wie im Haupt-
        text, jedoch in einem kleineren Schriftgrad.

2   Darbietung von Handschriften

2.1   Es wird die letzte Fassung einer Handschrift wiedergegeben. Bei
        mehrschichtigen Textzeugen kann auch eine frühere Fassung
        gewählt werden, wenn sie eindeutig als durchgehende Schicht
        erkennbar ist. Die innerhandschriftliche Textentwicklung bietet das
        Variantenverzeichnis.

2.2   Markierte, ausgelassene, zusammengezogene oder verschliffene
        Buchstaben, die den Schreibeigenheiten der Autoren bzw. ihrer Zeit
        entsprechen, werden im Edierten Text ohne Kennzeichnung in Au-
        torschrift aufgelöst. Dies wird in der Zeugenbeschreibung summa-
        risch mitgeteilt. Zweifelsfälle werden in Editorschrift aufgelöst und in
        den textkritischen Bemerkungen im Korrekturenverzeichnis erörtert.

2.3   Über bzw. unter der Zeile, am Rande usw. stehende Textstücke wer-
        den ohne besondere Kennzeichnung in den Edierten Text einge-
        ordnet, wenn dies dem erkennbaren Willen des Autors entspricht
        bzw. durch eine textkritische Analyse begründet werden kann. Ist
        eine Einordnung in den laufenden Text nicht möglich, werden die
        betreffenden Textstücke entsprechend ihrer Stellung in der Text-
        grundlage wiedergegeben oder an eine andere geeignete Stelle
        gebracht. Notwendige Hinweise auf die genaue Textanordnung in
        der Handschrift bieten die textkritischen Bemerkungen im Varianten-
        verzeichnis.

2.4	Die Wiedergabe unvollendeter Manuskripte erfolgt entsprechend der tatsächlich erreichten Ausarbeitungsstufe. Es wird in keiner Weise vollendet, was die Autoren selbst nicht abgeschlossen haben. Textumstellungen bzw. Textverlegungen finden in der Regel nur statt, wenn dies vom Autor bestimmt wird. Exkurse, nachträgliche Ergänzungen, die den Textverlauf unterbrechen, nicht zu Ende geführte Umstellungen, den Kontext sprengende Einfügungen usw. werden an der Stelle, die ihrem Charakter und Inhalt am besten entspricht, wiedergegeben. Die gewählte Anordnung wird im Abschnitt Textkonstitution oder in den textkritischen Bemerkungen des Variantenverzeichnisses mitgeteilt.
2.5	Bei der Wiedergabe umfangreicher, wenig gegliederter Manuskripte kann ausnahmsweise durch redaktionelle Absatzbildung (mit Nachweis im Korrekturenverzeichnis), nötigenfalls auch durch Einfügung von redaktionellen Zwischenüberschriften (in eckigen Klammern und in Editorschrift) das Textverständnis erleichtert werden.
2.6	Anfang und Ende einer Handschriftenseite werden jeweils durch einen senkrechten Strich I kenntlich gemacht, bei Zusammenfallen durch zwei II . Die Paginierung oder Bogennumerierung durch die Autoren erscheint zwischen den Strichen. So wird ein Seiten- bzw. Bogenanfang mit I 11 I bzw. I XI I bzw. I a I gekennzeichnet. Stammt die Paginierung von fremder Hand oder wird sie redaktionell ergänzt, so wird sie zusätzlich in eckige Klammern gesetzt: I [11] I .
2.6.1	Fußnoten der Autoren werden als Textstücke der entsprechenden Handschriftenseite zugeordnet.
2.7	Unvollständige Korrekturen der Autoren werden mit Nachweis im Korrekturenverzeichnis redaktionell zu Ende geführt.
2.8	Versehentlich nicht getilgte Wörter werden im Edierten Text nicht wiedergegeben; Wörter, die der Autor getilgt hat, aber offensichtlich stehenlassen wollte, werden in den Edierten Text aufgenommen. Entsprechende Hinweise erfolgen im Korrekturenverzeichnis.
2.9	Textstücke größeren Umfangs, die Marx/Engels zur Kennzeichnung ihrer Weiterbenutzung in anderen Arbeiten mit einem Erledigungsvermerk (meist einem vertikalen Strich) versehen haben, werden im Edierten Text wiedergegeben.
2.9.1	Entsprechende Hinweise werden bei vereinzeltem Auftreten im Variantenverzeichnis, bei häufigem Auftreten in einem besonderen Verzeichnis im Anschluß an das Variantenverzeichnis gegeben. Wenn die weitere Verwendung nachgewiesen werden kann, wird dies in der Entstehungsgeschichte mitgeteilt.
2.10	Anweisungen von Marx/Engels in Druckvorlagen für die weitere bzw. endgültige Druckgestaltung werden im Variantenverzeichnis mitgeteilt.
2.11	Haben Vermerke von Marx/Engels keine Beziehung zum jeweiligen Text, werden sie innerhalb der Zeugenbeschreibung in Autorschrift wiedergegeben.

3 Darbietung von Drucken

3.1 Die Typographie der jeweiligen Textgrundlage (Schriftart, Schriftgröße usw.) wird nicht nachgebildet.

3.2 Der Seitenwechsel der Textgrundlage wird auch dann mit senkrechten Strichen angegeben, wenn vor oder nach der Textgrundlage ein fremder Text steht (z.B. bei Artikeln in Periodica). Fehlende Paginierungen, die Druckeigenheiten darstellen (z.B. bei Beginn eines Artikels oder Kapitels), werden ohne eckige Klammern ergänzt.

3.3 Die Kennzeichnung des Seitenwechsels in Drucken bezieht sich nur auf den laufenden Text. Fußnoten werden der Textseite des Druckes zugeordnet, auf der sich Ziffer, Zeichen bzw. Buchstaben der jeweiligen Fußnote befindet.

3.4 Druckfehler, die häufig auftreten, können im Korrekturenverzeichnis generalisierend beschrieben werden.

3.5 Von Marx/Engels korrigierte Fahnen bzw. Bogen gelten ebenso wie von ihnen handschriftlich in einen Druck eingetragene Textänderungen als selbständige Textzeugen und werden entsprechend im Variantenverzeichnis berücksichtigt.

4 Besonderheiten der Darbietung von Handschriften in der Ersten, Zweiten und Vierten Abteilung

4.1 Wenn eine Textgrundlage (Manuskript- bzw. Exzerptheft, Notizbuch u.ä.) einzelne, selbständige, größere Manuskript- bzw. Exzerptkomplexe zu verschiedenen Themen und aus unterschiedlicher Entstehungszeit enthält, kann sie ausnahmsweise in einzelnen Teilen, chronologisch angeordnet, wiedergegeben werden. Wenn solche Komplexe zwar chronologisch differieren, aber inhaltlich zusammengehören, werden sie beisammen gelassen.

4.2 Spätere Notizen in Heften u.ä. (meist auf Umschlagblättern) werden dort wiedergegeben, wo sie sich befinden. Müssen jedoch solche Texte verlegt werden, wird das im Abschnitt Textkonstitution mitgeteilt und begründet.

4.3 Der gesamte Text, der in den Heften enthalten ist, wird in der Vierten Abteilung mitgeteilt. Ausgenommen sind die Partien, die in die Erste oder Zweite Abteilung übergehen.

4.4 Gibt es im Exzerpt eigene Bemerkungen von Marx/Engels oder weicht das Exzerpt inhaltlich relevant von der Quelle ab, wird im textkritischen Apparat darauf hingewiesen.

4.5 Fehlen im Exzerpt die Seitenangaben der Quelle oder sind sie unvollständig, so werden sie, angepaßt an die Verfahrensweise des Autors, redaktionell in eckigen Klammern hinzugefügt bzw. ergänzt.

4.6 Anführungszeichen von Marx/Engels, die die Wiedergabe ausgezogener Quellen kennzeichnen, werden in einheitlicher Form (» «) dargeboten. Anführungszeichen, die aus der Quelle in das Exzerpt übernommen wurden, werden wie unter B.III.1.10 festgelegt behandelt.

> »Die Pairskammer als konterrevolutionäre Institution konnte sich ... nicht zu „revolutionären Beschlüssen" aufraffen und kapitulierte feige. Der Rest der Delegierten zerstob „in alle Winde".« S. 25 [–26].

4.7 Anweisungen von Marx/Engels für Textverlegungen (z. B.: Gehört nach S. 10), die im Edierten Text redaktionell berücksichtigt sind, werden nicht im Edierten Text abgedruckt, sondern im Variantenverzeichnis mitgeteilt.

5 Besonderheiten der Dritten Abteilung

5.1 Wörtliche Auszüge aus nicht überlieferten Briefen von oder an Marx/Engels, die in anderen Texten enthalten sind, werden als Fragment eines Briefes unter dessen Abfassungsdatum wiedergegeben und chronologisch eingeordnet.

5.2 Vermerke von Marx/Engels auf Briefen, die sich auf den jeweiligen Brieftext beziehen, werden in der Regel im Anschluß an denselben wiedergegeben.

5.3 Briefe Dritter an Marx/Engels werden in kleinerem Schriftgrad wiedergegeben.

C. APPARAT

I. Einführung in den Band

1 Es wird, soweit erforderlich, zu einem Band (oder einer Gruppe von Bänden) eine Einführung gegeben, die Rechenschaft ablegt über
   - die Konstituierung des Bandes, seine Abgrenzung von bzw. Beziehung zu anderen Bänden und seine innere Gliederung;
   - die Gründe für Aufnahme bzw. Ausschluß von Dokumenten;
   - die Anordnung der Materialien, die textkritische Analyse entsprechend deren spezifischem Charakter;
   - die im Ergebnis der Textkritik getroffenen editorischen Entscheidungen (z.B. Autorschaftsbestimmung, Datierung, Textwiedergabe, Textrevision, Variantendarbietung und andere editorische Besonderheiten).

2 Jeder Band gibt ein Verzeichnis der Abkürzungen, Siglen und Zeichen, in dem die im Band durchgängig angewandten Abkürzungen bzw. Siglen für Editionen, Quellenpublikationen, Archive, Bibliotheken usw., allgemeinen Zeugensiglen und diakritischen Zeichen entschlüsselt werden. Falls erforderlich, werden auch Abkürzungen und Zeichen für Maße, Münzen und Gewichte sowie andere in den Texten beibehaltene ungebräuchliche Abkürzungen aufgenommen.

3 Im Anschluß an das Verzeichnis der Abkürzungen, Siglen und Zeichen werden zu jedem im Band enthaltenen Text jeweils die nachstehend unter C.III–VI angeführten Apparatteile in dieser Reihenfolge dargeboten.

4 Allgemeine Textgeschichten werden an geeigneter Stelle im Apparat eingeordnet.

II. Kopfleiste (Kurzfassung wichtiger Angaben)

1 In der Kopfleiste werden folgende Angaben erfaßt:
   - Autor (Vor- und Familienname),
   - Titel der Schrift (übereinstimmend mit der redaktionellen Kopfleiste im Textteil),
   - Abfassungsdatum (Datierung),
   - Seitenzahlen des Edierten Textes.

2 Im Apparat der Dritten Abteilung enthalten die Kopfleisten, unter Hinzufügung der Seitenzahlen des Edierten Textes, dieselben Angaben wie die Kopfleisten im Textteil (siehe B.III.1.11).

III. Entstehung, Überlieferung und Textkonstitution

1   **Allgemeine Grundsätze**

1.1   In diesem Apparatteil werden in fortlaufender Darstellung die Ergebnisse der internationalen Forschung und die von den Herausgebern neu ermittelten Fakten zur Entstehung des jeweiligen Textes und zu seiner weiteren Bearbeitung durch die Autoren, zu den überlieferten Textzeugen und ihren Beziehungen zueinander sowie zur Verbreitungs- und Wirkungsgeschichte des Textes bei Lebzeiten der Autoren (nötigenfalls auch darüber hinaus) mitgeteilt. Abschließend wird das daraus abgeleitete editorische Verfahren für diesen Text dargelegt und begründet.

1.2   Für mehrere Texte, die entstehungsgeschichtlich in engem Zusammenhang stehen, kann eine Allgemeine bzw. Sammeltextgeschichte gegeben werden. Für Periodica, Sammelbände u. ä., in denen mehrere Beiträge von Marx/Engels erschienen, werden die nicht nur für einen Text zutreffenden Angaben in einer Allgemeinen Textgeschichte zusammengefaßt, die den Apparatteilen zu den einzelnen Texten vorangestellt wird. In der Allgemeinen bzw. Sammeltextgeschichte werden auch die Gemeinsamkeiten im editorischen Verfahren mitgeteilt.

1.3   Die für die Abfassung der Entstehung, Überlieferung und Textkonstitution benutzten Quellen (Archivalien, Quellenpublikationen, Forschungsliteratur usw.) sind vollständig mitzuteilen. In diesem Abschnitt erfolgt ihr Nachweis in Kurzform bzw. durch Sigle und wird im Verzeichnis der im Apparat ausgewerteten Quellen und der benutzten Literatur (siehe E.II) ausführlich gegeben.

2   **Entstehung**

2.1   In diesem Abschnitt werden vor allem folgende Angaben in der jeweils zweckmäßigen Reihenfolge mitgeteilt:

2.1.1   Entstehung des Textes (Beginn, Zwischenstufen, Abschluß), Begründung seiner Datierung und damit der chronologischen Anordnung.

2.1.2   Verfasser, Begründung der Autorschaft (gegebenenfalls mit Angabe, wann und wo die Autorschaft zuerst nachgewiesen), Mitautoren und ihr Anteil an der Arbeit.

2.1.3   Gründe für die Beschäftigung mit dem Thema, Anlaß bzw. Anregungen für die Abfassung des Textes, Zielstellung, Kennzeichnung des Gegenstandes, des Aufbaues bzw. der inneren Logik, direkte Beziehungen zu vorhergehenden bzw. nachfolgenden Texten.

2.1.4 Arbeitsablauf, Hauptetappen (Quellenstudium, Exzerpte, Konzeptionen, Entwürfe, Gedankenaustausch im Briefwechsel usw.), Unterbrechungen, Planänderungen u.ä. und deren Gründe.

2.1.5 Publikationspläne, Verhandlungen und Verträge mit Verlegern oder Redaktionen, gegebenenfalls Gründe für das Scheitern der Publikation.

2.2 Bei autorisierten Übersetzungen werden wesentliche inhaltliche Abweichungen von der Originalfassung des Werkes (vor allem Ergänzungen, Kürzungen usw.) zusammenfassend charakterisiert. Wenn erforderlich, können diese Abweichungen auch in einem besonderen Verzeichnis dargeboten werden.

2.3 Bei den Exzerpten und Marginalien erscheint in diesem Apparatteil zusätzlich zu den allgemein geforderten Angaben eine Charakteristik der jeweils studierten Quelle (mit genauer bibliographischer Beschreibung) und ihres Autors. Es wird weiterhin informiert über Umfang und Art sowie Besonderheiten und Schwerpunkte der Exzerpte bzw. der Marginalien.

3 **Überlieferung**

3.1 In diesem Abschnitt werden vor allem folgende Angaben mitgeteilt:

3.1.1 Handschriftliche Überlieferung bis hin zur Druckvorlage.

3.1.2 Entstehung des Erstdruckes (Insatzgabe, Korrektur, Imprimatur bzw. Autorisierung, Erscheinen — jeweils mit möglichst exakter Datierung), Auflagenhöhe, Anzeigen, Vertrieb (eventuell Behinderungen), Druckfehlerberichtigungen, Einschätzung des Druckes durch die Autoren.

3.1.3 Pläne und Arbeiten für weitere Veröffentlichungen im Original und in anderen Sprachen (Umarbeitungen, Korrekturen, Ergänzungen, Übersetzungen usw.).

3.1.4 Charakteristik aller weiteren autorisierten Drucke (auch in anderen Sprachen), ihr Zustandekommen und ihre Besonderheiten für die Textentwicklung. Bei Texten, die zu Lebzeiten von Marx und Engels nicht erschienen, wird die nach 1895 erfolgte Erstveröffentlichung mitgeteilt. Ist diese eine Übersetzung, wird darüber hinaus auch die Erstveröffentlichung in der Originalsprache angegeben.

3.1.5 Nicht autorisierte Drucke bzw. Teildrucke, die bei Lebzeiten von Marx/Engels erschienen und für die unmittelbare Verbreitungs- und Wirkungsgeschichte des Textes von Belang waren.

3.1.6 Unmittelbarer Widerhall der autorisierten Drucke, unter Berücksichtigung wichtiger Urteile, Rezensionen und Popularisierungsversuche von Zeitgenossen.

3.2 Nicht autorisierte Handschriften und Drucke, die keinen Einfluß auf die Entwicklung der autorisierten Texte hatten, aber für die Textgeschichte und den unmittelbaren Widerhall der autorisierten Textzeugen von Interesse sind, werden — gegebenenfalls in einem besonderen Verzeichnis — genannt und knapp charakterisiert.

3.3	Jeder autorisierte Textzeuge und jeder für die Textkonstitution herangezogene nicht autorisierte Zeuge erhält eine Sigle, die im gesamten Apparat für diesen Zeugen beibehalten wird. Es werden folgende Siglen verwendet:	
3.3.1	Für handschriftliche Textzeugen:	
	– eigenhändige Niederschrift	H
	– autorisierte nicht eigenhändige Niederschrift	
	– ist der Schreiber bekannt, mit Schreibersigle	H^e
	– ist der Schreiber unbekannt	H^x
	– nicht autorisierte Niederschrift	h
3.3.2	Für gedruckte Textzeugen:	
	– autorisierte selbständige Drucke	D
	– autorisierte Abdrucke in Zeitungen und Zeitschriften	J
	– nicht autorisierte selbständige Drucke	d
	– nicht autorisierte Abdrucke in Zeitungen und Zeitschriften	j
3.3.3	Für Korrekturfahnen bzw. Korrekturbogen und korrigierte Exemplare von Drucken oder Zeitungen	K
	Im Ausnahmefall für von fremder Hand bearbeitete Korrekturfahnen	k
3.3.4	Für nicht überlieferte autorisierte Zeugen, deren frühere Existenz jedoch durch Zeugnisse belegt ist	X
	Für nicht überlieferte nicht autorisierte Zeugen	x

Die beiden letzten Siglen werden einheitlich für Handschriften, Korrekturfahnen und Drucke verwendet.

3.3.5	Titelauflagen erhalten keine eigene Sigle, da sie außer dem neuen Titelblatt keinen Neusatz des Textes enthalten. Sie werden in der Zeugenbeschreibung im Anschluß an den betreffenden Hauptdruck genannt.
3.3.6	Doppeldrucke werden wie ein selbständiger Druck sigliert. Die Kennzeichnung als Doppeldruck erfolgt in der Zeugenbeschreibung.
3.3.7	Die Siglen der überlieferten Zeugen, die die Textentwicklung belegen, werden zusätzlich mit Zahlenexponenten versehen. Diese Numerierung erfolgt chronologisch und durchlaufend, unabhängig vom Charakter der Zeugen.

$$H^1, K^2, D^3, J^4$$

Die mit X oder x siglierten Zeugen erhalten eine gesonderte durchlaufende Numerierung.

$$X^1, x^2, X^3$$

Ist ein Text nur in einem einzigen Zeugen vorhanden gewesen, kann auf den Exponenten verzichtet werden.

H

3.3.8 Treten in der Geschichte des Textes Verzweigungen auf, können die Zeugen ein Stemma erhalten. Sie werden dann nach der stemmatologischen Folge, d. h. Strang für Strang numeriert.

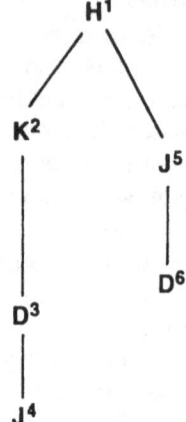

Der stemmatologischen Folge wird der Vorzug gegeben, wenn die einzelnen Stränge übereinstimmende Varianten aufweisen.

K^2 D^3 J^4 Hilfsmittel J^5 D^6 Erfordernis

3.3.9 Texte mit komplizierter Überlieferung erhalten zur graphischen Verdeutlichung der ermittelten Beziehungen zwischen den Textzeugen ein besonderes Stemma, differenziert nach

erwiesener bzw. wahrscheinlicher
Abhängigkeit   ——————

weiterer, zur vorherigen zusätzlicher erwiesener bzw. wahrscheinlicher Abhängigkeit   — — — — — — —

vermuteter Abhängigkeit   ....

4   **Zeugenbeschreibung**

4.1   Alle autorisierten bzw. für die Textkonstitution herangezogenen nicht autorisierten Textzeugen werden in chronologischer Reihenfolge und in einheitlicher Form beschrieben.

4.1.1   Die Beschreibung von Handschriften umfaßt folgende Angaben:
   – Zeugensigle(n), Zeugenart (Exzerptheft, Notizbuch, Entwurf, Reinschrift, Abschrift, Druckvorlage usw.);
   – Standort des Originals, Archivsignatur bzw. Eigentümer;
   – fotomechanische Reproduktionen;
   – Gesamtzustand, Umfang, Beschreibstoff (Art, Format, Farbe, Bedruckung, Wasserzeichen, Poststempel usw.);
   – Schreiber, Schreibmaterial, Art der Beschriftung, Paginierung, Vermerke fremder Hand;
   – innerhandschriftliche Verhältnisse (Textschichten, -verluste, Wortverkürzungen, Umstellungen u.a.);
   – chronologische und stemmatologische Positionen.

4.1.2   Die Beschreibung von Drucken umfaßt folgende Angaben:
- Zeugensigle(n);
- vollständige bibliographische Angaben;
- Zeugenart (Erstdruck, Doppeldruck, Vorabdruck, Teildruck usw.);
- Standort desjenigen Exemplars, das dem Edierten Text zugrunde liegt;
- Besonderheiten des Druckes, fotomechanische Nachdrucke;
- bei Zeitungsartikeln Angaben zur betreffenden Zeitung und zur Plazierung des Artikels;
- typographische Besonderheiten;
- chronologische und stemmatologische Positionen;
- Druckgeschichte.

4.1.3   Die Beschreibung von nicht überlieferten Textzeugen umfaßt die Angaben, die zuverlässig ermittelt werden können (siehe A.III.3.2).

5   Textkonstitution

5.1   In diesem abschließenden Abschnitt werden, gestützt auf die Angaben unter C.III.2–4, die editorischen Entscheidungen und Verfahrensweisen mitgeteilt.

5.1.1   Dargelegt und begründet wird:
- die Wahl des Textzeugen für den Edierten Text;
- die chronologische Anordnung der Edierten Texte;
- die Wahl des Titels, wenn die Textgrundlage keinen Titel aufweist bzw. der vorhandene nicht übernommen wird (siehe B.III.1.11.3).

5.1.2   Es wird dargelegt und begründet, welche Textzeugen im Variantenverzeichnis berücksichtigt bzw. nicht berücksichtigt werden und in welcher Weise die Variantendarbietung erfolgt (siehe C.IV.1.3).

5.1.3   Es wird angeführt, ob die Wiedergabe in der MEGA eine Erstveröffentlichung oder eine Erstveröffentlichung in der Originalsprache darstellt bzw. wo und wie der Text zum erstenmal in der Originalsprache oder in einer anderen Sprache (wenn diese Veröffentlichung der in der Originalsprache vorausging) veröffentlicht worden ist. Gegebenenfalls wird dargelegt und begründet, worin und warum sich die Edition in der MEGA von vorangegangenen Editionen unterscheidet.

5.1.4   Es werden spezifische editorische Verfahrensweisen hinsichtlich der Textanordnung und -darbietung erläutert.

6   Besonderheiten der Dritten Abteilung

Bei Briefen von und an Marx/Engels beginnt der Apparat mit der Zeugenbeschreibung. Im Anschluß daran werden folgende Angaben zu Entstehung, Überlieferung und Textkonstitution des betreffenden Briefes mitgeteilt:
- Begründung der Datierung bei fehlender bzw. fehlerhafter Datumsangabe;

- Wahl der Textgrundlage;
- Anlaß bzw. Antwort auf welchen Brief und Reaktion des Empfängers;
- Erstveröffentlichung des Briefes in der Originalsprache bzw. in anderen Sprachen, wenn sie der Veröffentlichung in der Originalsprache vorausging.

IV. Variantenverzeichnis

1   Allgemeine Grundsätze

1.1   Das Variantenverzeichnis dokumentiert die Entwicklung eines Textes durch Darbietung der Varianten mit Ausnahme der orthographischen Varianten.

1.1.1   Varianten, die serienweise auftreten, werden generalisierend am Beginn des Variantenverzeichnisses wiedergegeben.

1.2   Die Varianten werden diskursiv verzeichnet, d.h. die äußere Form, in der die Änderungen durchgeführt wurden, wird nicht nachgebildet.

1.3   Varianten verschiedener Textzeugen werden vollständig wiedergegeben. Bei der Darbietung der Textentwicklung innerhalb einer Handschrift können die Varianten nach Kriterien ausgewählt werden. Bei Briefen, Exzerpten, Dokumenten kann auf die Darbietung von Varianten verzichtet werden.

1.4   Marx' Eigenart, in Manuskripten eine zweite Fassung von Begriffen, Attributen, Verben, Übersetzungsvarianten u.ä. oberhalb der Textzeile zu schreiben, ohne eine davon zu tilgen, wird wie folgt behandelt:

Manuskript:

Tagelöhner
das Elend der Landleute

Edierter Text: Variantenverzeichnis:
der Landleute \ Tagelöhner   [ohne Vermerk]
[Erklärung des diakritischen Zeichens im Siglenverzeichnis.]

1.5   Bei den Exzerpten wird die Textentwicklung der selbständig hinzugefügten Bemerkungen von Marx/Engels dargeboten.

1.6   Nicht autorisierte Textänderungen von fremder Hand werden nur dann in den Apparat aufgenommen, wenn sie für die Textdarbietung notwendig sind.

2   Variantendarbietung

2.1   Das Variantenverzeichnis ist ein mit Anschlußworten aus dem Edierten Text versehener Werkstellenapparat. Es verzeichnet von Textstelle zu Textstelle fortschreitend die Varianten, die innerhalb eines oder zwischen mehreren Textzeugen bestehen.

2.2   Die variante Textstelle wird im Apparat mit Seiten- und Zeilenangabe versehen. Bei der Wiedergabe von Varianten aus mehreren Textzeugen wird mit Lemma (Stichwort aus dem Edierten Text) und Lemmazeichen] gearbeitet. Bei der Wiedergabe von Varianten innerhalb einer Handschrift wird die innerhandschriftliche Entwicklung mit diakritischen Zeichen dargeboten.

Überlieferung: J^1, J^2, K^3, K^4, K^5, D^6. Der Edierte Text folgt J^1.

167.38   für Juni 1848.] D^6 für 1848.

Überlieferung: H

294.27   Entfremdung > Entäußerung

295.12   l: natürliche:l

296.3   sich ‹ jetzt › gegen

2.2.1   Bei gemischter Überlieferung (Vorhandensein mehrerer Textzeugen, von denen mindestens einer Varianten innerhalb einer Handschrift aufweist), wird die variante Stelle lemmatisiert und die innerhandschriftliche Entwicklung mit diakritischen Zeichen wiedergegeben.

Überlieferung: H^1, H^2, J^3. Der Edierte Text folgt H^1.

165.5   disgraceful] H^2 J^3 cowardly

165.7   every French member] H^1 the Paris members > every French member J^3 all members

165.12–14 The General Council was bis April only] H^1 The General Council regrets not having been able to pass this resolution before [it] received an official copy of the above resolution of the Paris Federal Council > The above resolution of the Paris Federal Council having reached > An authentic copy of the above resolution of the Paris Federal Council not having been officially communicated to the General Council before its > The General Council was bis April only

2.3   Im Werkstellenapparat werden die Varianten zu einer Textstelle entweder mit Hilfe diakritischer Zeichen hintereinander oder der Zeilenparallelisierung bzw. Zeilengruppenparallelisierung untereinander dargeboten. Wenn ein Text in mehreren, stark variierenden Zeugen überliefert ist, kann statt des Werkstellenapparates mit einer Synopsis der Textfassungen gearbeitet werden.

2.4   In komplizierten Fällen kann die Variantendarbietung durch ein Faksimile des Textzeugen ergänzt werden.

2.5   Textkritische Bemerkungen im Variantenverzeichnis werden in kleinerem Schriftgrad in Editorschrift gebracht. Sie können für folgende Informationen genutzt werden:

2.5.1   Positionsangaben für Textänderungen, wenn Zweifel hinsichtlich ihrer Korrekturart, Zuordnung oder Abfolge bestehen.

2.5.2   Hinweise auf eine andere mögliche Abfolge bzw. Zuordnung von Textschichten.

2.5.3   Indizien für die wahrscheinliche Abfolge von Textänderungen oder Hervorhebungen (z.B. Unterschiede in Art oder Farbe des Schreibmaterials).

2.5.4   Hinweise auf Art und Stellung von Zeichen, mit denen die Autoren Textstellen zugeordnet haben.

2.5.5 Hinweise auf unklare Zuordnung durch die Autoren bzw. auf wahrscheinlich von ihnen beabsichtigte, aber nicht ausgeführte Einordnung von Textstellen in den laufenden Text.

2.5.6 Hinweise auf die Wiederholung von Textstellen oder Zitaten in später ausgearbeiteten Abschnitten desselben Werkes bei unvollendeten Manuskripten.

2.5.7 Gründe für Textänderungen der Autoren in Fahnen und Druckbogen (etwa wenn solche Änderungen auf Vorschläge von Verlegern, Herausgebern u.a. erfolgten).

3 **Überlieferungsvarianten**

Ist eine bestimmte Fassung eines Textes von Marx/Engels nur in Ersatzzeugen überliefert und weichen diese voneinander oder von vorangehenden autorisierten Fassungen ab, so werden die Abweichungen der Ersatzzeugen als Überlieferungsvarianten mitgeteilt.

V. Korrekturenverzeichnis

1 Redaktionelle Korrekturen am Edierten Text werden im Korrekturenverzeichnis mitgeteilt und nötigenfalls begründet.

2 Die Korrekturen werden mit Seiten- und Zeilenbezugszahlen sowie mit Lemma verzeichnet:

15.27 Mächte] H¹ Macht

3 Textkritische Bemerkungen innerhalb des Korrekturenverzeichnisses werden in kleinerem Schriftgrad in Editorschrift gebracht. Sie können für folgende Angaben genutzt werden:

3.1 Zustand einzelner Stellen des Manuskripts, z. B. Ursache und Umfang von Textverlusten (siehe B.III.1.3).

3.2 Hinweise auf mögliche Deutungen von schwer lesbaren Textstellen und von nicht eindeutig aufzulösenden Abkürzungen bzw. Wortverkürzungen (siehe B.III.1.5).

3.3 Hinweise und mögliche Korrekturvorschläge für Textstellen, die nicht eindeutig als Druck- oder Schreibfehler erkennbar sind und im Edierten Text in der überlieferten Form belassen werden (siehe B.III.2.2 und 2.8).

3.4 Hinweise auf vermutete fremde Eingriffe in den Text sowie auf Eigenheiten des Setzers.

3.5 Hinweise auf vorhandene Quellen für die Korrektur (Autorkorrektur, Druckfehlerverzeichnis, Fehlerliste, Text der zitierten oder exzerpierten Literatur).

3.6 Hinweise auf Angaben in anderen Apparatteilen (Überlieferung, Textkonstitution, Variantenverzeichnis, Erläuterungen), die mit der vorgenommenen Korrektur in Zusammenhang stehen.

VI. Erläuterungen

1   Für das Verständnis von Textstellen (einschließlich Varianten) kön-
       nen Erläuterungen notwendig werden.

2   Die Erläuterungen umfassen:

2.1   Quellen, die von Marx/Engels benutzt und verarbeitet wurden, ob
       von ihnen genannt oder nicht.

2.2   Hinweise auf andere bezügliche Textstellen, sei es im selben Text
       oder in anderen Texten.

2.3   Richtigstellung sachlicher Irrtümer und Hinweise auf andere Irrtümer.

2.4   Erklärungen (aber keine Interpretation) und Literaturhinweise, die ein
       besseres Verständnis von Sachverhalten ermöglichen.

2.5   Biographische Angaben zu weniger bekannten Personen, vor allem
       in Hinblick auf ihr im Text angesprochenes Wirken (mit Quellen-
       nachweis); Identifizierung verschlüsselter Personen.

2.6   Angaben zu weniger bekannten Periodica (mit Quellennachweis).

2.7   Erklärungen zu weniger bekannten oder schwer verständlichen
       Sachverhalten historischen, wissenschafts-geschichtlichen, sozialen
       und politischen Charakters.

3   Die zu erläuternde Textstelle wird im Apparat mit Seiten- und Zeilen-
       angabe versehen; darauf folgt in der Regel unmittelbar die Erläute-
       rung. Sofern zweckmäßig, kann die Bezugsstelle zusätzlich lemmati-
       siert werden.

      8.10   Der Verfasser ist John Cunningham.

     10.18   Siehe Marx an Wilhelm Liebknecht, 15. November 1878.

     19.2   der Rothe] Ferdinand Wolff.

4   Für die in den Erläuterungen benutzten Quellen und Literatur gilt
       dasselbe wie unter C.III.1.3 dargestellt.

D. REGISTER

I. Allgemeine Grundsätze

Jeder Band bzw. Teilband erhält einen Registerteil, bestehend aus Literaturregister, Namenregister und Sachregister.

II. Literaturregister

1   Das Literaturregister erfaßt in alphabetischer Anordnung alle im Edierten Text, einschließlich Anhang und Varianten, direkt oder indirekt zitierte sowie direkt oder indirekt erwähnte Literatur mit den erforderlichen bibliographischen Angaben. Dies gilt auch für Literaturangaben in Texten, die nur in den Zeugenbeschreibungen wiedergegeben werden, nicht aber für solche in Beilagen zu den Briefen.

2   Wenn die im Register erfaßte Literatur auch im Apparat (Erläuterungen usw.) Erwähnung findet, werden die betreffenden Seiten ebenfalls angeführt, jedoch typographisch von den Seitenangaben des Edierten Textes unterschieden. Nur im Apparat angeführte Literatur wird nicht im Literaturregister, sondern im Verzeichnis der im Apparat ausgewerteten Quellen und der benutzten Literatur erfaßt (siehe E.II).

III. Namenregister

1   Das Namenregister erfaßt in alphabetischer Anordnung alle im Edierten Text, einschließlich Anhang und Varianten, direkt oder indirekt genannten Namen von Personen sowie von literarischen und mythologischen Gestalten.

2   Wenn in Erläuterungen nähere Angaben zu einzelnen Personen mitgeteilt werden, ist im Namenregister auf dieselben zu verweisen.

3   Die im Apparat aufgeführten Namen werden ebenfalls in das Namenregister aufgenommen (ausgenommen Verfasser von Forschungsliteratur), jedoch werden die Seitenangaben typographisch von den Seitenangaben des Edierten Textes unterschieden.

IV. Sachregister

Das Sachregister hat den Charakter eines Schlagwortregisters, das sich an der Terminologie der Autoren und der Zeit orientiert.

V. Besondere Register

Im Bedarfsfalle können besondere Register hinzugefügt werden.

E. VERZEICHNISSE

I. Text- und Apparatteil der Bände aller Abteilungen

Jeder Band bzw. Teilband erhält Verzeichnisse. In allen Abteilungen beginnt sowohl der Text wie auch der Apparatteil mit einem

– Inhaltsverzeichnis (siehe A.III.5.1.1).

II. Apparatteil der Bände aller Abteilungen

Der Apparatteil der Bände aller Abteilungen erhält

– ein Verzeichnis der Abkürzungen, Siglen und Zeichen (siehe C.I.2),

– ein Variantenverzeichnis (siehe C.IV),

– ein Korrekturenverzeichnis (siehe C.V),

– ein Verzeichnis der im Apparat ausgewerteten Quellen und der benutzten Literatur (siehe C.III.1.3).

III. Apparatteil der Bände der Ersten, Zweiten und Vierten Abteilung

In der Ersten, Zweiten und Vierten Abteilung erhält der Apparatteil

– ein Verzeichnis nicht überlieferter Texte von Marx/Engels (siehe A.III.3.1).

IV. Apparatteil der Bände der Dritten Abteilung

In der Dritten Abteilung erhält der Apparatteil

– ein Verzeichnis nicht überlieferter Briefe von und an Marx/Engels (siehe A.III.3.3),

– ein Verzeichnis der in Briefen erwähnten, nicht ausgeführten Projekte bzw. nicht überlieferten Texte von Marx/Engels (siehe A.III.3.3).

V. Besondere Verzeichnisse

Im Bedarfsfall können besondere Verzeichnisse hinzugefügt werden.

Hinweise für die Anwendung der Editionsrichtlinien der MEGA

I. Titelgestaltung, Bandgliederung und redaktionelle Orientierungshilfen (ER A.III)

1   Titelei

1.1   Die Titelei des Textbandes wird nach folgendem Muster gestaltet:

S. [1]
MEGA–Signet

S. [2]
KARL MARX
FRIEDRICH ENGELS
GESAMTAUSGABE
(MEGA)

ERSTE ABTEILUNG
WERKE • ARTIKEL • ENTWÜRFE
BAND 1
(Für die Zweite, Dritte und Vierte Abteilung siehe A.III.1.2–1.4)
Herausgegeben von ...

S. [3]
Verfasserangabe
Haupttitel des Bandes
TEXT
Bearbeitet von ...
Verlag
Erscheinungsjahr

Besteht der Textband aus mehreren Büchern, werden diese auf dem Titelblatt aufgeführt:

S. [3]

TEXT • TEIL 1 /   TEXT • TEIL 2

S. [4]

Impressum

1.2   Die Titel werden ergänzt durch Angaben des Zeitraums auf dem rechten Titelblatt (Bandtitel). Die Bände der Ersten und der Dritten Abteilung folgen in der Regel chronologisch lückenlos aufeinander, unabhängig davon, ob zwischen der Datierung der letzten Arbeit des einen und der Datierung der ersten Arbeit des folgenden Bandes ein zeitlicher Abstand besteht.

Januar 1854 bis Mai 1854
Juni 1854 bis März 1855
April 1855 bis Dezember 1856

1.2.1 Fällt der Bandwechsel zeitlich in einen Monat, erscheint der Monat auf beiden Titelblättern.

September 1868 bis März 1871
März 1871 bis November 1871

1.2.2 Bei Bänden der Vierten Abteilung sind Lücken bzw. Überlappungen in der chronologischen Abgrenzung entsprechend der Textvorlage möglich.

Bd. 5   Juli 1845 bis Oktober 1846
Bd. 6   September 1846 bis Dezember 1847

1.3 Die Titelei des Apparatbandes ist identisch mit der des Textbandes, ausgenommen die dritte Seite, auf der das Wort TEXT durch das Wort APPARAT ersetzt wird, und die vierte Seite, die leer bleibt.

1.4 Nach der Titelei folgen
- im Textband das Inhaltsverzeichnis,
- im Apparatband das Inhaltsverzeichnis, die Einführung in den Band (soweit erforderlich) sowie das Verzeichnis der Abkürzungen, Siglen und Zeichen.

2   Zwischentitel

Größere Gliederungseinheiten eines Bandes werden durch zwei Arten von Zwischentitelblättern (Rückseite vakat) markiert.

2.1 Zwischentitelblätter sind erforderlich, wenn der Text in mehrere Hauptteile untergliedert ist. Der Zwischentitel erhält außer der Bezeichnung ERSTER TEIL usw. eine inhaltliche Überschrift.

ERSTER TEIL
EXZERPTE
UND NOTIZEN VON
KARL MARX

Der Anhang erhält ein eigenes Zwischentitelblatt ANHANG, aber ohne inhaltlichen Untertitel. Diese Zwischentitel werden in 16-Punkt Versalien mittig gesetzt.

2.2 Zwischentitelblätter dienen auch der Untergliederung größerer Textgruppen sowie der Gruppierung des Anhangs (Dubiosa, Dokumente usw.).
Diese Zwischentitel unterscheiden sich jedoch formal von den unter 2.1 genannten durch die Schriftgröße (12-Punkt Groß- und Kleinbuchstaben) sowie durch die Stellung des Textes (zwischen zwei Linien am Kopf der Seite). Diese Zwischentitel können als Bezugsseiten für Allgemeine Textgeschichten dienen.

2.3 In der typographischen Form von 2.2 werden auch redaktionelle Kopfleisten einzelner Werke als Zwischentitelblätter dargeboten. Dies gilt bei umfangreichen Werken sowie bei Werken, die nach einem selbständigen Druck wiedergegeben werden und bei denen diesem Zwischentitel in der Regel das Faksimile des Originaltitelblatts folgt.

2.4 Nur im Apparatband erscheint der Zwischentitel REGISTER.

3 Paginierung

3.1 Text- und Apparatband erhalten eine durchgehende Paginierung, beginnend mit [1] (MEGA-Signet, siehe 1.1).

3.2 Die Paginierung des Apparatbandes setzt die des Textbandes fort. Endet z.B. ein Textband auf S. 958, beginnt der Apparatband mit [959] (MEGA-Signet).

3.3 Erscheint ein Band in mehreren Teilbänden, so wird für jeden Teilband verfahren, wie unter 3.1 und 3.2 beschrieben.

4 Inhaltsverzeichnisse

4.1 Text- und Apparatbände erhalten aufeinander abgestimmte Inhaltsverzeichnisse. Die Seitenbezugszahlen werden zweispaltig angelegt. Die erste Spalte bezieht sich auf den Text-, die zweite auf den Apparatband.

4.2 Das Inhaltsverzeichnis des Textbandes gibt einen vollständigen Überblick über Text- und Apparatband. Es erschließt den Text detailliert, enthält also außer den Titeln auch die Kapitel- und Zwischenüberschriften. Dabei bleibt unberücksichtigt, ob die Zwischenüberschriften von Marx/Engels oder von der Redaktion stammen.
Das Inhaltsverzeichnis des Textbandes verweist auch auf die Allgemeinen Textgeschichten und Überblicksdarstellungen, auf alle Register und in kleinerem Schriftgrad auf die Abbildungen.

4.3 Das Inhaltsverzeichnis des Apparatbandes erfaßt alle Apparatteile von der Einführung bis zum Sachregister. Es führt von jeder Arbeit nur den Haupttitel an, darunter jedoch alle Apparatteile zu diesem Werk. Es enthält aber nicht das Verzeichnis der Abbildungen.

4.4 In beiden Inhaltsverzeichnissen erscheinen alle Zwischentitel (siehe 2.1 und 2.2).

4.5 Die Haupt- und Unterüberschriften einzelner Texte werden in den Inhaltsverzeichnissen in moderner Orthographie dargeboten.

5 Kolumnentitel

5.1 Kolumnentitel geben eine möglichst konkrete und knappe Information zu Autor(en) und Inhalt der betreffenden Text- bzw. Apparatseiten.

5.1.1 Alle Seiten, mit Ausnahme der Zwischentitelblätter, gestalteten Titelblätter, Seiten mit redaktioneller Kopfleiste, Faksimile- und Vakatseiten, erhalten einen Kolumnentitel. Dieser kann nur eine Druckzeile von maximal 90 Anschlägen einnehmen, soll also gegebenenfalls den Originaltitel gekürzt wiedergeben.

5.2 In Bänden, die Texte von Marx und Engels enthalten, werden im KT links Vor- und Familienname des Autors, rechts der Werktitel angegeben.

5.2.1 Steht links eine Gruppenüberschrift für Texte beider Autoren, wird der Autorname im rechten KT vor dem Werktitel angegeben und von diesem durch einen Punkt • getrennt. Enthält die Gruppenüberschrift bereits den Autornamen, kann er rechts entfallen.

5.2.2   Werden die Werktitel bei untergliederten Texten links und die Abschnittsüberschriften rechts verzeichnet, steht die Autorangabe im linken KT vor dem Werktitel.

5.3   In Bänden, die nur Texte eines Autors enthalten, entfällt im KT links die Verfasserangabe.

5.3.1   Für Texte, die in sich nicht gegliedert sind, wird als KT links und rechts gleichlautend der Werktitel benutzt.

5.3.2   Für größere, untergliederte Texte wird als KT links der Werktitel, rechts der Abschnitt bzw. Teil des Werkes angegeben. Das ist jedoch nur für größere Abschnitte bzw. Werkteile möglich.

5.3.3   Sind Texte zu einer Gruppe mit Zwischentitel (der Kategorie 2.2) zusammengefaßt, wird als KT links die Gruppenüberschrift, rechts der jeweilige Einzeltitel geführt.

5.3.4   Bei umfangreichen Manuskripten (z. B. in der Zweiten Abteilung) kann neben dem Werktitel auch die Heftbezeichnung der Handschrift im linken KT mitgeteilt werden.

5.3.5   Im Anhang wird im KT links der Gruppentitel (Dubiosa, Dokumente usw.), rechts der Titel der einzelnen Dokumente angeführt.

5.4   In den Bänden der Dritten Abteilung ist der KT links und rechts gleichlautend. Er enthält Absender, Empfänger und Datum, Marx und Engels ohne Vornamen, dritte Personen mit gebräuchlichem Vornamen.

5.5   In den Apparatbänden werden in der Regel als KT links die Autornamen und Werktitel, rechts die Überschriften des betreffenden Apparatteils angegeben. Bei Apparatteilen und Registern, die sich auf den gesamten Band beziehen, werden links und rechts als KT deren Überschriften gebracht. Im Literaturregister werden rechts die Teilüberschriften angegeben.

II. Autorschaftsbestimmung (ER A.II)

1 Allgemeines

1.1 Zur autorisierten Überlieferung gehören alle Textzeugen, bei denen die Autorschaft von Marx/Engels bewiesen werden kann. Gibt es hierfür keine direkten Beweise, müssen indirekte die Autorschaft belegen und andere Personen als Verfasser ausschließen. Ist diese Beweisführung nur annähernd zu erbringen, erfolgt eine Aufnahme als Dubiosum. Eine bereits unter den Namen von Marx/Engels erfolgte Veröffentlichung, bei der die oben genannten Beweise nicht erbracht sind, ist nicht als Begründung für die Aufnahme heranzuziehen.

1.2 Gesicherte Autorschaftsbegründungen für Presseartikel setzen voraus, daß eine Analyse der Zeitung vorgenommen wird. Diese umfaßt Korrespondenztätigkeit, Ermittlung anderer Korrespondenten sowie Eigenheiten und Methoden der Redaktion.

2 Direkte Autorschaftsbeweise

Hierzu zählen:

2.1 Schriftliche Äußerungen von Marx/Engels in Briefen, Erklärungen, Notizen, Erinnerungen usw.

2.2 Handschriftliche Eintragungen von Marx/Engels in den entsprechenden Zeitungsexemplaren (Bemerkungen, Korrekturen usw.).

2.3 Schriftliche Äußerungen von Familienangehörigen, Freunden, Briefpartnern und Mitarbeitern von Marx/Engels in Briefen, Publikationen usw.

2.4 Hinweise in Protokollen von Gremien, denen Marx/Engels angehörten (Zentralbehörde des Bundes der Kommunisten, Generalrat der Internationalen Arbeiter-Assoziation u.a.).

2.5 Mitteilungen in Publikationsorganen zu Autorschaftsfragen sowie entsprechende Materialien in Verlags- und Redaktionsarchiven bzw. öffentlichen Archiven (z.B. Akten zur Überwachung von Zeitungen).

2.6 Wiederveröffentlichung eines Artikels unter dem Namen des Autors.

3 Indirekte Autorschaftsbeweise

Indirekte Autorschaftsbeweise gewinnen an Bedeutung, wenn direkte nicht oder nicht ausreichend zu führen sind. Ihre Beweiskraft ist jedoch eingeschränkt, sie sind nicht einzeln, sondern nur in Verbindung mit direkten Beweisen bzw. zusammen mit anderen indirekten, sich nicht widersprechenden Beweisen als ausreichende Begründung anzusehen.

III. Textdarbietung (ER B.III)

1 Allgemeines (B.III.1.1)

1.1 Die Textrevision erfolgt nach Autopsie und textkritischer Analyse der Handschriften, der selbständigen und unselbständigen Drucke. Die Ergebnisse der Revision begründen die editorischen Verfahrensweisen der Textdarbietung sowie Charakter und Umfang notwendiger redaktioneller Eingriffe.

1.2 Textstellen, die nachweisbar von fremder Hand ohne Zustimmung der Autoren entfernt wurden, werden im Edierten Text hinzugefügt und im Apparat ausgewiesen (in der Textkonstitution und den textkritischen Bemerkungen im Korrekturenverzeichnis).

1.3 Sind fremde Eingriffe in den Text wahrscheinlich, jedoch nicht nachweisbar, werden keine Veränderungen im Edierten Text vorgenommen, jedoch die wahrscheinlichen Eingriffe im Abschnitt Textkonstitution beschrieben und im Korrekturenverzeichnis ausgewiesen.

2 Abkürzungen (B.III.1.5–1.7)

2.1 Die Behandlung von Abkürzungen folgt internationalen Editionsnormen. Siehe Hinweise auf internationale redaktionelle Hilfsmittel.

2.2 Zur Orientierung über die bisherige Behandlung der Abkürzungen wird auf die Dokumentation S. 160–161 und 167–171 verwiesen.

3 Anführungszeichen (B.III.1.10)

3.1 Im Edierten Text und in den redaktionellen Kopfleisten werden Anführungszeichen je nach Sprache des Textes und der nationalen Gepflogenheit behandelt. Siehe Hinweise auf internationale redaktionelle Hilfsmittel.

3.2 Zur Orientierung über die bisherige Behandlung wird auf die Dokumentation S. 161–162 verwiesen.

4 Seitenwechsel bei Handschriften (B.III.2.6)

4.1 Bei vom Autor geforderten Textverlegungen auf eine andere Handschriftenseite erfolgt die Kennzeichnung folgendermaßen:

Beispiel 1: Einfügung eines Textstückes aus der Mitte
der S. 14 in die Mitte der S. 10

Edierter Text	Variantenverzeichnis
I 10 I xxxxxxxxxxxxxx	I 14 I xxxxxxxxxxxxxxx
xxx / 14 / xxxxxxxxxxx	xxxxxxxxx II1 5 I xxxxxxx
xxx / 10 / xxxxxxxxxxx	
xxxxx II 11 I xxxxxxxx	

Beispiel 2:   Einfügung des gesamten Textes der S. 24 und
der ersten Hälfte der S. 25 in den Text der S. 12

Edierter Text   Variantenverzeichnis

I 12 I xxxxxxxxxxxxxxxx   I 23 I xxxxxxxxxxxxxxxxx

xx I 24 I xxxxxxxxxxxxx   xxxxxxxxxxxxxxxxxxxxxxxx

xxxxxxxxxx II 25 I xxxxx   xxxxxx I / 25 / xxxxxxxxxx

xx / 12 / xxxxxxxxxxxxx   xx II 26 I xxxxxxxxxxxxxx

xxxxxxxx II 13 I xxxxxxx

4.2   Fällt der Seitenwechsel in eine gestrichene Passage bzw. unmittelbar davor oder danach, wird er im Variantenverzeichnis mitgeteilt. Im Edierten Text wird der Seitenwechsel mit schrägen Strichen kenntlich gemacht.

Edierter Text   Variantenverzeichnis

I 20 I xxxxxxxxxxxxxxxx   xxx ‹ xxxxxxxxxxxxxxxx

xxxx // 21 / xxxxxxxxxx   xxx II 21 I xxxxxx › xxxxx

xxxxxxxx II 22 I xxxxxxx

xxxxx / I 25 I xxxxxxxxx   xxx ‹ xxxxxx › II 25 I xxxx

xxxxx I / 28 / xxxxxxxxx   xxx II 28 I ‹ x xxxxxx › xx

4.3   Der Text von Fußnoten wird der Handschriftenseite zugeordnet, auf der sich Ziffern, Zeichen bzw. Buchstaben im Grundtext befinden. In komplizierten Fällen, bei denen die Anordnung nicht eindeutig vorzunehmen ist, können auch fußnotenähnliche Textstücke mit Seitenwechsel-Strichen angeboten werden.

5   Besonderheiten der Ersten, Zweiten und Vierten Abteilung (B.III.4)

5.1   Exzerpte und Notizen von Marx/Engels werden nicht normiert. Eingriffe in den Text erfolgen nur dort, wo eindeutige orthographische und grammatikalische Fehler das Textverständnis ernsthaft gefährden.

5.2   In den Exzerptheften wird die vorgefundene Anordnung und Reihenfolge beibehalten, unabhängig davon, ob sie dem chronologischen Ablauf der Niederschrift entspricht. So behalten die Bezugs- und Verweissysteme von Marx/Engels, ihre Inhaltsverzeichnisse und Indices zu den Heften ihre Grundlage. Ausgenommen sind nur Fälle wie die unter B.III.4.1 beschriebenen, sowie Fälle, wo aus formalen Gründen (fehlender Platz, Seiten überblättert usw.) ein geschlossenes Textstück an verschiedenen Stellen erscheint. Hier kann eine Textzusammenführung erfolgen, die zu begründen ist.

5.3   Im Edierten Text werden die in der Handschrift vorliegenden Hervor-
        hebungen in der festgelegten Weise wiedergegeben (B.III.1.9),
        unabhängig davon, ob sie der Quelle entnommen sind oder von
        Marx/Engels stammen. Von Marx/Engels nicht berücksichtigte Her-
        vorhebungen der Quelle bleiben im Edierten Text gleichfalls un-
        berücksichtigt. Abweichungen bei der Hervorhebung zwischen Ex-
        zerpt und Quelle werden generalisierend in der Textkonstitution
        vermerkt und, wenn erforderlich, detailliert in den Erläuterungen oder
        im Verzeichnis der Abweichungen zwischen Exzerpt und Vorlage
        nachgewiesen.

6   Vier- und mehrstellige Zahlen sowie Brüche

6.1   Uneinheitliche Handhabung von Zahlen und Brüchen in den Text-
        grundlagen erfordern spezifische Editorentscheidungen.

6.2   Zur Orientierung über bisherige Verfahrensweisen wird auf die Doku-
        mentation S. 163–164 verwiesen.

7   Anstreichungen und Markierungen (B.III.1.9.3)

7.1   Anstreichungen und andere Markierungen am Rande werden mög-
        lichst originalgetreu wiedergegeben.

7.2   Zur bisherigen Verfahrensweise siehe Dokumentation S. 164–165.

IV. Apparatgestaltung (ER C)

1 Abkürzungen, Siglen und Zeichen

1.1 Eingeführte Abkürzungen, Siglen und Zeichen werden stets in derselben Bedeutung angewandt.

1.2 Für Marx-Engels-Ausgaben werden folgende Siglen verwendet:

MEGA^1 erste MEGA (1927–1934)
MEGA^2 zweite MEGA (ab 1975)
МЭС^1 Сочинения^1 (Sočinenija, erste russische Werkausgabe)
МЭС^2 Сочинения^2 (Sočinenija, zweite russische Werkausgabe)
MEW   Marx-Engels-Werke
MECW   Marx-Engels Collected Works
АМЭ   Архив К. Маркса и Ф. Энгельса (Archiv K. Marksa i F. Ėngel'sa)
MEA   Marx-Engels-Archiv

1.2.1 Siglen für bereits erschienene Bände der MEGA^2 (z. B. MEGA^2 I/1) werden im Verzeichnis der Abkürzungen, Siglen und Zeichen nicht entschlüsselt.

1.3 Die häufig genannten Archive werden durch folgende Siglen gekennzeichnet. Namensänderungen werden berücksichtigt.

IISG   =   Internationaal Instituut voor Sociale Geschiedenis, Amsterdam

RC   =   Российский центр хранения и изучения документов новейшей истории (Russisches Zentrum für die Bewahrung und Erforschung von Dokumenten der neuesten Geschichte, Moskau, ehem. IML/ZPA Moskau)

[XYZ]   =   [Die neuen Siglen für Archiv und Bibliothek des ehemaligen IML/ZPA Berlin können erst nach der definitiven Neuorganisation festgelegt werden]

2 Standort und Signatur

2.1 Bei der Zeugenbeschreibung werden für alle im Textteil veröffentlichten Materialien der Standort und die Signatur des Originals angegeben.

Originalhandschrift: RC, Sign. f. 20, op. 1, d. 48.

Originalhandschrift: [XYZ], Sign. ME 11.

Originalhandschrift: Stadtarchiv Frankfurt/Main, Sign. Criminalia 1848, A II, Nr. XI, Karl Bruhn.

2.2 Ist dieser Standort das IISG und ist das Archiv der Marx-Engels-Nachlaß, wird bei der Zeugenbeschreibung erst die neue Signatur des Inventarverzeichnisses genannt, nach der die Kopien abgelegt sind, danach die alte Signatur, nach der die Originale abgelegt sind. Dieses Verfahren ist in den editorischen Hinweisen mitzuteilen.

Originalhandschrift: IISG, Marx-Engels-Nachlaß, Sign. L 3875/L VI 6.

In allen anderen Apparatteilen werden für Materialien des Marx-Engels-Nachlasses nur die neuen Signaturen angeführt.

2.2.1   Bei Dokumenten, deren Original nicht als Einheit an einem Standort ist, wird der Nachweis aufgegliedert.

Originalhandschrift: IISG, Marx-Engels-Nachlaß, Sign. B 43/B 45 (Umschlag).

Originalhandschrift: [XYZ], Sign. ME 12 (S. 30 und 31), ME 13 (S. 34 und 35).

Fotokopie: RC, Sign. f. 1, op. 1, d. 367 (gesamtes Heft).

2.2.2   Ist das Original verschollen oder nicht verfügbar, werden Standort und Signatur einer vorhandenen Kopie angeführt.

Originalhandschrift verschollen. Maschinenschriftliche Kopie: KMH Trier.

2.3   Bei archivalischen Quellennachweisen im kommentierenden Apparat (Einführung, Entstehung, Überlieferung, Textkonstitution, Erläuterungen) werden Standort und Signatur des Originals angegeben.

Schoelcher stellte dafür seine „ausgezeichnete Bibliothek" zur Verfügung (Arnold Ruge an Hermann Köchly, 24. März 1844. RC, Sign. f. 172, op. 1, d. 47).

... wie die Polizeiakten belegen (Brandenburgisches Landesarchiv Potsdam, Sign. Rep. 30 Berlin C, Tit. 94, Lit. R, Nr. 2086).

Der Zeitpunkt ist dem Brief von Heinrich Börnstein an Adalbert von Bornstedt, 4. Juli 1844, zu entnehmen (Bundesarchiv Merseburg, Sign. Ministerium der auswärtigen Angelegenheiten, 2.4.1. Abt. I, Nr. 8990, Bl. 14–15, Abschrift).

2.3.1   Ist das Original nicht verfügbar, wird die Standortsignatur einer Kopie angegeben. Aus der Annotation muß hervorgehen, daß sich die Angabe auf eine Kopie bezieht.

Engels habe einen Wink bekommen, sich aus Preußen zu entfernen (Wilhelmine Weerth an Wilhelm Weerth, 24. Februar 1846. RC, Sign. f. 1, op. 1, d. 35/7, Fotokopie).

2.3.2   Sind solche Quellen in wissenschaftlichen Ausgaben (Quellenpublikationen, Werkausgaben u. ä.) im Originalwortlaut veröffentlicht, wird zusätzlich auf diese Ausgaben verwiesen.

3   Anführungszeichen

3.1   Im Apparat werden „deutsche" Anführungszeichen benutzt, unabhängig davon, ob fremdsprachige Passagen als Satzteile oder vollständige Sätze in einzelnen Apparatteilen (Einführung, Entstehung, Überlieferung, Textkonstitution, Erläuterungen) vorkommen.

3.2   „Fremdsprachige" Anführungszeichen, d.h. in der für die Sprache üblichen Form, werden im Apparat benutzt für:

– Inhaltsverzeichnisse,
– fremdsprachige redaktionelle Kopfleisten,
– Kolumnentitel,
– Variantenverzeichnisse,
– Korrekturenverzeichnisse,
– lemmatisierte Stellen in Erläuterungen,
– fremdsprachige Zitate in Zitaten.

4   Bis- und Schrägstriche bei Zahlen

4.1   Zwischen Grund- bzw. Ordnungszahlen werden bis-Striche anstatt „bis" gesetzt, sofern es sich um mehr als zwei aufeinanderfolgende Zahlen handelt.

> Londoner Konferenz (17.–23. September 1871)
> 1805–1860
> S. 123–125

4.2   Bis-Striche werden nicht benutzt
- – wenn die zu verbindenden Angaben ganz oder teilweise aus Buchstaben bestehen,
- – wenn sie in der Verbindung „von (vom) ... bis" stehen.

> 9. März bis 4. April 1839
> Anfang Mai bis Ende Juni 1850
> 10. bis etwa 15. August
> von 1812 bis 1815
> vom 2. bis 5. September

4.3   Diese Regeln gelten nicht für den Edierten Text. Dort wird entsprechend der Textgrundlage verfahren. In den Texten von Marx/Engels bleiben bis-Striche auch dann im Satz erhalten, wenn sie am Zeilenbeginn oder -ende stehen. In den redaktionellen Texten (z. B. bei Zitierung solcher Passagen) werden diese bis-Striche in das Wort „bis" umgewandelt.

4.4   Zwei aufeinanderfolgende Jahreszahlen werden mit Schrägstrich verbunden. Die zweite Jahreszahl wird dabei voll ausgeschrieben.

> 1839/1840, aber   1839–1841

Ausnahmen: Revolution von 1848/49, Krieg von 1870/71

4.5   Zwei aufeinanderfolgende Seitenzahlen im Apparat werden einheitlich mit Schrägstrich verbunden.

> S. 126/127, (nicht S. 126–127)

4.6   Im Apparat (Variantenverzeichnis, Erläuterungen usw.) werden zwei und mehr aufeinanderfolgende Bezugszahlen zum Edierten Text mit bis-Strich verbunden.

> 124.11–12
> 125.3–9

5   Absatzbildung

5.1   Die Absatzbildung im Apparat (Einführung, Entstehung, Überlieferung, Textkonstitution, Erläuterungen) wird vom Aufbau des redaktionellen Textes bestimmt.

5.2   Wird innerhalb des Apparatteils aus Dokumenten, Büchern, Zeitungen usw. zitiert, finden in der Regel Absätze der Quelle keine Berücksichtigung.

5.2.1   Bei Zitierung umfangreicher Passagen oder drucktechnisch hervorgehobener Aufzählungen können die Absätze der Quelle übernommen werden.

5.2.2   Muß ein Dokument usw. in einem Apparatteil (nahezu) vollständig wiedergegeben werden, werden die Absätze der Quelle übernommen.

6 Personennamen

6.1 In redaktionellen Texten werden Namen von Personen wie von literarischen und mythologischen Gestalten in ihrer authentischen, originalsprachigen Form wiedergegeben, entsprechend den Regeln für das Namenregister (siehe IX.c).

6.1.1 Für Besonderheiten bei russischen Namen siehe IX.c.2.1–2.

6.2 Bei bibliographischen Nachweisen wird der Name des Verfassers in der Schreibweise der Vorlage mitgeteilt (siehe V.a.2).

7 Schreibweise von Marx und Engels als Doppelautoren

7.1 Die Schreibweise Karl Marx/Friedrich Engels (mit Schrägstrich) wird nur in Inhaltsverzeichnissen, Kopfleisten und Kolumnentiteln angewendet.

7.1.1 In Einführung, Textgeschichte, Siglenverzeichnis und Erläuterungen werden die Namen durch ein Komma getrennt.

Karl Marx, Friedrich Engels: Manifest ...
Karl Marx, Friedrich Engels: Historisch-kritische Gesamtausgabe
Karl Marx, Friedrich Engels: Gesamtausgabe (MEGA)

7.1.2 Im Literaturregister wird der Name der ersten Person registermäßig behandelt.

Marx, Karl, Friedrich Engels: Manifest ...
Engels, Friedrich, Karl Marx: Die heilige Familie ...

7.2 Koppelwörter wie Marx-Engels-Ausgaben, Marx-Engels-Nachlaß, Marx-Engels-Edition, Marx-Engels-Fonds usw. werden mit Bindestrich geschrieben.

V. Bibliographische Nachweise im Apparat (ER C, D, E)

a. ALLGEMEINES

1 Umfang und Reihenfolge der bibliographischen Angaben

Die bibliographische Erfassung erfolgt nach einer Autopsie. Ist das nicht möglich, geschieht die Erfassung nach bibliographischen Hilfsmitteln, die anzugeben sind. Es werden folgende bibliographische Angaben in nachstehender Reihenfolge aufgeführt:

1.1 Bei selbständigen Veröffentlichungen nicht periodischer Art
- Verfasserangabe
- Titel
- Zusätze
- Ausgabe-Bezeichnung
- Bandzählung
- Erscheinungsangaben
- Übergeordneter Titel

1.2 Bei unselbständigen Veröffentlichungen
- Verfasserangabe
- Titel
- enthalten „In:"

1.2.1 Bei nicht periodischen Veröffentlichungen (Band einer Gesamtausgabe, Sammelband u.ä.), siehe V.a.6.2.

1.2.2 Bei periodischen Veröffentlichungen

Zeitungen:	Zeitschriften:	Andere:
- Titel	- Titel	- Titel
- Erscheinungsort (sofern nicht im Titel)	- Erscheinungsort (sofern nicht im Titel)	- Untertitel
- Nummer	- Jahrgang, Serie	- Erscheinungsort
- Datum	- Jahr	- Jahr
- Art der Ausgabe (Beilage, 2. Ausg. u.ä.)	- Band, Heft, Nummer	- Zusätze
- Seite und Spalte	- Seite und Spalte	- Seite und Spalte

2 Verfasser- und Herausgeberangaben

2.1 Familiennamen und Vornamen der Verfasser werden in der Schreibweise der Vorlagen angeführt. Weitere Zusätze (akademische und sonstige Titel, Berufs- und Funktionsangaben u. ä.), werden nur wiedergegeben, wenn sie für das Verständnis des Edierten Textes wichtige Informationen enthalten.

2.2   Unvollständige Verfasserangaben werden nach Möglichkeit ergänzt.

2.2.1   Abgekürzte Vornamen werden in eckigen Klammern ergänzt, fehlende weitere Vornamen nicht hinzugefügt.

> Vorlage: G. Fr. Gaertner
> Wiedergabe: G[ustav] Fr[iedrich] Gaertner
> Vorlage: Andr. Cramer
> Wiedergabe: Andr[eas] Cramer
> (nicht: Andr[eas Guilelmus] Cramer)

Ist eine Abkürzungsform mehrerer Vornamen eines Verfassers allgemein üblich (E.T.A. Hoffmann), bleibt sie bestehen.

2.2.2   Fehlt der Vorname, wird er in eckigen Klammern ergänzt. Bei mehreren Vornamen des Verfassers werden diese in bibliographischen Nachweisen (im Unterschied zum Namenregister) nur in der Form ergänzt, wie es bei anderen Publikationen des Betreffenden üblich ist.

Verfasserangabe:	Namenregister:
[Charles] Darwin	Darwin, Charles Robert
[Ludwig] Feuerbach	Feuerbach, Ludwig Andreas
[Jacob] Grimm	Grimm, Jacob Ludwig Karl
[Pierre-Joseph] Proudhon	Proudhon, Pierre-Joseph
[Adolphe] Thiers	Thiers, Louis Adolphe

2.2.3   Fehlt der Vorname des Verfassers auf dem Titelblatt, ist er aber der Vorlage an anderer Stelle (Einleitung, Nachwort usw.) zu entnehmen, wird er in runden Klammern wiedergegeben.

> (Wolfgang) Lauterbach: Collegium theorico-practicum. (Hrsg. von Joh. Jacob Schütz.) Vol. 1–43. Tübingen (1690–1714).

2.3   Fehlende Verfasserangaben werden nach Möglichkeit ergänzt.

2.3.1   Ist bei anonymen Publikationen der Verfasser ermittelt, wird sein Name in eckigen Klammern ergänzt.

> [Johann Jacoby]
> [Adolphe Thiers]

2.3.2   Ist die Verfasserangabe verschlüsselt, wird bei eindeutiger Identifizierung wie unter 2.3.1 verfahren.

> [François de Chabot:] Abrégé des commentaires de M. de Folard, sur l'histoire de Polybe. Par M^{xxx}. T. 3. Paris 1754.
>
> [James Fenimore Cooper:] The last of the Mohicans. By the author of "The Spy". Vol. 1–4. Vol. 3. Zwickau 1827.

2.3.3   Ist der verschlüsselte Verfasser nicht mit ausreichender Sicherheit zu ermitteln, wird keine Verfasserangabe vorangesetzt, sondern nur die Verfasserangabe unter Hinweis auf das bibliographische Hilfsmittel ergänzt. Gegebenenfalls kann auf die entsprechende Erläuterung verwiesen werden.

> Political notes of the present situation of France and Paris. By a French positivist [laut N. N.: Jean François Eugène Robinet]. (Ed. by Edward Spencer Beesly.) London [1871].

2.4   Falsche Verfasserangaben werden in eckigen Klammern berichtigt; gegebenenfalls wird auf die entsprechende Erläuterung verwiesen.

2.5   Für Autoren der Antike gelten folgende Regeln:

2.5.1 Griechische Autoren werden in latinisierter Form angeführt. Falls erforderlich, wird die Herkunftsangabe ergänzt.

Plutarchus Chaeronensis
Ctesias Cuidius

2.5.2 Römische Autoren werden unter ihrem gebräuchlichen Namen eingeordnet, also entweder unter dem Cognomen (Cicero, Marcus Tullius) oder unter dem Nomen (Vergilius Maro, Publius).

2.5.3 Sind antike Schriften irrtümlich einem Autor zugeschrieben, ist aber der wirkliche Verfasser unbekannt, erhält der Name des überlieferten Autors den Vorsatz „Pseudo-".

Xenophon: Cyropaedia.
— Hellenica.
Pseudo-Xenophon: De re publica Atheniensium.

2.6 Weist der Verfassername durch Übersetzung oder Beugung Veränderungen in der Schreibweise auf, wird der Name in eckigen Klammern vorangesetzt, danach folgt die Form des Titelblatts.

[Gottfried Wilhelm von Leibniz] Gothofredus Guillelmus Leibnitius: Opera omnia. T. 2. Genevae 1768.

2.7 Bei Werken bis zu drei Verfassern werden die Verfassernamen in der Reihenfolge der Vorlage aufgeführt. Bei mehr als drei Verfassern (Autorenkollektiv usw.) werden in der Regel der (die) Haupt- bzw. leitende(n) Verfasser genannt, und die Veröffentlichung wird unter dem Sachtitel aufgeführt.

Vorlage: Manifest der Kommunistischen Partei. Von Karl Marx und Friedrich Engels.
Wiedergabe: Karl Marx, Friedrich Engels: Manifest der Kommunistischen Partei.
Vorlage: Chemische Tabellen und Rechentafeln. Von Prof. Dr. K. Rauscher, Dipl.-Chem. I. Voigt, Dr. I. Wilke und Dr. K. Th. Wilke. Leipzig 1881.
Wiedergabe: Chemische Tabellen und Rechentafeln. Von Karl Rauscher [u.a.]. Leipzig 1881.

2.8 Ist der Verfasser eine Körperschaft (z. B. Zentralbehörde des Bundes der Kommunisten, Internationale Arbeiter-Assoziation), wird die kooperative Verfasserschaft wie folgt behandelt:

2.8.1 Schriften mit kooperativer Verfasserschaft werden unter dem Sachtitel angeführt.

Adresse des Délégués de Lyon à l'Assemblée nationale et à la Commune de Paris. (25 avril 1871.) In: Le Mot d'Ordre ...

Aux Gardes nationaux de Paris. [Proclamation du Comité central de la Garde nationale. Paris, 19 mars 1871.] In: The Standard ...

2.8.2 Die kooperative Verfasserschaft wird dem Sachtitel vorangestellt, wenn dieser aus einem Gattungsbegriff besteht (z. B. Protokoll, Resolution, Statut), also nicht aussagekräftig genug ist.

Association Internationale des Travailleurs: Compte rendu du Congrès de Genève. In: Le Courrier International ...

Association Internationale des Travailleurs: Règlement provisoire. (Paris [o. J.])

2.8.3   Sind Marx/Engels die eigentlichen Verfasser solcher kooperativen Schriften, wird ihr Name in eckigen Klammern vorangestellt.

[Karl Marx:] The Civil War in France. Address of the General Council of the International Working-Men's Association. [London] 1871.

[Karl Marx, Friedrich Engels:] Beschlüsse der Delegirtenkonferenz der Internationalen Arbeiterassoziation, abgehalten zu London vom 17. bis 23. September 1871. Leipzig 1871.

2.9   Herausgeber einer Publikation werden deutlich von Verfassern unterschieden. Angaben über den bzw. die Herausgeber gehören zu den bibliographischen Zusätzen und erscheinen nach dem Sachtitel. Herausgeber werden folgendermaßen vermerkt:

2.9.1   Ist kein Autor vorhanden (Sammlungen von Gesetzen, Beschlüssen u. a. Dokumenten), wird die Publikation unter dem Sachtitel (bzw. unter dem eigentlichen Verfasser), nicht unter dem Herausgebernamen aufgeführt.

Collection des constitutions, chartes et lois fondamentales des peuples de l'Europe et des deux Amériques ... par P[ierre]-A[rmand] Dufau, J[ean]-B[aptiste] Duvergier et J[oseph] Guadet. Paris 1821–1823.

Collection complète des lois, décrets, ordonnances, règlemens, et avis du Conseil-d'Etat, publiée sur les éditions officielles du Louvre ... par J[ean]-B[aptiste] Duvergier. T. 1–78. Paris 1824–1878.

Quesnay, François: Analyse du tableau économique. In: Collection des principaux économistes. T. 2: Physiocrates ... par Eugène Daire. Pt. 1. Paris 1846.

Scrittori classici italiani di economia politica. (Hrsg. Pietro Custodi.) Parte antica. T. 1–7.

2.9.2   Ist eine Ausgabe infolge des großen Eigenanteils oder durch die besondere Leistung des Herausgebers an den Texten unter seinem Namen bekannt und traditionell bibliographisch unter seinem Namen geführt (z.B. Büchmann: Geflügelte Worte), kann der Herausgeber wie ein Autor behandelt, d.h. sein Name vor den Sachtitel gesetzt werden.

2.9.3   Ist der Herausgeber im Edierten Text genannt, wird im Apparat die Verbindung zum Sachtitel in einer Erläuterung hergestellt.

ET: ... im Band 2 der Sammlung von Duvergier

Erl.:   Duvergier] Jean-Baptiste Duvergier *siehe* Collection complète des lois ...

LR: Collection complète des lois ...

NR: Duvergier, Jean-Baptiste ...

3   **Titel einschließlich Sachtitel**

3.1   Bei der Wiedergabe von Haupt-, Unter- und Zwischentiteln in den redaktionellen Texten (Inhaltsverzeichnis, Einführung, Kopfleiste, Kolumnentitel, Entstehung, Überlieferung, Textkonstitution, Erläuterungen, Literaturregister) werden Sprache, Schrift (lateinisch, kyrillisch) und Orthographie der Vorlage beibehalten. Die Interpunktion wird unverändert übernommen, jedoch können zur Gliederung der Titulatur Interpunktionszeichen ohne besondere Kennzeichnung eingefügt bzw. verändert werden.

Zur Behandlung der Titel von Marx/Engels siehe 3.9.

3.2　Die Typographie der Vorlage (z. B. Zeilenfall, verschiedene Schrift-
　　　größen) wird nicht nachgeahmt, typographische Eigentümlichkeiten
　　　(Versalien, Kapitälchen u. ä.) werden nicht übernommen.

3.3　Für die Groß- und Kleinschreibung gelten die allgemeinen zeit-
　　　genössischen Rechtschreibregeln der betreffenden Sprache (also
　　　keine Sonderregeln, wie sie besonders im Englischen vorkommen).
　　　In Zweifelsfällen (z. B. Großschreibung in mittelalterlichen Drucken)
　　　sowie bei Titeln von Handschrifen wird der Vorlage gefolgt. Für alle
　　　Sprachen gilt: mit großen Anfangsbuchstaben werden das erste
　　　Wort eines Sachtitels und alle Wörter geschrieben, die nach Punkt,
　　　Ausrufezeichen, Fragezeichen stehen.
　　　　Vorlage:
　　　　PAPER AGAINST GOLD ; OR, The History and Mystery of the Bank of
　　　　England, of the Debt, of the Stocks, of the Sinking Fund, and of all the
　　　　other tricks and contrivances, carried on by the means of Paper Money.
　　　　Wiedergabe:
　　　　Paper against gold; or, the history and mystery of the Bank of England,
　　　　of the debt, of the stocks, of the sinking fund, and of all the other tricks
　　　　and contrivances, carried on by the means of paper money.

3.3.1　Mit großen Anfangsbuchstaben werden in Eigen-, Körperschafts-
　　　und geographischen Namen alle Wörter geschrieben, ausgenom-
　　　men Artikel, Präpositionen und Konjunktionen.
　　　　Troisième Congrès de l'Association Internationale des Travailleurs
　　　　Rules of the International Working Men's Association
　　　　L'Alliance Internationale de la Démocratie Socialiste et la guerre
　　　　Le Conseil Général au Conseil Fédéral de la Suisse Romande

3.3.2　In Versalien gedruckte Titel oder Teile von Titeln werden in Groß- und
　　　Kleinbuchstaben umgewandelt. Aus Anfangsworten des Textes ge-
　　　bildete Titel werden in gleicher Weise behandelt.

3.3.3　Periodica werden hinsichtlich der Groß- und Kleinschreibung original-
　　　getreu aufgenommen. Erscheint der Titel in Versalien, wird er wie un-
　　　ter 3.3.1 dargestellt behandelt.
　　　　Le Moniteur universel. Journal officiel de la République française.
　　　　De Werker. Orgaan der Vlaamsche Afdeelingen van de Internationale
　　　　Werkersvereeniging.
　　　　The Pall Mall Gazette. An Evening Newspaper and Review.
　　　　La Tribune de Bordeaux. Journal quotidien, politique, commercial et
　　　　littéraire.

3.3.4　In Zeugenbeschreibungen wird bei der Titelwiedergabe die Groß-
　　　und Kleinschreibung der Vorlage beibehalten, Versalien werden je-
　　　doch umgewandelt.

3.4　Der Sachtitel wird vollständig, d.h. ohne Abkürzungen und Weglas-
　　　sungen, wiedergegeben. Weitschweifige Sachtitel, insbesondere
　　　Untertitel, können gekürzt werden, jedoch bleibt der Anfang sowie
　　　das erhalten, was für Inhalt, Identifizierung und Einordnung der
　　　Schrift wesentlich ist. Auslassungen werden durch drei Punkte ge-
　　　kennzeichnet.
　　　　Eine philologisch-historische Abhandlung von dem Alterthume des
　　　　böhmischen Bergwerks, und von einigen daher stammenden begren-
　　　　zenten Wörtern und Redarten ... . Schneeberg 1758.
　　　　Treulicher Unterricht im General-Baß ... zum Nutzen aller Instrumenta-
　　　　listen und Vocalisten. Hamburg 1737.

3.4.1 Ist ein Sachtitel nicht vorhanden, jedoch der Vorlage an anderer Stelle zu entnehmen, wird er in runden Klammern wiedergegeben.

> (Amtlicher Bericht über das Aufhören der „Rheinischen Zeitung".) In: Kölnische Zeitung. Nr. 26, 26. Januar 1843. S. 2, Sp. 2/3.

3.5 Personennamen, die innerhalb des Sachtitels auftauchen, werden originalgetreu wiedergegeben. Vornamen werden nicht ergänzt bzw. ausgeschrieben.

> Kritik der Leibnitz'schen Philosophie.
>
> Die Ansichten D. Ricardos in kritischer Sicht.

3.6 Sachtitel sind, wenn dies erforderlich ist, durch einen redaktionellen Hinweis in eckigen Klammern zu ergänzen.

> Cirkular [an sämtliche königliche Oberpräsidien in Bezug auf die Handhabung der Zensur]. In: Allgemeine Preußische Staatszeitung. Berlin. Nr. 14, 14. Januar 1842. S. 56, Sp. 1/2.
>
> G[ustav] Fr[iedrich] Gaertner: [Rezension zu:] A. W. Goetze: Das Provinzial-Recht der Altmark nach seinem Standpunkte im Jahre 1835 ... 2 Th. in 3 Abt. ... Magdeburg 1836. In: Jahrbücher für wissenschaftliche Kritik. Berlin. Nr. 61, April 1837. Sp. 481–499.
>
> Vorwort [zu: Karl Marx: Die Klassenkämpfe in Frankreich 1848 bis 1850. Berlin 1895].

3.7 Griechische Titel erscheinen in lateinischer Umschrift bzw. Übersetzung. Sind mehrere Übersetzungen üblich, können diese hinzugefügt werden.

> Xenophon: Cyropaedia (Institutio Cyri).

3.8 Weist die Publikation den Verfassernamen, aber keinen Titel auf, wird ein redaktioneller Titel in eckigen Klammern hinzugefügt (siehe V.b.3.3).

> Friedrich Wilhelm IV.: [Antwort an die Deputation der Berliner Nationalversammlung vom 15. Oktober 1848.] In: Berliner Zeitungs-Halle. Nr. 241, 18. Oktober 1848. Abendblatt. S. 1, Sp. 1.64

3.9 Titel von Marx/Engels, die in den redaktionellen Texten erscheinen, werden folgendermaßen verzeichnet:

3.9.1 In Zeugenbeschreibungen und bibliographischen Nachweisen im engeren Sinne werden die Titel, wie unter 3.1–3.8 beschrieben, originalgetreu wiedergegeben.

3.9.2 In Inhaltsverzeichnis, Kopfleiste, Kolumnentitel, Einführung, Bildunterschrift, Erläuterungen usw. werden die Titel modernisiert. Dabei bildet die Schreibweise der Kopfleiste die Grundlage.

3.9.3 Die modernisierte Schreibweise schließt auch eine Modernisierung der grammatikalischen Form ein, sofern dadurch keine Hinzufügung oder Weglassung von Worten eintritt.

> ET: Illustrationen zu der neuesten Cabinetsstylübung Friedrich Wilhelm IV.
>
> RT: Illustrationen zu der neuesten Kabinettsstilübung Friedrich Wilhelms IV.
>
> ET: An die Redaktion des Volksstaat
>
> RT: An die Redaktion des „Volksstaats"

4 Zusätze

4.1 Zusätze wie Angaben über Herkunft, Veranlassung und Zweck, über den Übersetzer bzw. Herausgeber der Schrift sowie über textliche Beigaben, Anhänge usw. werden von der Vorlage übernommen, können jedoch verkürzt wiedergegeben werden. Falls erforderlich, werden Zusätze redaktionell in eckigen Klammern ergänzt.

> Samuel Taylor Coleridge: Liebeserinnerungen. [Übers. von Levin Schücking.] In: Blätter zur Kunde der Literatur des Auslands. Stuttgart, Augsburg. Nr. 68 und 69, 7. Juni 1840. S. 276, Sp. 2.

4.1.1 Sind Zusätze nicht dem Titelblatt, sondern der Vorlage an anderer Stelle entnommen, werden sie in runden Klammern wiedergegeben.

> Grundsätze des gemeinen deutschen peinlichen Rechts. (2. Ausg. Halle 1799.)

4.2 Für wiederkehrende bibliographische Termini werden Abkürzungen benutzt. Siehe Hinweise auf internationale redaktionelle Hilfsmittel.

> Vorlage: Bearbeitet und herausgegeben von Dr. Carl v. Rotteck.
> Wiedergabe: Bearb. und hrsg. von Carl v. Rotteck.

4.3 Personennamen in Zusätzen werden in der Form der Vorlage übernommen, d.h. nicht ergänzt bzw. ausgeschrieben. Es entfallen Titel Funktionen, Amtsbezeichnungen usw.

> Vorlage: Übersetzt und kommentiert von Dr. Joh. Conrad, Professor der Staatswissenschaften zu Halle.
> Wiedergabe: Übers. und komm. von Joh. Conrad.
> Vorlage: Edited by Prof. Dr. Henry St. Commager from the Columbia University.
> Wiedergabe: Ed. by Henry St. Commager.

5 Ausgabe-Bezeichnung, Bandzählung, Erscheinungsangaben

5.1 Es wird die von Marx/Engels benutzte Ausgabe bibliographisch nachgewiesen. Ist dies nicht möglich, wird auf die letzte vor der Erwähnung erschienene Ausgabe verwiesen. Ferner werden Erscheinungsort und -jahr der Erstausgabe angegeben.

5.2. Die nicht im Titel stehenden bibliographischen Angaben werden bei ihrer Wiedergabe in einheitlicher Form und Reihenfolge, in Anlehnung an die Regeln für die alphabetische Katalogisierung (RAK) gebracht.

5.2.1 Ausgeschriebene Zahlen, römische Ziffern und Zeichen mit Zahlenbedeutung werden durch arabische Ziffern wiedergegeben.

Vorlage:	Wiedergabe:
Vierte Auflage	4. Aufl.
In three volumes	In 3 vol.
In zwei Bänden	In 2 Bdn.
Tome premier	T. 1
V. Theil	Th. 5
Achtes Heft	H. 8
MDCCCXXIX	1829

5.2.2   Ordnungszahlen aller Sprachen werden in der Regel durch arabische Ziffern mit Punkt wiedergegeben.

Vorlage:	Wiedergabe:
Second edition	2. ed.
Seconda serie	2. ser.
3e édition	3. éd.
9e année	9. a.
aber:	
Erste und zweite Lieferung	Lfg. 1/2
Издание второе	Изд. 2

5.2.3   Für wiederkehrende bibliographische Termini werden einheitliche Abkürzungen benutzt. Siehe Hinweise auf internationale redaktionelle Hilfsmittel.

5.3   Die Ausgabe-Bezeichnung wird, wie unter 5.1–5.2.3 angeführt, der Vorlage entnommen. Dort enthaltene Angaben über Herausgeber, Beilagen u. dgl. gelten als Teil der Ausgabe-Bezeichnung.

Vorlage:	Wiedergabe:
Zweyte durchaus verbesserte Ausgabe	2., durchaus verb. Ausg.
Dritte umgearbeitete und vermehrte Auflage	3., umgearb. und verm. Aufl.
Second Edition, with Addition	2. ed., with add.
A new Edition	A new ed.
Dritte Auflage, neu durchgesehen und vermehrt von A. Peschier	3. Aufl., neu durchges. und verm. von A. Peschier
Vierte, um einen Notenanhang vermehrte Ausgabe	4., um einen Notenanh. verm. Ausg.

Nouv. éd., revue, corr. et cons. augm. par l'auteur.
The latest ed., rev. by the autor and print. with his authority.

5.3.1   Ist die Ausgabe eines Werkes, das Marx/Engels zitiert bzw. benutzt haben, nicht zu identifizieren, wird eine Ausgabe in der entsprechenden Sprache angeführt.

5.3.2   Kann bewiesen werden, daß Marx/Engels beim Zitieren bzw. Benutzen eines Werkes selbst übersetzt haben, wird die von ihnen wahrscheinlich zugrunde gelegte Ausgabe angegeben.

5.3.3   Enthält der Edierte Text keinerlei Anhaltspunkte für eine Ausgabebestimmung, wird eine Ausgabe in der jeweiligen Originalsprache, d.h. keine Übersetzung, herangezogen.

5.3.4   Bei literarischen Werken, vor allem der klassischen Literatur, sowie bei Werken der Antike, die von Marx/Engels benutzt wurden, wird auf die Angabe einer bestimmten Ausgabe verzichtet, wenn im Edierten Text selbst keine genannt ist.

Johann Wolfgang von Goethe: Die Wahlverwandtschaften.

Heinrich Heine: Die Nordsee. 1. Zyklus. Frieden.

Iuvenalis: Satirae.

William Shakespeare: The Merchant of Venice.

Sophokles: Antigone.

Die Titelangabe erfolgt in der von Marx/Engels im Edierten Text benutzten Sprache (Original oder Übersetzung). In Zweifelsfällen wird ein originalsprachiger Titel angeführt.

5.3.5   Nachweise von Bibelstellen werden folgendermaßen angegeben:

Die Bibel. Das Alte Testament. 1. Buch Mose 2, 8.
Daniel.
Die Bibel. Das Neue Testament. Apostelgeschichte 17, 18.
2. Brief an die Korinther.
Matthäus.
Offenbarung.

5.4   Bandbezeichnung und -zählung wird, wie unter 5.2.1–5.2.3 angeführt, der Vorlage entnommen. Dabei wird die Bandbezeichnung der Zählung vorangestellt. Die Zählung wird durch einen Punkt abgeschlossen. Bei drei und mehr aufeinanderfolgenden Zählungen werden die erste und die letzte Ziffer durch einen bis-Strich verbunden.

Erster Band = Bd. 1. $\left.\begin{array}{l}\text{Volume I}\\\text{Volume II}\end{array}\right\}$ = Vol. 1.2. $\left.\begin{array}{l}\text{Theil 1}\\\text{Theil 2}\\\text{Theil 3}\end{array}\right\}$ = Th. 1–3.

5.4.1   Wurden von einer mehrbändigen Ausgabe nicht alle Bände benutzt, wird zunächst die Angabe über den Gesamtumfang der Ausgabe (ohne Erscheinungszeitraum), danach der konkret benutzte Band angeführt.

A historical inquiry into the production. In 3 vol. Vol. 2. London 1831.

5.5   Bei der Erscheinungsangabe wird in der Regel, unabhängig von der Vorlage, nur Erscheinungsort und -jahr vermerkt. Verleger bzw. Drucker werden nicht genannt. Der Erscheinungsort wird in Sprache, Schreibung und Beugungsfall der Vorlage gebracht. Verändern Präpositionen die Endung des Ortsnamens, werden sie übernommen, anderenfalls entfallen sie.

Vorlage:	Wiedergabe:
Berlin: Bei G. Reimer 1851	Berlin 1851
Milano. Anno 1806	Milano 1806
A Paris, MDCCCXXIX	Paris 1829
V Bratislave, 1890	V Bratislave 1890
In der Dietrich'schen Verlagsbuchhandlung zu Leipzig 1832	Leipzig 1832
Pan-Verlag Zürich/ Stuttgart 1953	Zürich, Stuttgart 1953
Augner & Co., London G. Schirmer, New York 1840	London, New York 1840
Brunsvigae. Apud L. Schroeder 1730	Brunsvigae 1730

Falls zusätzliche Angaben – über Erscheinungsort und -jahr hinaus – aufschlußreich sind, werden sie in Erläuterungen berücksichtigt.
Zur Behandlung der autorisierten Publikationen von Marx/Engels im Abschnitt Entstehung, Überlieferung und Textkonstitution siehe V.e.3.

5.5.1   Nähere Bestimmungen von Erscheinungsorten werden mit Schrägstrich angehängt.

Halle (Saale)	=	Halle/Saale
Frankfurt (Oder)	=	Frankfurt/Oder
Freiburg (Schweiz)	=	Freiburg/Schweiz

5.5.2 Auch wenn nachweisbar ist, daß die Erscheinungsangabe in der Vorlage nicht richtig ist (bei Vor- bzw. Nachdatierung oder fingiertem Erscheinungsort), wird keine Korrektur vorgenommen. Die tatsächlichen Angaben, durch „d.i." eingeleitet, werden in eckigen Klammern hinzugefügt.

5.5.3 Enthält die Vorlage offensichtliche bzw. nachweisliche Fehler, werden diese in eckigen Klammern, eingeleitet von „vielm.", hinter der fehlerhaften Angabe korrigiert.

> 1050 [vielm. 1850]
> 1978 [vielm. 1789]
> Hemburg [vielm. Hamburg]
> Pankert [vielm. Paukert]
> 693 [vielm. 963]

5.5.4 Fehlen in der Vorlage Erscheinungsangaben und können sie auch nicht ermittelt werden, wird jeweils vermerkt: o.O., o.J., o.O.u.J.

6 Übergeordnete Titel

6.1 Übergeordnete Titel von Serien, Reihen usw. erscheinen in runden Klammern am Ende der bibliographischen Verzeichnung.

> (Sozialdemokratische Bibliothek. 33.)
> (Quellen und Studien zur Geschichte Europas. Bd. 11.)
> (Socialistisk Bibliothek. Bd. 1.)
> (Reclams Universal-Bibliothek. Nr. 7681.)
> (Saggi e documentaziona. 10.)

6.2 Ist die anzuführende Schrift Teil oder Band einer Gesamt- oder Werkausgabe, Teil eines Sammelbandes u.ä., wird der Titel der Gesamtausgabe usw. nach dem Einleitungswort „In:" wiedergegeben.

> Karl Marx: Der Bürgerkrieg in Frankreich. In: MEW 17.
>
> Friedrich Engels: Die Lage der arbeitenden Klasse in England. In: MEGA[1] I/4.
>
> Geminiano Montanari: Della moneta. In: Scrittori classici italiani di economia politica. Parte antica. T. 3. Milano 1804.

6.2.1 Enthält ein Band einer Werkausgabe usw. nur eine einzige Schrift, so wird wie folgt verfahren:

> Georg Wilhelm Friedrich Hegel: Vorlesungen über die Philosophie der Geschichte. Hrsg. von Eduard Gans. Berlin 1837. (Werke. Vollst. Ausg. durch einen Verein von Freunden des Verewigten. Bd. 9.)

b. GESTALTUNG DES LITERATURREGISTERS (D.II)

1 Inhalt und Charakter

1.1 Das Literaturregister enthält in alphabetischer Ordnung (mechanische Einordnung) die von Marx/Engels benutzten Schriften (Bücher, Broschüren, Zeitschriften, Zeitungen, Zeitschriftenaufsätze, Zeitungsartikel, Flugblätter usw.) mit bibliographischen Angaben (siehe V.a.1) und Nennung der Seiten des Edierten Textes und des Apparates, auf denen sie zitiert bzw. erwähnt werden.

1.2 Die Aufnahme erfolgt unabhängig davon, ob Marx/Engels in der Textgrundlage einen Quellennachweis geben oder nicht, ob die Quelle von ihnen selbst oder in von ihnen wiedergegebenen Texten anderer Autoren (Quellen der Quellen) zitiert oder erwähnt werden. Erforderliche Hinweise werden in den Erläuterungen gegeben (siehe V.d.6).

1.2.1   Die von Marx/Engels benutzte Literatur enthält ihrerseits auch Verweise auf Quellen (Quellen der Quellen). Diese werden im Literaturregister mit Hinweis auf die benutzte Literatur angeführt.

1.2.2   Die benutzte Literatur wird im Literaturregister auch dann aufgeführt, wenn im Edierten Text nur die in der benutzten Literatur zitierte Quelle angegeben ist, aber nachgewiesen werden kann, daß Marx/Engels diese der benutzten Literatur entnommen haben. Dies wird in den Erläuterungen dargelegt.

> Anghiera, Pietro Martire d': De orbe novo ... Nach: William H[ickling] Prescott: History of the conquest of Mexico ... 5. ed. Vol. 1. London 1850.
>
> Baines, Edward: History of the cotton manufacture in Great Britain ... London 1835. Nach: Samuel Laing: National distress; its causes and remedies. London 1844.
>
> Laing, Samuel: National distress; its causes and remedies. London 1844.
>
> Luther, Martin: Auch widder die reubischen und mördischen rotten der andern bawren. Nach: Wilhelm Zimmermann: Allgemeine Geschichte des großen Bauernkrieges. Th. 3. Stuttgart 1843.
>
> Prescott, William H[ickling]: History of the conquest of Mexico, with a preliminary view of the ancient Mexican civilization, and the life of the conqueror, Hernando Cortés. 5. ed. Vol. 1–3. London 1850. Vol. 1.
>
> Zimmermann, Wilhelm: Allgemeine Geschichte des großen Bauernkrieges. Th. 1–3. Th. 3. Stuttgart 1843.

1.2.3   In den Literaturregistern der Bände der Vierten Abteilung wird auf den Nachweis der benutzten Literatur („Nach:") verzichtet, da sie aus dem Text ohne weiteres ersichtlich ist. Die Unterscheidung zwischen benutzter Literatur und darin zitierten Quellen erfolgt durch unterschiedliche Schrift bei den Seitenangaben: Bei der benutzten Literatur werden die Angaben in halbfetter Schrift gebracht.

1.2.4   Ferner kann bei Bänden der Vierten Abteilung auf die Erfassung von Quellen in den exzerpierten Texten verzichtet werden, wenn diese Literatur nur indirekt erwähnt ist. Ein solches Verfahren wird im Apparat erläutert.

1.3   Im Literaturregister wird zwischen nachweisbar oder nur wahrscheinlich vom Autor benutzten Ausgaben nicht unterschieden. Nähere Hinweise werden in Erläuterungen mitgeteilt (siehe V.d.6).

1.4   Im Literaturregister werden weder Angaben zur Literaturbenutzung durch Marx/Engels (z.B. Seite, Spalte, Vers, Aufzug, Abschnitt usw.) noch Hinweise auf weitere Auflagen aufgenommen. Solche Angaben werden in einer Erläuterung mitgeteilt (siehe V.d.4).

1.5   Sofern zur Identifikation erforderlich, wird im Literaturregister auch der Seitenumfang angegeben (getrennt nach der vorhandenen Paginierung). Näheres geben die Erläuterungen.

> Feuerbach, Paul Johann Anselm: Betrachtungen über das Geschworenen-Gericht. Landshut 1813. VI–[2]–242–[2]–XII S.

1.6   Im Literaturregister der Bände der Ersten und Zweiten Abteilung kann in Fällen, wo eine Quelle überwiegend auf Grund der Exzerpte von Marx/Engels benutzt wurde, im Anschluß an die bibliographischen Angaben auf diese Auszüge in eckigen Klammern hingewiesen werden. Weitere Hinweise werden in den Erläuterungen gegeben (siehe V.d.6).

> [Rousseau, Jean-Jacques:] Du contrat social, ou principes du droit politique. Londres 1782. [Auszüge in Heft II, Kreuznach 1843.]
>
> Prince, Richard: An appeal to the public, on the subject of the national debt. 2. ed. London 1772. [Auszüge in Heft XVI, London 1851.]
>
> [Misselden, Edward:] Free trade. Or, the meanes to make trade florish. London 1622. [Auszüge in einem Heft, datiert „Manchester. Juli 1845".]

1.7   Gibt es zu der angeführten Literatur in einer Erläuterung wichtige ergänzende Angaben, kann im Register auf diese Erläuterung ebenfalls verwiesen werden.

> His, Wilhelm: Über Entwicklungsverhältnisse des academischen Unterrichts. Leipzig (1882). 214 234 828 (Erl. 214.12)

1.8   Ins Literaturregister werden nicht aufgenommen:

1.8.1   Allgemeine Hinweise im Edierten Text auf literarische Erzeugnisse einer Richtung oder Periode, Hinweise auf das Gesamtwerk eines Schriftstellers, auf Presseorgane einer bestimmten Richtung u.ä. Ihr Nachweis erfolgt in Erläuterungen (siehe VIII).

> – in den Werken der Utopisten von More bis Owen ...
> – Schriften der tränenreichen Siegwart-Periode ...
> – durch die Werke Hegels zieht sich der Gedanke ...
> – die Organe der Partei der Ordnung ...
> – die katholischen Blätter der Rheinprovinz ...

1.8.2   Allgemeine Hinweise auf Gesetze, Dokumente, Verträge, offizielle Materialien u.a.m. Ihr Nachweis erfolgt in Erläuterungen (siehe VIII).

> – die Auswirkungen des Sozialistengesetzes ...
> – die verwirrende Vielzahl der englischen Fabrikgesetze ...
> – die kurhessische Verfassung ...

1.8.3   Zitierte oder erwähnte Quellen bzw. Quellenbelege in redaktionellen Apparatteilen (Einführung, Entstehung, Überlieferung, Textkonstitution usw.) sowie Literatur, die von der Redaktion zur Feststellung bzw. Überprüfung von Fakten, Einschätzungen usw. herangezogen wurde. Ihr Nachweis erfolgt im Verzeichnis der im Apparat ausgewerteten Quellen und der benutzten Literatur (siehe V.c).

2   Aufbau und Gliederung

Das Literaturregister wird unterteilt in:
    I.   Drucke und Handschriften von Marx und Engels
    II. Schriften anderer Autoren
    III. Periodica

2.1   Drucke und Handschriften von Marx und Engels.

2.1.1   Hier werden alle zitierten bzw. erwähnten Drucke und Handschriften von Marx/Engels erfaßt. Es werden sowohl abgeschlossene wie zum Zeitpunkt ihrer Erwähnung noch im Entstehungsprozeß befindliche

Drucke und Handschriften aufgenommen. Sofern erforderlich, wird folgende Gliederung vorgenommen:
1. Drucke
2. Handschriften
3. Dubiosa

2.1.2   In jeder Gruppe werden in alphabetischer Reihenfolge zunächst alle von Marx und von Marx/Engels verfaßten, danach alle von Engels und Engels/Marx stammenden Titel angeführt.

Marx, Karl: Misère de la philosophie. Réponse à la philosophie de la misère de M. Proudhon. Paris, Bruxelles 1847.

[Marx, Karl:] Second address of the General Council of the International Working-Men's Association on the war. To the members of the International Working-Men's Association in Europe and the United States. (London 1870.)

[Marx, Karl, Friedrich Engels:] Manifest der Kommunistischen Partei. London (1848.)

— To the Editor of the Times. In: The Times. London. Nr. 27 088, 13. Juni 1871. S. 12, Sp. 5.

Engels, Friedrich: Die Lage Englands. Past and Present by Thomas Carlyle. London 1843. In: Deutsch-Französische Jahrbücher. Paris. 1844. Lfg. 1/2. S. 152–181.

— Umrisse zu einer Kritik der Nationalökonomie. In: Deutsch-Französische Jahrbücher. Paris. 1844. Lfg. 1/2. S. 86–114.

Engels, Friedrich, Karl Marx: Die heilige Familie, oder Kritik der kritischen Kritik. Gegen Bruno Bauer & Consorten. Frankfurt a. M. 1845.

2.1.3   Für Drucke und Handschriften von Marx/Engels, die keinen Titel haben, wird bei der bibliographischen Angabe der redaktionelle Titel der MEGA übernommen. Liegen sie in der MEGA noch nicht vor, wird ein redaktioneller Titel gebildet.

2.1.4   Bei Drucken von Marx/Engels, die pseudonym erschienen sind, wird der Autorname in eckigen Klammern ergänzt und der Titel unter Marx/Engels eingereiht. Die Angabe des Pseudonyms erfolgt nach der Vorlage, falls erforderlich mit dem Zusatz „[Gez. :]".

[Engels, Friedrich:] An den Stadtboten. [Gez.:] Theodor Hildebrand. In: Bremisches Unterhaltungsblatt. Nr. 34, 27. April 1839. Sp. 280.

— Die deutschen Volksbücher. Von Friedrich Oswald. In: Telegraph für Deutschland. Hamburg. November 1839. Nr. 186, S. 1481–1484, Nr. 188, S. 1501/1502, Nr. 189, S. 1509–1512, Nr. 190, S. 1518/1519, Nr. 191, S. 1526–1528.

— Herrn Dr. Runkel in Elberfeld. Der Verfasser der Briefe aus dem Wupperthal. In: Elberfelder Zeitung. Nr. 127, 9. Mai 1839. S. 3, Sp. 1/2.

— The state of Germany. Letter III. Your German correspondent. In: The Northern Star. London. Nr. 438, 4. April 1846. S. 7, Sp. 2/3.

2.1.5   In der Dritten Abteilung werden nicht im Literaturregister, sondern in einem besonderen Verzeichnis die in den Briefen erwähnten, nicht ausgeführten Projekte bzw. nicht überlieferten Texte von Marx/Engels aufgeführt.

Marx, Karl: Über die Romantiker.
— Über Religion und Kunst, mit besondrer Beziehung auf christliche Kunst.
Engels, Friedrich: Eine Bremer Liebesgeschichte.
— Spanische Romanze.

2.2 Schriften anderer Autoren.

2.2.1 Hier werden alle selbständig wie unselbständig erschienenen Publikationen Dritter in einer alphabetischen Reihe aufgenommen, unabhängig davon, ob der Verfasser überliefert oder anonym geblieben ist.

2.2.2 Die Einordnung erfolgt alphabetisch nach dem Namen des Verfassers, bei mehreren Autoren nach dem des erstgenannten (siehe auch V.a.2.7).

2.2.3 Kann der Verfasser einer anonymen Schrift ermittelt werden, wird sein Name in eckigen Klammern der bibliographischen Angabe vorangesetzt.

2.2.4 Pseudonyme werden ebenfalls in die alphabetische Reihenfolge eingeordnet.

> Philalethes Veronensis
>
> Stirner, Max

Eine Schrift wird unter das Pseudonym gestellt, wenn der wirkliche Name nicht zu ermitteln bzw. das Pseudonym gebräuchlicher ist als der wirkliche Name. Dieser kann, eingeleitet mit „d.i.", in eckigen Klammern hinzugefügt werden.

> Alexis, Willibald [d. i. Wilhelm Häring]: Der Roland von Berlin. Berlin 1894.
>
> Häring, Wilhelm *siehe* Alexis, Willibald

Ist ein Pseudonym weniger gebräuchlich als der wirkliche Name, wird die Schrift unter den wirklichen Namen gestellt, aber das Pseudonym mit angeführt.

> [Bernstein, Eduard:] Die soziale Frage. Von Leo. Berlin 1893.

2.2.5 Alle Sachtitel werden nach der gegebenen Wortfolge alphabetisch geordnet, d.h. als Ordnungswort dient das erste Wort des Sachtitels, sofern es kein bestimmter oder unbestimmter Artikel ist.

> An adventure in Paris. In: The Daily News. London. Nr. 7834, 8. Juni 1871. S. 6, Sp. 4/6.
>
> Astrie, Th[éodore]: L'homme rouge. In: La Situation. Londres. Nr. 176, 14. April 1871. S. 5, Sp. 2/4.
>
> [Décret sur la démolition de la colonne de la place Vendôme du 12 avril 1871.] In: Le Rappel. Paris. Nr. 670, 14. April 1871. S. 1, Sp. 3.
>
> The end of the insurrection. In: The Standard. London. Nr. 14 613, 2. Juni 1871. S. 5, Sp. 1/3.
>
> [Feuerbach, Ludwig:] Zur Kritik der „positiven Philosophie". In: Hallische Jahrbücher für deutsche Wissenschaft und Kunst. Leipzig. Jg. 1. 1838. Nr. 289, Sp. 2305–2311, Nr. 290, Sp. 2313–2316, Nr. 291, Sp. 2321–2324, Nr. 292, Sp. 2329–2333, Nr. 293, Sp. 2337–2340.
>
> [Proclamation of the Commune of April 5, 1871 to the inhabitants.] In: The Daily Telegraph. London. Nr. 4933, 6. April 1871. S. 3, Sp. 1.

2.2.6 Wird ein Herausgeber im Edierten Text häufig genannt, kann in besonderen Fällen im Literaturregister von diesem Namen auf den Sachtitel verwiesen werden (siehe V.a.2.9.3).

2.3   Periodica.

2.3.1   Hier werden alle direkt oder indirekt erwähnten periodisch erscheinenden Druckerzeugnisse (Zeitungen, Zeitschriften, Jahrbücher
usw.) aufgenommen, einschließlich jener, die im Edierten Text nicht
mit ihrem Periodica-Titel, sondern nur mit Verfasser und/oder Titel
eines bestimmten Artikels mitgeteilt und bereits in Teil I oder II des
Literaturregisters bibliographisch erfaßt sind.

     II. Schriften anderer Autoren:
     An adventure in Paris. In: The Daily News. London. Nr. 7834,
        8. Juni 1871. S. 6, Sp. 4/6.   11
     St[irner], M[ax:] Recensenten Stirners. In: Wigand's Vierteljahrsschrift.
        1845. Bd. 3. Leipzig 1845. S. 147–194.   12

     III. Periodica :
     The Daily News (London). 11
     Wigand's Vierteljahrsschrift (Leipzig). 12

2.3.2   Die Periodica erhalten in der Regel eine knappe Annotation, die ihre
eindeutige Identifizierung ermöglicht. Dabei werden u. a. folgende
Angaben berücksichtigt:

     – Titel, Untertitel (halbfett),
     – Erscheinungsort (in runden Klammern), sofern nicht bereits im
       Titel enthalten,
     – Charakter, Erscheinungsweise,
     – Erscheinungszeitraum,
     – Redakteur(e).

     Almanach du Parti Ouvrier (Lille) – Jahrbuch, erschien von 1892
       bis 1894 und 1896 unter der Redaktion von Jules Guesde und Paul
       Lafargue.

     The Evening Standard (London) – Abendausgabe der konser-
       vativen Zeitung „The Standard", erschien von 1857 bis 1905.

     Glühlichter. Humoristisch-satirisches Arbeiterblatt (Wien)
       – erschien zweimal monatlich von 1889 bis 1915.

2.3.3   Detaillierte Angaben zu weniger bekannten Periodica (Herausgeber,
Redakteure, Mitarbeiter, politische Orientierung, Organ welcher
Gruppierung oder Organisation, Beziehungen zu Marx/ Engels usw.)
können in Erläuterungen gegeben werden, auf die im Literaturregister verwiesen wird.

     L'Atelier Démocratique (Brüssel) – Wochenblatt, erschien von Juli
       1846 bis November 1847 (siehe Erl. 140.32).

     L'Intransigeant (Paris) – Tageszeitung, erschien von 1880 bis 1948
       (siehe Erl. 785.30).

     **Der Volksstaat. Organ der sozialdemokratischen Arbei-
       terpartei und der internationalen Gewerksgenossen-
       schaften** (Leipzig) – erschien vom 2. Oktober 1869 bis zum 29.
       September 1876, zunächst zweimal, ab Juli 1873 dreimal wöchent-
       lich (siehe Erl. 63.5).

2.4   Titel in kyrillischer bzw. griechischer Schrift werden in jedem Teil des
Literaturregisters im Anschluß an die alphabetische Folge der Titel in
lateinischer Schrift in zwei gesonderten Alphabeten aufgeführt.

3   Gestaltung der bibliographischen Angaben

3.1   Die Interpunktion des Nachweises im Literaturregister ist folgende:
- ein Doppelpunkt folgt nach Angabe des Verfassers sowie nach dem einleitenden Wort „In" bzw. „Nach";
- ein Komma steht zwischen Namen und nachgestellten Vornamen des Verfassers, zwischen mehreren Erscheinungsorten sowie zwischen Zeitungsnummer und Zeitungsdatum;
- es steht kein Interpunktionszeichen zwischen Orts- und Jahresangaben;
- ein Punkt trennt alle anderen bibliographischen Angaben (Titelteile) voneinander;
- redaktionelle Anführungszeichen werden nicht gesetzt.

>   Rochefort, Henri: Les mystères du Couvent de Picpus. In: Le Mot d'Ordre. Paris. Nr. 72, 6. Mai 1871. S. 1, Sp. 1/3.
>
>   [Rousseau, Jean-Jacques:] Du contrat social, ou principes du droit politique. Londres 1782.
>
>   Solger, Karl Wilhelm Ferdinand: Erwin. Vier Gespräche über das Schöne und die Kunst. Th. 1.2. Berlin 1815.

3.2   Mehrere Schriften eines Verfassers werden in alphabetischer Reihenfolge verzeichnet. Tragen die Schriften den vollen Verfassernamen, wird er vom zweiten Titel an durch einen Spiegelstrich vertreten. Das gleiche gilt für identifizierte anonyme Schriften.

>   [Engels, Friedrich:] An den Stadtboten. [Gez.:] Theodor Hildebrand. In: Bremisches Unterhaltungsblatt. Nr. 34, 27. April 1839. Sp. 280.
>
>   — Die deutschen Volksbücher. Von Friedrich Oswald. In: Telegraph für Deutschland. Hamburg. November 1839. Nr. 186, S. 1481–1484, Nr. 188, S. 1501/1502, Nr. 189, S. 1509–1512, Nr. 190, S. 1518/1519, Nr. 191, S. 1526–1528.
>
>   Feuerbach, Ludwig: Pierre Bayle. Ein Beitrag zur Geschichte der Philosophie und Menschheit. Ansbach 1838.
>
>   — Das Wesen des Christenthums. Leipzig 1841.

3.2.1   Spiegelstriche werden nicht verwendet, wenn eine identifizierte anonym erschienene Publikation einer mit vollem Verfassernamen versehenen folgt, und umgekehrt.

>   Feuerbach, Ludwig: Pierre Bayle. Ein Beitrag zur Geschichte der Philosophie und Menschheit. Ansbach 1838.
>
>   [Feuerbach, Ludwig:] Ueber das „Wesen des Christenthums" in Beziehung auf den „Einzigen und sein Eigenthum". In: Wigand's Vierteljahrsschrift. 1845. Bd. 2. Leipzig 1845. S. 192–205.
>
>   Feuerbach, Ludwig: Das Wesen des Christenthums. Leipzig 1841.
>
>   [Feuerbach, Ludwig:] Zur Kritik der „positiven Philosophie". In: Hallische Jahrbücher für deutsche Wissenschaft und Kunst. Leipzig. Jg. 1. 1838. Nr. 289, Sp. 2305–2311, Nr. 290, Sp. 2313–2316, Nr. 291, Sp. 2321–2324, Nr. 292, Sp. 2329–2333, Nr. 293, Sp. 2337–2340.

3.3   Bei der Erfassung von Artikeln, die weder Verfasser noch Sachtitel führen, wird folgendermaßen verfahren:

3.3.1   Falls das Periodicum eine Inhaltsübersicht führt, wird daraus ein Titel in runden Klammern übernommen.

>   (Landtagsabgeordneten-Wahlen.) In: Rheinische Zeitung für Politik, Handel und Gewerbe. Köln. Nr. 62, 3. März 1843. S. 1, Sp. 1.

3.3.2   Bei sonstiger Titelformulierung ist auf den Artikel selbst in der Originalsprache zurückzugreifen.

Cirkular [an sämtliche königliche Oberpräsidien in Bezug auf die
Handhabung der Zensur.] In: Allgemeine Preußische Staats-
zeitung. Berlin. Nr. 14, 14. Januar 1842. S. 56, Sp. 1.

[Décret sur la démolition de la colonne de la place Vendôme du 12 avril
1871.] In: Le Rappel. Paris. Nr. 670, 14. April 1871. S. 1, Sp. 3.

[Proclamation of the Commune of April 5, 1871 to the inhabitants.] In:
The Daily Telegraph. London. Nr. 4933, 6. April 1871. S. 3, Sp.1.

3.3.3   Artikel ohne Anhaltspunkte für Titel werden nach den Anfangsworten des Textes eingeordnet, gefolgt von drei Punkten. Vorhandene Angaben wie Korrespondenzzeichen, Ort und Datum des Artikels werden nachgestellt.

Am 5. Oct. starb ... [Korrespondenz:] London, 5. Oct. In: Allgemeine Zeitung. Augsburg. Nr. 284, 11. Oktober 1842. S. 2265, Sp.1/2.

„Bettina" hat durch einen ... [Korrespondenz:] † Dresden. In: Staats
und Gelehrte Zeitung des Hamburgischen unpartheiischen Correspondenten. Nr. 124, 27. Mai 1841. S. [5], Sp. 1/2.

Das Verbot der Leipziger Allgemeinen Zeitung ... [Korrespondenz:] Vom
Rhein, den 4. Januar. In: Rhein- und Mosel-Zeitung. Koblenz. Nr. 6,
6. Januar 1843. S. 1, Sp. 2.

So wird auch verfahren, wenn der Verfasser bekannt, aber kein Titel
vorhanden ist.

[Bettziech, Heinrich:] Ueber das neue Gesetz ... [Korrespondenz:]
Berlin, 20. Febr. In: Trier'sche Zeitung. Nr. 56, 26. Februar 1843.
S. 2, Sp. 2/3.

H[ermes, Karl Heinrich]: Im Allgemeinen scheint uns ... [Korrespon-
denz:] Köln, 27. Juni. In: Kölnische Zeitung. Nr. 179, 28. Juni 1842.
S. 1, Sp. 1/3.

4   Beziehung zwischen Literatur- und Namenregister

4.1   Die im Literaturregister verzeichneten Verfasser erscheinen ebenfalls im Namenregister, auch wenn im Edierten Text nicht ihr Name,
sondern nur die Schrift erwähnt wird. Dabei verbindet eine Erläuterung den Edierten Text mit den Registern (siehe V.d.1).

ET: Es sei nur an das bekannte Buch "The history of Ireland" erinnert.

Erl.:   Der Autor ist Thomas Moore.

LR: Moore, Thomas: The history of Ireland. Vol. 1–4. London
         1835–1846.

NR: Moore, Thomas ...

ET: Wer kennt nicht das berühmte Philosophenwort: „ ...."

Erl.:   G.W.F. Hegel: Vorlesungen über die Geschichte der Philosophie ...

LR: Hegel, Georg Wilhelm Friedrich: Vorlesungen über die Geschichte
         der Philosophie ...

NR: Hegel, Georg Wilhelm Friedrich ...

4.2   Bei schöngeistiger Literatur erscheint eine Schrift auch im Literatur-
          und der Verfasser im Namenregister, wenn im Edierten Text auf Vor-
          gänge oder Gestalten dieser Schrift Bezug genommen wird.

ET: Palmerston besteht wie Shylok auf seinem Pfund Fleisch.

Erl.:   Shylok] Kaufmann aus „The Merchant of Venice" von William
          Shakespeare, der mit dem Schwur auf das bestehende Recht und
          einen Schuldschein verlangt, seinem Schuldner ein Pfund Fleisch
          auszuschneiden.

LR: Shakespeare, William: The Merchant of Venice.

NR: Palmerston, Lord Henry John Temple ...
          Shakespeare, William ...
          Shylok ...

ET: Für Proudhon bleibt Hegel ebenso unbegreifbar wie die Ideen Fausts
          für Wagner.

Erl.:   Wagner] Fausts engstirniger Famulus in Goethes gleichnamiger
          Tragödie.

LR: Goethe, Johann Wolfgang von: Faust. Th. 1.

NR: Faust ...
          Goethe, Johann Wolfgang von ...
          Hegel, Georg Wilhelm Friedrich ...
          Proudhon, Pierre-Joseph ...
          Wagner ...

4.3   Haben Marx/Engels eine Schrift nach einer anderen Schrift zitiert,
          werden die Verfasser beider Schriften im Namenregister erfaßt,
          unabhängig davon, ob beide, nur einer oder auch keiner von beiden
          im Edierten Text namentlich erwähnt werden.

          Baines, Edward ... Nach: Samuel Laing ...
          Dionysius ... Nach: Barthold Georg Niebuhr ...
          Luther, Martin ... Nach: Wilhelm Zimmermann ...
          Ricardo, David ... Nach: Jean–Baptiste Say ...

          Alle hier genannten Autoren erscheinen im Namenregister.

4.3.1   Die im Namenregister aufgeführte originalsprachige Orthographie
          eines Autors wird im Literaturregister dem Autornamen vorangesetzt,
          wenn dieser auf der betreffenden Schrift in einer transkribierten Form
          erschienen ist. Fehlt auf der Vorlage der Vorname in transkribierter
          Form, wird er nicht redaktionell ergänzt.

          [Anghiera, Pietro Martire d'] Petrus Martyr Anglerius:
          [Bakunin, Michail Aleksandrovič] Michel Bakounine:
          [Buturlin, Dmitrij Petrovič] Boutourlin:
          [Leibniz, Gottfried Wilhelm von] Gothofredus Guillelmus Leibnitius:

c.   BIBLIOGRAPHISCHE ANGABEN IM VERZEICHNIS DER IM
          APPARAT AUSGEWERTETEN QUELLEN UND DER BENUTZTEN
          LITERATUR (E.II)

1   Für dieses Verzeichnis gelten die gleichen Regeln wie für das Lite-
          raturregister. Je nach Charakter und Anzahl der zu verzeichnenden
          Quellen und Literatur wird folgende Untergliederung vorgenommen:
                   1. Archivalien
                   2. Gedruckte Quellen
                   3. Forschungsliteratur

2   Es erfolgen keine Rückverweise (Seitenangaben) auf Stellen im
          Apparat.

---

d. **BIBLIOGRAPHISCHE ANGABEN IN DEN ERLÄUTERUNGEN (C. VI)**

1   Alle direkten wie indirekten Zitate und Erwähnungen von Literatur im Edierten Text werden in Erläuterungen nachgewiesen, sofern dieser Nachweis im Edierten Text nicht bereits so erscheint, daß die Titelaufnahme im Literaturregister ausreichend ist und der betreffende Titel dort ohne Schwierigkeiten aufgefunden werden kann.

2   Für den Quellennachweis in der Erläuterung genügt eine standardisierte Kurzform der bibliographischen Angaben. Der ausführliche Nachweis erfolgt im Literaturregister. Bei Wiederholung in einer Erläuterung werden die bibliographischen Angaben verkürzt.

> [Johann Jacoby:] Vier Fragen beantwortet von einem Ostpreußen. Mannheim 1841.
> [Johann Jacoby:] Vier Fragen ... S. 8–10.
> Ebenda. S. 10.
> Johann Jacoby: Urtheil des Ober-Appellations-Senats in der wider den Doctor Johann Jacoby geführten Untersuchung ... In: Deutsch-Französische Jahrbücher. Paris 1844. Lfg. 1/2. S. 52.
> Johann Jacoby: Urtheil des Ober-Appellations-Senats ... A. a. O. S. 54 und 56.
> Ebenda. S. 56.

3   Bibliographische Angaben in Erläuterungen werden nicht in den fortlaufenden Text eingebaut, sondern möglichst als eigener Satz, in runden Klammern oder durch Doppelpunkt abgetrennt, mitgeteilt. Dabei gelten für die Darbietung die gleichen Regeln wie für das Literaturregister (siehe V.b.3) mit der Ausnahme, daß bei der Angabe des Verfassers die Vornamen nicht nachgestellt werden. Dieses Verfahren gilt auch, wenn ein Einleitungswort („Siehe", „Siehe auch", „Zitiert nach") vorangesetzt wird.

> ...: Entwurf eines Gesetzes, betreffend Aenderungen und Ergänzungen des Strafgesetzbuchs, des Militärstrafgesetzbuchs und des Gesetzes über die Presse. In: Stenographische Berichte über die Verhandlungen des Reichstages. 9. Legislaturperiode. 3. Session 1894/95. 1. Anlagebd. Berlin 1895. S. 224/225.
>
> (Siehe George Opdyke: A treatise on political economy. New York 1851. S. 267.)

4   Angaben zu Kapitel, Abschnitt, benutzten Seiten usw. (siehe V.a.1), werden nicht im Literaturregister, sondern in Erläuterungen mitgeteilt. Dabei werden zwischen Angaben gleicher Ordnung und beim Übergang von niederer zu höherer Ordnung Punkte, beim Übergang von höherer zu niederer Ordnung Kommata gesetzt.

> (William Shakespeare: As you like it. 3. Aufzug, 2. Szene.)
>
> (The Times. London. Nr. 27028, 4. April 1871. S. 8, Sp. 3.)

4.1   Bei Schriften antiker Autoren wird die Angabe des Buches in römischen Ziffern angeführt, die übrigen Angaben erscheinen in arabischen Ziffern. Zwischen Titel und Angabe der Buchstelle steht kein Satzzeichen. Werden verschiedene Stellen aufgezählt, werden sie voneinander durch Semikolon getrennt.

> Herodotus: Historiae II, 38, 3; 113, 2.
> Oracula Sibyllina III, 82; VIII, 233. 413.
> Livius: Ab urbe condita XXII, 1, 8–10.

4.2   Für Zitate aus der Bibel siehe bibliographische Hilfsmittel.

5   Benennt der Autor selbst die benutzte Ausgabe hinreichend, wird in der Erläuterung nur die Seitenzahl für das Zitat ergänzt.

6   In den Erläuterungen wird mitgeteilt, ob eine Quelle bzw. Ausgabe nachweisbar oder nur wahrscheinlich vom Autor benutzt wurde (siehe V.b.1.3).

6.1   Der Quellennachweis in der Erläuterung erfolgt ohne Einleitungsworte, wenn der Autor selbst auf die benutzte Quelle bzw. Ausgabe hinweist, oder wenn er sie zwar nicht nennt, dieses aber mit Sicherheit ermittelt werden kann, z.B.

    – durch Nennung an anderer Stelle des Textes bzw. in anderen Texten des Autors aus dieser Zeit;

    – durch Hinweise in Briefen, Notizen, Entwürfen, Tagebüchern, Exzerpten;

    – falls die betreffende Schrift Bestandteil der Bibliothek von Marx/Engels war;

    – durch charakteristische Merkmale des Zitates.

    Jacob Grimm: Geschichte der deutschen Sprache. Bd. 1. Leipzig 1848. S. 13.

    [William Petty:] A treatise of taxes and contributions... London 1667. S. 47: „Labour is the father ... of wealth, as lands are the mother."

    [Karl Marx, Friedrich Engels:] To the Editor of the Times. In: The Times. London. Nr. 27088, 13. Juni 1871. S. 12, Sp. 5.

6.2   Kann die vom Autor benutzte Quelle bzw. Ausgabe nicht mit Sicherheit, sondern nur mit ausreichender Wahrscheinlichkeit bestimmt werden, wird der Nachweis in der Erläuterung mit den Worten „Wahrscheinlich benutzt:" eingeleitet. Die Quelle bzw. Ausgabe findet im Literaturregister Aufnahme.

    Wahrscheinlich benutzt: [Jean-Baptiste] Millière: Le faussaire. In: Le Vengeur. Paris. Nr. 6, 8. Februar 1871. S. 1, Sp. 1/5, S. 2, Sp. 1/2.

    Wahrscheinlich benutzt: Médiation des municipalités de la Seine. In: Le Rappel. Paris. Nr. 684, 28. April 1871. S. 1, Sp. 3/4.

6.3   Zitiert der Autor eine Quelle nach der benutzten Literatur (siehe V.b.1.2.1), wird zuerst die Quelle und anschließend mit den Worten „Zitiert nach" die benutzte Literatur angegeben.

    Edward Baines: History of the cotton manufacture in Great Britain ... Zitiert nach: Samuel Laing: National distress; its causes and remedies. London 1844. S. 152.

    Marx zitiert „De orbe novo" nach William Prescott: History of the conquest of Mexico. 5. ed. Vol. 1. London 1850. S. 123.

6.3.1   Dasselbe gilt, wenn der Autor eine Quelle aus verschiedenen Vorlagen zitiert.

    Marx zitiert Thiers' Rede in der Deputiertenkammer vom 31. Januar 1848 nach Le Rappel. Paris. Nr. 673, 17. April 1871. S. 2, Sp. 1, den letzten Absatz nach Le Vengeur. Paris. Série 2. Nr. 21, 19. April 1871. S. 1, Sp. 3: Discours de M. Thiers prononcé à la chambre des députés le 31 janvier 1848.

6.4   Ist die vom Autor benutzte Quelle bzw. Ausgabe bekannt, aber als Original nicht zu ermitteln, wird in der Erläuterung zuerst die mit bibliographischen Hilfsmitteln identifizierte benutzte Quelle angeführt und dann eine entsprechende zeitgenössische Quelle bzw. Ausgabe, die für die Zitatüberprüfung usw. herangezogen wurde. Diese erscheint nicht im Literaturregister, sie wird in der Erläuterung bibliographisch vollständig mitgeteilt.

     ... Die von Engels angeführte Erstausgabe von 1835 stand nicht zur Verfügung. In der 3. Auflage, erschienen Leipzig 1846, findet sich das angeführte Zitat auf S. 58.

     Die von Marx zitierte „Indian Times" vom 13. Oktober 1856 war nicht verfügbar. Eine zusammenfassende Wiedergabe des Artikels findet sich in: The Economist. London. Nr. 4158, 1. November 1856. S. 2, Sp. 2. Dort lautet die angeführte Stelle: „ ..."

6.5   Ist die vom Autor benutzte Quelle bzw. Ausgabe auch nicht mit Wahrscheinlichkeit zu ermitteln, wird dies in der Erläuterung mitgeteilt und anschließend eine andere, möglichst authentische zeitgenössische Quelle angeführt. In Ausnahmefällen kann auch auf eine zeitlich später liegende Veröffentlichung zurückgegriffen werden. Die angeführte authentische Quelle wird im Literaturregister verzeichnet.

     Die von Marx benutzte Quelle konnte nicht ermittelt werden. – Aus der Rede von Ernest Picard in der Nationalversammlung arn 20. März 1871. In: Journal officiel de la République française. Versailles. Nr. 80, 21. März 1871. S. 194, Sp. 2/3.

6.6   Ist von einer Quelle die benutzte Ausgabe nicht zu ermitteln, wird möglichst die letzte vor Abfassung des Textes erschienene Ausgabe herangezogen. Sie wird im Literaturregister verzeichnet.

6.7   Zitiert der Autor offizielle Dokumente, Gesetze, Beschlüsse, Parlamentsreden u.ä. nach einer inoffiziellen, unzuverlässigen oder übersetzten Quelle, kann als Hilfe für den Benutzer zusätzlich die offizielle bzw. originale Quelle mit den einleitenden Worten „Vgl. auch" angeführt werden. Diese zusätzliche Literaturangabe erscheint nicht im Literaturregister, sie wird in der Erläuterung bibliographisch vollständig mitgeteilt, bei Wiederholung verkürzt. Bei mehrfachem Auftreten solcher zusätzlicher Hinweise wird das Verfahren in der Entstehungsgeschichte bzw. in den editorischen Hinweisen erläutert.

     The Daily News. London. Nr. 7768, 23. März 1871. S. 3, Sp. 1/2: The State of Paris. – Vgl. auch Journal officiel de la République française. Paris. Nr. 81, 22. März 1871. S. 206, Sp. 1/3.

     Declaration of M. Thiers. In: The Irishman. Dublin. Vol. 13. Nr. 39, 1. April 1871. S. 628, Sp. 2. – Vgl. auch Journal officiel de la République française. Versailles. Nr. 87, 28. März 1871. S. 301, Sp. 3: „Nous avons trouvé la République établie comme un fait ..."

7   Quellennachweise in Erläuterungen werden nicht mit den Formeln „siehe", „siehe auch" eingeleitet. Diese Formeln bleiben Verweisungen auf weiterführende oder zusätzliche Materialien vorbehalten.

e.   **BIBLIOGRAPHISCHE ANGABEN IM APPARATTEIL ENT-
       STEHUNG, ÜBERLIEFERUNG UND TEXTKONSTITUTION
       (C.III)**

1   In diesem Apparatteil erscheinen bibliographische Angaben als
       – Quellenmäßige Belege und Forschungsergebnisse zur Autor-
         schaft und Datierung,
       – Beschreibung der Textzeugen.

2   Bibliographische Angaben und Quellenbelege werden nicht als Fuß-
       noten, sondern knapp in den laufenden Text einbezogen, und zwar
       durchweg in runden Klammern gebracht.

       Etwa zum gleichen Zeitpunkt wie die Separatausgabe wurde der
       erste Teil der Einleitung in Nr. 27 der „Neuen Zeit" veröffentlicht. Im
       „Vorwärts" war der Eingang dieser Nummer am 7. April angezeigt. Der
       zweite Teil erschien in Nr. 28, deren Auslieferung Mitte April erfolgte
       (vgl. „Vorwärts" vom 19. April 1895). Der Abdruck in der „Neuen Zeit"
       (J^4) mußte in zwei Teilen erfolgen, „da die Zeit zur Fertigstellung des
       Satzes nicht langte und es auch mit dem Raum haperte" (Karl Kautsky
       an Engels, 25. März 1895). Die gestrichenen bzw. veränderten Passa-
       gen der Einleitung wurden erstmalig nach H^1 mitgeteilt in: AMƏ 1.
       S. 257–261.

2.1   Sind die bibliographischen Angaben Teil des redaktionellen Textes,
       werden die Titel in Anführungszeichen gesetzt und die einzelnen
       Angaben durch Kommata getrennt.

       Am frühesten kann die Niederschrift nach dem Erscheinen des dritten
       Bandes von „Wigand's Vierteljahrsschrift", Jg. 1845, begonnen worden
       sein. Dieser Band ist angezeigt im „Börsenblatt für den Deutschen
       Buchhandel", Nr. 92, 21. Oktober 1845, unter der allgemeinen Bemer-
       kung „Angekommen in Leipzig am 16.–18. Octbr. 1845". Die Ankündi-
       gung einer „Kritik der heiligen Männer" durch Heß im „Gesellschafts-
       spiegel", Jg. 1845, H. 6, erschienen spätestens am 24. November
       1845, könnte sich schon auf das von Marx, Engels und Heß gemeinsam
       geplante Vorhaben beziehen.

2.2   Sind die bibliographischen Angaben nicht Teil des redaktionellen
       Textes, sondern durch Klammern, Doppelpunkt u. ä. von ihm ge-
       trennt, werden keine Anführungszeichen und die einzelnen Anga-
       ben wie im Literaturregister gesetzt, mit der Ausnahme, daß bei Nen-
       nung des Verfassers die Vornamen nicht nachgestellet werden.

       Erstveröffentlichung durch Friedrich Engels in deutscher Übersetzung
       in: Friedrich Engels: Zum Tode von Karl Marx. In: Der Sozialdemokrat.
       Zürich. Nr. 21, 17. Mai 1883.

       Heft I der Zeitungsexzerpte über die Pariser Kommune wurde erstmals
       veröffentlicht in: AMƏ 5 <8>. S. 89–239. Die Herausgeber publizierten
       das Manuskript parallel in der Originalsprache und in russischer
       Übersetzung.

       Erstveröffentlichung: Karl Marx, Friedrich Engels: I. Feuerbach. Ge-
       gensatz von materialistischer und idealistischer Anschauung. In:
       MEA 1. S. 233–306. (Der Erstveröffentlichung in der Originalsprache
       ging 1924 die Erstveröffentlichung in russischer Sprache voraus.)

2.3 Für häufig wiederkehrende Quellen und Literatur werden Siglen benutzt, die im Siglenverzeichnis erscheinen.

> Ein Exemplar wurde nach Hamburg gesandt (BdK 1. S. 488/489).
>
> Marx verwendet die drei ersten Absätze (siehe AMƏ 3. S. 434–436).
>
> Marx ließ Anfang Juni 1871 auf eigene Kosten Inserate veröffentlichen (Minutes. S. 212).

3 Autorisierte Drucke von Marx/Engels werden in der Zeugenbeschreibung bibliographisch ausführlich dargestellt. Dabei werden die unter V.a.1 formulierten Regeln mit folgenden Ergänzungen bzw. Modifikationen angewandt:

3.1 Die Verfasserangaben werden der Vorlage entsprechend wiedergegeben.

3.1.1 Zusätze zur Verfasserangabe werden aufgenommen, unvollständige oder fehlende Verfasserangaben nicht ergänzt. Verschlüsselte Verfasserangaben werden entsprechend der Vorlage wiedergegeben, falsche Verfasserangaben nicht berichtigt.

3.1.2 Der Verfassername wird an der Stelle wiedergegeben, an der er in der Vorlage erscheint, also nach dem Titel einer Schrift oder am Ende eines Artikels. Bei Artikeln wird der Verfassername durch „Unterzeichnet" an den Titel angefügt.

> The „Times" on German Communism. To the Editor of the New Moral World. [Unterzeichnet:] F. ENGELS. In: The New Moral World: and Gazette of the Rational Society. London. Nr. 30, 20. Januar 1844. S. 235, Sp. 1/2.

3.1.3 Sind von Marx/Engels verfaßte Aufrufe, Erklärungen u.ä. von mehreren Personen oder von Institutionen unterzeichnet, werden die Personen und/oder Institutionen durch „Unterzeichnet:" an den Titel angefügt.

> [Unterzeichnet:] Marx, Engels, Willich.
> [Unterzeichnet:] Das Comitee.

3.2 Die Titel und Zusätze werden der Vorlage entsprechend wiedergegeben. Veränderung der Interpunktion sowie der Groß- und Kleinschreibung, Verkürzung oder Entschlüsselung von Abkürzungen erfolgen nicht. Typographische Eigenarten (z.B. Versalien) werden jedoch nicht berücksichtigt.

3.3 Ausgabe-Bezeichnung, Bandzählung und Erscheinungsangaben unselbständiger Veröffentlichungen werden aufgeführt wie unter V.a.5 festgelegt, unter Hinzufügung der Seiten- und Spaltenzahl (siehe V.a.1.2.2).

3.3.1 Bei selbständigen Veröffentlichungen werden Ausgabe-Bezeichnung, Bandzählung und Erscheinungsangaben originalgetreu wiedergegeben. Außer Erscheinungsort und -jahr werden auch Verleger und Drucker mitgeteilt. Angaben, die nicht auf der Titelseite stehen, sondern der jeweiligen Ausgabe entnommen sind, werden in runde Klammern gesetzt.

3.4   Bei selbständigen Veröffentlichungen folgt der Erscheinungsangabe: Seitenumfang, Einbandart (gebunden, broschiert), Format sowie Kennzeichnung als Erstdruck, Doppeldruck, Teildruck, Vorabdruck usw.

3.5   Für das dem Edierten Text zugrundeliegende Exemplar der Veröffentlichung werden außerdem Standort und Signatur angegeben.

f.   BIBLIOGRAPHISCHE ANGABEN IN DER EINFÜHRUNG

1   Bibliographische Angaben in der Einführung werden als Fußnoten gebracht.

2   Werden Texte von Marx/Engels herangezogen, wird auf die MEGA^2 verwiesen. Ist das nicht möglich, wird auf die Erstausgabe bzw. die Handschrift oder in besonderen Fällen auf die MEGA^1 verwiesen.

3   Hinweise auf andere Marx-Engels-Ausgaben bzw. auf Publikationen anderer Autoren erscheinen in Kurzform. Die vollständigen bibliographischen Angaben bietet das Verzeichnis der im Apparat ausgewerteten Quellen und der benutzten Literatur.

VI. Zeugenbeschreibung (ER C.III)

1   Die Zeugenbeschreibung von Handschriften in den Bänden der Ersten, Zweiten und Vierten Abteilung umfaßt die unter C.III.4.1.1 genannten Angaben. Sie wird durch Stichworte untergliedert: z. B. Beschreibstoff, Zustand, Schreiber, Schreibmaterial, Beschriftung, Paginierung, Textschichten (sofern vorhanden), Manuskriptverluste, Vermerke fremder Hand. Die Stichworte werden kursiv gesetzt und mit Doppelpunkt versehen.

1.1   Bei umfangreicher Zeugenbeschreibung beginnt entweder mit jedem Stichwort oder nach Behandlung einer Gruppe von Stichworten ein neuer Absatz.

1.2   Die Zeugenbeschreibung von Handschriften, die aus mehreren Heften, Lagen usw. bestehen, enthält einen allgemeinen Teil sowie eine Beschreibung der einzelnen Hefte, Lagen u. ä. In der Beschreibung werden die oben angeführten Stichworte behandelt, sofern sie nicht bereits als für alle Teile zutreffend im allgemeinen Teil mitgeteilt worden sind.

1.3   Die Zeugenbeschreibung von Drucken umfaßt die unter C.III.4.1.2 genannten Angaben.

1.4   Die Zeugenbeschreibung von Briefen in der Dritten Abteilung umfaßt die unter C.III.6 genannten Angaben.

2   Es wird unterschieden zwischen der Zeugenbeschreibung und dem daraus abgeleiteten editorischen Verfahren. Dieses gehört in den Abschnitt Textkonstitution. Letzterer steht nach der Zeugenbeschreibung und wird entweder durch eine Leerzeile ohne Überschrift oder einen Zwischentitel abgehoben. Der Zwischentitel wird nur dann angewandt, wenn die Hinweise zur Textkonstitution umfangreicher als 10 Druckzeilen sind.

2.1   Werden diese Hinweise für eine Gruppe von Texten in einer Allgemeinen Textgeschichte mitgeteilt, wird nach der Zeugenbeschreibung der einzelnen Texte auf die betreffenden Seiten der Allgemeinen Textgeschichte verwiesen.

3   Jeder Textzeuge erhält eine Sigle wie unter C.III.3.3 festgelegt. Ist nur ein Textzeuge (Originalhandschrift) überliefert und entfällt die Aufnahme von X-Zeugen, wird nur die Form des überlieferten Zeugen mitgeteilt:

        H Originalhandschrift: IISG ...

4   Sind mehrere Zeugen überliefert bzw. erfolgt die Aufnahme von **X**-Zeugen, werden folgende Angaben aufgeführt:

– Charakterisierung der überlieferten und der **X**-Zeugen innerhalb der Textentwicklung (Entwurf, überarbeiteter Entwurf, Reinschrift, Abschrift, Druckvorlage, Autorkorrektur, Erstdruck, zweite Ausgabe usw.) sowie das Abhängigkeitsverhältnis zum vor- und nachstehenden Zeugen;

– Form der Überlieferung. Bei **X**-Zeugen die Form, in der der Zeuge vorhanden war (Handschrift, Druck, korrigiertes Exemplar eines Druckes, Korrekturfahnen, Korrekturbögen usw.)

4.1   Die Mitteilung erfolgt in Kurzbezeichnungen:

Druckvorlage zu D^3, Entwurf zu D^3, Autorkorrektur von D^4, Abschrift von H^1, überarbeitete Fassung von J^1 usw.

4.2   Die Bezeichnung „Originalhandschrift" wird sowohl für überlieferte Manuskripte von Marx/Engels wie auch von Dritten verwandt. Bei handschriftlichen **X**-Zeugen wird nur die Bezeichnung „Handschrift" benutzt.

4.3   Bei Drucken erfolgt die Charakterisierung des Zeugen nach dem Titel. Ist diese Information bereits im Titel enthalten (z. B. 2. verb. Aufl.), entfällt eine Wiederholung.

4.4   Wird der Text nach einer Fotokopie ediert, weil der Standort der Originalhandschrift unbekannt ist, wird dies mit Kurzbezeichnung mitgeteilt.

H Originalhandschrift: Privatbesitz (USA). – Fotokopie: RC Moskau, Sign. ... – Schreiber: Marx.

4.5   Werden für die Textdarbietung Ersatzzeugen herangezogen, sind sie in der Zeugenbeschreibung als solche zu benennen.

4.6   **X** oder **x** wird im Siglenverzeichnis als „nicht überliefert" ausgewiesen, eine Wiederholung in der Zeugenbeschreibung entfällt.

Beispiel ohne **X**-Zeugen:

H^1 Entwurf zu D^3. – Originalhandschrift: IISG, Marx-Engels-Nachlaß, Sign. ... – Schreiber: Marx.

H^2 Überarbeitete Fassung von H^1, Druckvorlage zu D^3. – Originalhandschrift: Standort nicht bekannt. – Fotokopie: IISG, Marx-Engels-Nachlaß, Sign. ... – Schreiber Marx.

D^3 [Titel]. – Erstdruck: Exemplar der Staatsbibliothek Berlin, Sign. ...

K^4 Überarbeitete Fassung von D^3, Druckvorlage zu D^6. – Korrigiertes Exemplar von D^3: IISG, Marx-Engels-Nachlaß, Sign. ... – Schreiber: Engels.

K^5 Autorkorrektur von D^6. – Korrekturfahnen: IISG, Marx-Engels-Nachlaß, Sign. ... – Schreiber: Engels.

D^6 [Titel, mit Angabe, daß es sich um die 2., von Engels besorgte Ausgabe handelt.]

Beispiel mit **X**-Zeugen:

X^1 Entwurf zu X^2. – Handschrift. – Schreiber: Marx.

X^2 Überarbeitete Fassung von X^1, Vorlage zu H^1. – Handschrift. – Schreiber: Marx.

H^1 Abschrift von X^2, Druckvorlage zu J^2. – Originalhandschrift: IISG, Marx-Engels-Nachlaß, Sign. ... – Schreiber: Johann Georg Eccarius.

J^2 [Titel]. – Erstdruck: Exemplar des KMH Trier, Sign. ...

X^3 Überarbeitete Fassung von J^2, Entwurf der Druckvorlage zu D^4. – Wahrscheinlich korrigiertes Exemplar von J^2. – Schreiber: Marx.

H^3 Abschrift von X^3, Druckvorlage zu D^4. – Originalhandschrift: IISG, Marx-Engels-Nachlaß, Sign. ... – Schreiber: Jenny Marx.

X^4 Autorkorrektur von D^4. – Korrekturfahnen. – Schreiber: wahrscheinlich Marx oder Jenny Marx.

D^4 [Titel]. – Wiederabdruck als Broschüre.

Beispiel mit Ersatzzeugen:

X^1 Druckvorlage zu J^2. – Handschrift. – Schreiber: Engels.

h^1 Polizeiabschrift von X^1. – Ersatzzeuge. – Originalhandschrift: BA Merseburg, Sign ... – Schreiber: unbekannt.

J^2 [Titel]. – Erstdruck, unvollständige Fassung von X^1.

Der Edierte Text folgt J^2 und h^1.

5   Beschreibung von Textzeugen, die Teil einer umfassenderen Texteinheit (Notizbücher, Exzerpthefte, Protokolle, Briefe usw.) sind:

5.1   Ist die übergeordnete Texteinheit (z. B. ein Brief von Marx an Paul Lafargue) noch nicht in einem MEGA-Band erschienen, erfolgt eine Beschreibung der Textzeugen.

X^1 Entwurf zu J^2. – Handschrift. – Schreiber: Marx.

H^1 Abschrift von X^1. – The minutes ... (S. 521/522 des Edierten Textes und S. 1351). – Schreiber: Johann Georg Eccarius.

X^2 Abschrift von X^1 oder H^1, Druckvorlage zu J^2. – Handschrift. – Schreiber: Marx oder Johann Georg Eccarius.

J^2 The Anti-German-League of Paris ... – Erstdruck.

H^3 Abschrift, vermutlich von J^2 oder X^2. In: Marx an Paul Lafargue, ... – Originalhandschrift: IISG, Marx-Engels-Nachlaß, Sign. ...

5.2   Ist die übergeordnete Texteinheit in einem Band der MEGA^2 ediert (bereits erschienen bzw. im Umbruch vorliegend), erfolgt ein Verweis auf die Seiten des Edierten Textes samt Zeugenbeschreibung.

VII. Varianten- und Korrekturenverzeichnis (ER C.IV–V)

1 Auflistung der Textänderungen

1.1 Alle Textänderungen durch Marx/Engels einerseits sowie alle redaktionellen Eingriffe in den Text durch die Herausgeber andererseits werden diskursiv erfaßt und vollständig aufgelistet. Eine Vorauswahl erfolgt nicht. Die Auflistung bildet die Grundlage für das Variantenverzeichnis und das Korrekturenverzeichnis.

1.2 Die Auflistung wird bei der Begutachtung des Bandes vorgelegt und bei der Abnahme des Bandes der Redaktionskommission übergeben. Sie wird archiviert und der Forschung zugänglich gemacht.

1.3 Die Auflistung liegt gegebenenfalls der Erarbeitung von Auswahlkriterien für das Variantenverzeichnis zugrunde.

1.4 Sie enthält auch die Aufstellung der Autorkorrekturen, die in den Edierten Text übernommen und im Korrekturenverzeichnis ausgewiesen werden.

2 Variantendarbietung bei innerhandschriftlicher Textentwicklung (C.IV.2)

2.1 Bei der Darstellung der innerhandschriftlichen Textentwicklung wird unterschieden zwischen durchgehenden Schichten (durchgehende Niederschrift bzw. Überarbeitung eines Manuskripts oder größerer Teile desselben) und partieller Textentwicklung (Abfolge von Änderungen an einer Werkstelle) innerhalb einer Schicht.

2.2 Sind in einer Handschrift mehrere Überarbeitungsstufen feststellbar, die einzelnen Schichten jedoch nicht mehr eindeutig auseinanderzuhalten, werden als sicher erkannte Sofortvarianten (Änderungen, die bei der Niederschrift der Grundschichten erfolgten) bzw. Spätvarianten (Änderungen, die in einer späteren Überarbeitungsphase erfolgten) gekennzeichnet. Dabei erhalten Sofortvarianten, soweit es sich nicht um Abbrechungen handelt (siehe 2.7), die Sigle *SV*, Spätvarianten die Sigle *SpV*.

2.3 Textreduzierungen (Tilgungen nicht korrupter Textstücke) durch Streichung von Wörtern, Satzteilen oder Sätzen, die nicht von einem anderen Text ersetzt sind, werden durch Winkelklammern kenntlich gemacht und mit Anschlußworten aus dem Edierten Text aufgeführt.

2.3.1 Die gestrichenen Passagen werden in der Reihenfolge wiedergegeben, in der sie vom Autor niedergeschrieben bzw. gestrichen wurden. Mehrere unmittelbar aufeinanderfolgende Streichungen, die in einem logischen Zusammenhang stehen, können in einem Klammerpaar zusammengefaßt werden. Einzelne gestrichene Wörter innerhalb einer ganz gestrichenen Passage werden innerhalb der übergeordneten Klammer ebenfalls in Winkelklammern eingeschlossen.

7.6   Schluß ⟨, ein inkohärentes Finale ⟩. Mit

8.7.   Stelle. ⟨ Demokrit erfaßt nicht den Widerspruch zwischen der Qualität des Atoms und seinen Begriff ⟨, seiner begrifflichen Widerspieglung ⟩.⟩ Da

2.3.2 Gestrichene Schreibansätze, die vervollständigt werden können, werden im Variantenverzeichnis in eckigen Klammern ergänzt. Tilgungen einzelner Buchstaben und Schreibansätze, die keinen Sinn erkennen lassen, sowie Streichungen, die in der Handschrift nicht zu entziffern sind, werden im Variantenverzeichnis nicht berücksichtigt.

2.4   Textergänzungen (Zusätze, Erweiterungen) durch Ein- oder Anfügung werden durch das diakritische Zeichen ⟨: :⟩ kenntlich gemacht. Im Variantenverzeichnis wird die hinzugefügte Passage ohne Anschlußworte aus dem Edierten Text mitgeteilt.

       11.8   ⟨: gesetzmäßige :⟩

2.5   Textersetzungen bzw. Textumstellungen, d. h. die Ersetzung von Worten, Satzteilen oder Sätzen durch andere Worte, Satzteile oder Sätze werden mit Hilfe des diakritischen Zeichens > (= wurde zu) dargestellt. Dabei wird die ursprüngliche Fassung nicht durch Winkelklammern als getilgt gekennzeichnet.

       15.6   ganze Unendlichkeit > halbe Welt

       18.8   Aufstandsführer > Revolutionär > Arbeiterführer

2.6   Stammen die unter 2.3–2.5 charakterisierten Varianten von anderer Hand als der Grundtext, wird dies im Variantenverzeichnis durch Schreibersiglen (kleine, hochgestellte Buchstaben am Beginn und Ende der betreffenden Passage) kenntlich gemacht (m = Marx, e = Engels).

       19.6   war ᵐ⟨ außerdem ⟩ ᵐ viel

       28.4   ⟨:ᵉ und der gesamten Bewegung ᵉ:⟩

       31.7   Darstellung > ᵉ Schilderung ᵉ

2.7   Abbrechungen werden als Sofortvarianten behandelt. Sie treten auf, wenn der Autor die Gedankenführung unterbricht und ihr einen neuen Verlauf gibt (meist durch Tilgung, aber auch durch Ersetzung von Wörtern oder Wortteilen, Änderung von Flexionsendungen und Einfügungen).

2.7.1 Bei Abbrechungen, die in der Handschrift vollständig getilgt wurden, wird nach dem Anschlußwort aus dem Edierten Text der getilgte Passus in Winkelklammern mitgeteilt, gefolgt vom Abbrechungszeichen /.

       5.12   warum ⟨ es scheinen kann ⟩/

2.7.2 In Fällen, bei denen Teile des Wortbestandes in die nächste Schicht übernommen wurden, ist oft nicht sicher zu erkennen, an welcher Stelle des Satzes der Autor abbrach und änderte. Das Abbrechungszeichen wird an die Stelle gesetzt, an der spätestens die Textänderung erfolgt sein muß. Der in Winkelklammern stehende Text des ursprünglichen, abgebrochenen Satzverlaufs umfaßt auch Wörter oder Wortteile, die in der Handschrift nicht getilgt, sondern in die neue Textfassung einbezogen wurden.

Handschriftlicher Befund:

Erst i̷

möglich. In der Gemeinschaft ~~ist erst~~ existiren

Edierter Text:

...Möglich. Erst in der Gemeinschaft existiren...

Variantenverzeichnis:

3.15 möglich. ❰ In der Gemeinschaft ist erst ❱/

In komplizierten Fällen können solche Abbrechungen auch parallelisiert dargeboten werden (siehe 2.8).

2.7.3 Abbrechungen, bei denen der Sinn der vom Autor beabsichtigten Aussage nicht mit Wahrscheinlichkeit rekonstruiert werden kann (z.B. Abbrechung nach einem Buchstaben), werden nicht verzeichnet.

2.8 Parallelisierende Darstellungsformen im Werkstellenapparat.

2.8.1 Starke Textumformungen, vor allem größere Textersetzungen, werden durch Zeilenparallelisierung dargestellt. Voraussetzung für die Anwendung der Zeilenparallelisierung ist, daß

– die Abfolge der Textänderungen an einer Werkstelle vom handschriftlichen Befund, Satzbau und Inhalt her eindeutig bestimmbar ist;

– bestimmte Textteile in den verschiedenen Schichten erhalten bleiben, die parallelisierte Darbietung also eine anschaulichere Information über die Änderungen ermöglicht als die Darbietung mit dem diakritischen Zeichen > (siehe 2.5).

2.8.2 Dabei werden Varianten in genetischer Folge untereinandergestellt, wobei jede Schicht, die links einen Zähler erhält, durch die jeweils folgende aufgehoben und ersetzt wird, also: 2 hebt 1 auf und 3 hebt 2 auf. Der Edierte Text ist identisch mit der jeweils letzten Schicht dieser Zeilenparallelisierung.

27.7–10	1 - 2	Nach	Aristoteles	scheinen	der	Eule	der
	3	"	"	sinken	"	"	"
	1	Minerva	di e	Fittige	zu sinken ;	und	selbst
	2	"	"	Flügel	" "	. ——	Selbst
	3	"	" "		————	. ——	"
	1 - 3	den männlich	starken	Stoikern	scheint	nicht	
	1	gelungen zu	sein				
	2 - 3	zu gelingen	——				

Unverändert bleibende Worte werden nicht wiederholt, sondern durch Unterführungszeichen gekennzeichnet. Ein durchgehender Strich bezeichnet entweder eine Textreduzierung gegenüber der vorhergehenden Schicht oder ist ein Dehnungsstrich, um den Raum für eine Texterweiterung in der folgenden Schicht offenzuhalten.

Man kann sowohl jede Schicht für sich im Zusammenhang (horizontal) lesen als auch die Entwicklung einzelner Werkstellen von Schicht zu Schicht (vertikal) überblicken.

2.8.3 Wenn weitere partielle Textänderungen innerhalb einer Schicht stattfinden, so gabelt sie sich stellenweise in a-, b-, c- usw. Schichten, diese wiederum in α-, β-, γ- usw. Schichten.

10.2–4 1 daß die gegnerische Bourgeoisie ——— ————

2 " " um die " sich

    a schaarenden

    b schaarende

1 ———————— dagegen fast verschwindet

  α Gegner

a

  β Feinde

2

  b Reaktionspartei " " verschwindet

" " verschwinden

2.8.4 Durch Parallelisierung werden auch Textänderungen innerhalb größerer Textreduzierungen, -ersetzungen oder -erweiterungen dargestellt.

     1 Vergrößerung der Handwerksbetriebe

111.9 hatten. ⟨ Mit

     2 —————— " Manufaktur

verändert sich ebenfalls das Verhältniß der Arbeiter

     1 Arbeitgeber

zum und ihre Stellung ⟩/

     2 Kapitalisten

2.8.5 Für umfassende Textänderungen, die mit Zeilenparallelisierung nicht mehr übersichtlich dargestellt werden können, wird die Zeilengruppenparallelisierung angewandt. Die Varianten einer Werkstelle werden in römisch bezifferten Zeilengruppen in genetischer Folge untereinander gestellt; jede Gruppe wird durch die jeweils folgende aufgehoben und ersetzt. Der Edierte Text ist identisch mit der letzten Schicht der letzten Zeilengruppe.
Folgt innerhalb einer Variante nach der letzten römisch bezifferten Zeilengruppe noch eine einfache Zeilenparallelisierung, so wird am Ende der Gruppe das abgrenzende Zeichen ◊ gesetzt.

8.2–4 I

    a moderne a erfindet

1 Die Gesellschaft nicht

    b bürgerliche b schafft

1 die metallische Circulation, sondern findet sie vor

    a fertiges

1 als Resultat früherer Entwicklungsepochen.

    b ———

I I

2-3	Der bürgerliche Produktionsprozess bemächtigt sich zunächst
2-3	der Metallcirculation als eines fertig überlieferten Organs,
2	das erst allmählig modificirt wird,
3	" zwar " umgestaltet " ,
2	——————— in seinen Grundzügen jedoch

3
    a ohne aber " seiner Grundconstruction ———
    b jedoch stets – seine " ———

2   erhalten bleibt.

3
    a aufgehoben zu werden.
    b bewahrt ———.

3   Variantendarbietung verschiedener Textzeugen eines Werkes (C.IV.2)

3.1   Die betreffende Stelle des Edierten Textes wird durch Lemma ange-geben und mit Lemmazeichen versehen, danach folgen die Sigle(n) des Textzeugen und die Variante(n).

> 10.5   Prämissen] H^2 Antecedentien K^3 D^4 Voraussetzungen
>
> 17.1   mit Hilfe von] D^2 – D^4 vermittelst der
>
> 18.9   beendet, aber] D^3 beendet und nie wieder aufgenommen, aber
>
> 20.1   waren sie 1848. Darum] K^2 waren. Darum

3.2   Bei Zeilenparallelisierung wird auf das Lemma verzichtet und die betreffende Zeugensigle jeder Variante vorangestellt.

> 9.6 H^1 die *erste* Periode der revolutionären Epoche
>
> H^2 der " Abschnitt " " "
>
> K^3 " " " " " Periode
>
> D^4 die heutige Etappe " ——————— Entwicklung

3.3   Synopsis.

Bei erheblicher Varianz verschiedener Textzeugen kann die Text-entwicklung des Werkes oder größerer Teile desselben durch eine Synopsis dargestellt werden. Die variierenden Textstellen werden mit der Technik der Zeilen- bzw. Zeilengruppenparallelisierung unter-einander dargeboten.

Auszug aus einer Synopsis, die den Text der Zeugen H^1, K^2, D^3 und J^4 vollständig wiedergibt:

H¹   Die   **a** größere   Hälfte   der   siegreichen   Minoritäten   war
                b eine

K²–J²   "   "   "   "   erfolgreichen "   "

H¹–J⁴   mit dem Erreichten zufrieden, die andere

H¹   verlangte /
       wollte   noch weiter gehn ,   stellte

K² D³   "   "   mehr   —— ,   "

J⁴   "   "   "   erreichen,   "

H¹   **a** größere
                  Forderungen,
    b neue

K² D³   "   Ansprüche,

J⁴   weitergehende Forderungen,

H¹   die ——— theilweise auch im   **a** ———
                                          b wirklichen

K²   " wenigstens "   "   "   "

D³ J⁴   " "   "   —— " vermeintlichen

H¹–J⁴   Interesse der großen Volksmasse waren.

4 Wiedergabe von Überschriften im Varianten- und Korrekturenverzeichnis (C.IV.2–V)

4.1   Wenn eine Überschrift oder Teile derselben im Varianten- und/oder Korrekturenverzeichnis wiedergegeben werden, bleibt die Schriftgröße, die die Überschrift im Edierten Text erhalten hat, unberücksichtigt. Die kursive oder normale Wiedergabe richtet sich nach der typographischen Realisierung der Überschrift im Edierten Text.

4.2   Ist eine Überschrift oder sind Teile derselben als Anschlußworte wiederzugeben, wird nach diesen ein Absatzzeichen gesetzt.
Überlieferung: **H¹**, **H²**. Der Edierte Text folgt **H¹**.

    H² „Volksstaats". ⌠ ＜ Die Unterzeichneten erklären ＞/
        [= Abbrechung im Satz unmittelbar nach der Überschrift:
        An die Redaktion des „Volksstaats".]

4.3   Die Absätze werden optisch wiedergegeben, Überschriften linksbündig mit drei Anschlägen Einzug aufgeführt.

    Geldcirkulation.

       ＜ Die Waarenproduktion ＞   [= getilgte Zwischenüberschrift]
       Es ist davon auszugehen ...

4.4   Sind in Textzeugen zusätzliche Überschriften zum Edierten Text ent-
       halten, werden sie behandelt wie unter 4.1–4.2 angeführt. Bei der
       Wiedergabe der Varianten wird nur zwischen kursivem und normalem
       Druck unterschieden, Schriftart oder -größe des Textzeugen bleiben
       unberücksichtigt.

       Überlieferung: J^1, j^2. Der Edierte Text folgt J^1.

              j^2 FROM THE CONTINENT.
                       An interesting article, under the above title, from the pen of
                       F. Engels, appeared in the *New Moral World* of November 4th...
                              INTRODUCTORY.
                       It is ...

       Variantenverzeichnis:

              J^1 Continent. $\int$ It] j^2 Continent. $\int$ An interesting article, under

              the above title, from the pen of F. Engels, appeared in the *New Moral*

              World of November 4th. $\int$ Introductory . $\int$ It

5   **Verweise auf die Textstellen (C.IV.2–V)**

5.1   Bei mehreren Seitenbezugszahlen und Zeilenangaben im Varianten-
       und Korrekturenverzeichnis wird folgendermaßen verfahren:

              212.16,18,27   Altstedt] **H** Allstedt
              213.14

              27.29–30,   Bentham] D^1 Beutham
                34–35
              28.3, 5–8,
                13–14

5.2   Entsteht Unsicherheit in der Zuordnung einer einzelnen Textkor-
       rektur bei mehreren Seitenbezügen, werden die Seitenbezüge
       durch „u." verbunden.

              215.27 u.   Quiddam] **H** Quoddam
              217.12   Marx übernimmt Fehler der Quelle.

VIII. Erläuterungen (ER C.VI)

1 Gestaltung (C.VI.3)

1.1 Erläuterungen werden durch Lemma auf den Text bezogen, wenn das für die Herstellung des Bezuges notwendig ist und zur Verkürzung der Erläuterung beiträgt. Lemmatisierte Erläuterungen müssen nicht vollständige Sätze sein, beginnen jedoch mit Großschreibung und enden in der Regel mit Punkt. Der Punkt entfällt u.a., wenn Textstücke verglichen werden.

> 391.15 *ständische*] Hervorhebung von Marx.
> 370.4 seiner ersten Gemahlin] Jeanne de Bourgogne.
> 33.9 stérile] Bei Blanqui hervorgehoben.
> 24.7 à son profit] Bei Quesnay: à profit

1.2 Personennamen werden bei Erstnennung in Erläuterungen zu einer Texteinheit (Artikel, Werkabschnitt usw.) mit dem gebräuchlichen Vornamen versehen. Das ist nicht erforderlich, wenn der Familienname zusätzlich charakterisiert wird (Titel, Standes- oder Berufsbezeichnung).

> der preußische Ministerpräsident von Rochow.

Wenn in einer Erläuterung eine größere Gruppe von Personen aufgezählt wird, können die Vornamen entfallen.

1.3 Quellenbelege für Zitate von Marx/Engels werden knapp gehalten. Wird in einer kleineren Texteinheit (Artikel, Brief u. ä.) wiederholt auf eine Quelle hingewiesen, wird der Bezug nur einmal erläutert.

1.4 Gilt dieselbe Erläuterung für verschiedene Textfassungen, die im Edierten Text wiedergegeben werden, erhält diese Erläuterung untereinanderstehende Seitenbezüge.

> 373.35–38 Siehe S. 656–657 und 658.
> 392.2–5
> 410.11–15

1.4.1 Ähnlich wird verfahren bei Erläuterungen, die sich auf einen altsprachigen Edierten Text und dessen Übersetzung im Apparat beziehen.

> 75.22, 24 Hervorhebungen von Marx.
> (916.34, 36)

2 Übersetzungen

2.1 Übersetzungen aus toten Sprachen (Latein, Griechisch, Hebräisch usw.) werden nach folgendem Schema wiedergegeben: Lemma, Übersetzung, neuer Absatz mit Quellenangaben sowie eventuell Kommentar.

> 370.2 »et bis praecepit«] »Und er [Jesus] gebot nicht nur, nicht falsch zu schwören, sondern überhaupt nicht zu schwören.«
> Irenaeus: Adversus haereses II, 32,1; vgl. Matthäus 5, 33–34.

2.2   Wenn im Edierten Text Hervorhebungen in Passagen toter Sprachen vorkommen, erscheinen sie auch in der Übersetzung. Das gilt auch für Anführungen. Vervollständigungen des Übersetzungstextes werden in eckige Klammern gesetzt.

2.3   Handelt es sich bei den Passagen in toten Sprachen um Satzteile, wird die Übersetzung so formuliert, daß sie sich grammatikalisch in den Kontext einpaßt.

2.4   Alleinstehende noch heute gebräuchliche lateinische Ausdrücke und Wendungen (z.B. ad hoc, in nuce, post festum, salto mortale, status quo) werden nicht in Erläuterungen übersetzt.

2.5   Sind Übersetzungen aus seltenen Dialekten und unverständlichen mundartlichen Ausdrücken erforderlich, wird wie unter 2.1–2.3 verfahren.

3   Nachweis der im Edierten Text zitierten oder erwähnten Quellen (C.VI.2.1)

3.1   In Erläuterungen werden alle direkten und indirekten Zitate und Erwähnungen nachgewiesen, wenn die Autoren den Nachweis nicht ausreichend geführt haben (siehe V.b).

3.2   Ergänzend zum Quellenbeleg, für den verkürzte bibliographische Angaben genügen (siehe V.d), werden Zitate aus Quellen wiedergegeben, wenn es dem Verständnis der Textstelle dient, besonders bei archivalischen Quellen und schwer zugänglicher Literatur.

3.2.1   Zitate, die Marx/Engels übersetzt haben, werden in den Erläuterungen, sofern es sich nicht um Exzerpte handelt, in der Originalsprache der Quelle wiedergegeben. Zitate und eingestreute Worte aus toten Sprachen und aus seltenen Dialekten werden ins Deutsche übersetzt.

3.2.2   Enthält der Edierte Text größere Passagen in toten Sprachen oder seltenen Dialekten, wird die deutsche Übersetzung jeweils vor den Erläuterungen abgedruckt und mit einer 5-Zeilennumerierung versehen.

3.3   Es werden weitere Angaben gemacht, die die Benutzung der Quelle durch Marx/Engels charakterisieren: benutzte Ausgabe, Darstellung der Quelle, Abweichungen in Zitierung und Hervorhebung, Anstreichungen in einem Buch ihrer Bibliothek, Wiedergabe in Exzerpten usw.

3.3.1   In Bänden der Ersten und Zweiten Abteilung kann im Literaturregister ein ergänzender Hinweis auf vorhandene Exzerpte gegeben werden, wenn eine Quelle überwiegend auf Grund von Exzerpten benutzt wurde (siehe V.b).

4   Erläuterungen zu Personen (C.VI.2.5)

4.1   Biographische Angaben zu Personen bzw. Personengruppen, die für das Textverständnis notwendig sind, werden in Erläuterungen mitgeteilt. Im Namenregister wird auf diese Erläuterungen hingewiesen (siehe IX.a.3).

4.2   In den Erläuterungen kann auf Informationen über die jeweilige Person in anderen Apparatteilen des Bandes oder im Apparat anderer Bände der MEGA hingewiesen werden.

5   Verweise auf andere Text- oder Apparatstellen (C.VI.2.2)

5.1   Verweise auf Stellen im selben Band geben Seiten- und Zeilenzahl an.

> 80.25 Siehe S. 70.32–6 und 912.26–31.
> 81.21 Siehe Erl. 53.5–6.

5.2   Verweise auf andere Bände derselben oder einer anderen Abteilung der MEGA^2 geben Ausgabe, Abteilung, Band, Seitenzahl und, wenn zweckmäßig, Zeilenzahl an.

> 15.15 Siehe MEGA^2 III/1. S. 400–404.

5.3   Wenn nötig, werden Titel bzw. Verfasser des Textes vor dem Verweis angeführt.

> 14.33 Siehe Bruno Bauer an Marx, 12. April 1841. In: MEGA^2 III/1. S. 357.
> 14.20 Siehe Marx' Exzerpte aus David Hume: Über die menschliche Natur. In: MEGA^2 IV/1. S. 212.

5.4   Ist der Verweis auf Bände der MEGA^2 noch nicht möglich, wird auf das Original verwiesen (Druck, Handschrift, Brief).

> 7.8   Siehe Friedrich Engels: Die Lage der arbeitenden Klasse in England. Leipzig 1845. S. 30.
> 8.2   Siehe Karl Marx, Friedrich Engels: III. Sankt Max. S. 25.
> 9.1   Siehe Marx an Achille Loria, 13. November 1880.

5.5   Der Verweis auf andere Erläuterungen wird in runde Klammern gesetzt oder nach einem Satz mit „Siehe auch" eingeleitet.

> ... Bundeskongreß (siehe Erl. 213.10) beschloß ...
> ... werden. Siehe auch Erl. 213.10.

5.6   Verweise auf zusätzliche Materialien werden mit „siehe" bzw. „siehe auch" eingeleitet.

IX. Namenregister (ER D.III)

a. ALLGEMEINES

1   Das Namenregister enthält in alphabetischer Ordnung alle im Band direkt oder indirekt genannten Namen von Personen sowie von literarischen und mythologischen Gestalten mit Verweis auf die Textseiten. Die Namen erhalten, sofern erforderlich, eine knappe Annotation. Nicht berücksichtigt werden die Verfasser von Forschungsliteratur.

2   Die Verweise auf Seiten der redaktionellen Texte (Einführung, Entstehung, Überlieferung, Textkonstitution, Erläuterungen usw.) werden von denen des Edierten Textes typographisch unterschieden.

3   Im Namenregister wird auf andere Apparatteile verwiesen, die weitere biographische Angaben zu den betreffenden Personen enthalten (siehe C.VI.2.5).

> **Elsner, Karl Friedrich Moritz** (1809–1894) schlesischer radikaler Publizist und Politiker (siehe Erl. 210.8).

> **Dolleschal, Laurenz** (geb.1790) Polizeibeamter in Köln (1819 bis 1847), Zensor der „Rheinischen Zeitung" (siehe S. 1312). [= Hinweis auf die Allgemeine Textgeschichte zur „Rheinischen Zeitung"]

b. ERFASSUNG DER NAMEN

1   Ein Name gilt als im Text erwähnt und wird im Register erfaßt, wenn
 – der Name oder Teil des Namens direkt angeführt und im weiteren ein Personal- bzw. Possessivpronomen gebraucht wird;
 – der Spitz-, Bei- oder Deckname bzw. das Pseudonym einer Person erwähnt wird (z.B. Old-Dan, Library, Boz);
 – der Titel, die Amtsstellung oder Funktion, eine hervorragende Leistung der betreffenden Person erwähnt wird (z.B. der Herzog von Braunschweig, der Verteidiger von Sewastopol, der Erfinder der Dampfmaschine);
 – eine Person durch Angabe von Verwandtschaftsbeziehungen bezeichnet wird (z.B. die Frau von Richard III, der kleine Neffe des großen Onkels);
 – das Werk eines Autors bzw. Gestalten oder Vorgänge daraus zitiert oder erwähnt werden.

2   Ist ein Werk ohne Nennung des Autors im Edierten Text zitiert oder erwähnt, wird für diese Textstelle der Autorname im Register verzeichnet. Der Hinweis auf den Namen erfolgt in einer Erläuterung.

ET	NR
in der „Göttlichen Komödie"	Dante ...
in einem bekannten Werk über Irland lesen wir: „ ..."	Moore ...

2.1   Ist im EdiertenText ein Werk irrtümlich einem Autor zugeschrieben, wird dies in einer Erläuterung mitgeteilt. Falls eine andere Autorschaft bewiesen wurde, erscheint im Namenregister sowohl der im Text genannte als auch der wirkliche Verfasser.

2.2   Sind Gestalten oder Vorgänge aus literarischen Werken im Edierten Text genannt, wird der Verfasser im Namenregister verzeichnet.

ET: Ihre Emissäre zogen wie Don Quichote und Sancho Pansa von Ort zu Ort und kämpften vergebens gegen die Windmühlenflügel träger Gleichgültigkeit.

NR: Cervantes ...
Don Quichote ...
Sancho Pansa ...

2.3   Nur namentlich genannte Gestalten aus literarischen Werken werden ins Namenregister aufgenommen. Eine Entschlüsselung und Verzeichnung nicht namentlich erwähnter Gestalten erfolgt nur, wenn es für das Textverständnis erforderlich ist.

ET: Es geht ihr wie dem armen Sancho Pansa, dem sein Hofarzt alle Speisen vor seinem Auge entzogen, damit kein verdorbener Magen ihn zur Erfüllung der vom Herzog auferlegten Pflicht untüchtig mache.

NR: Cervantes ...
Sancho Pansa ...

Nicht: Hofarzt, Herzog (auch wenn ihre Namen zu ermitteln sind).

3   Es werden alle im Literaturregister vorkommenden Autoren im Namenregister aufgeführt (siehe V.b.4.1–3).

4   Namen, die im Edierten Text als Teil von Buchtiteln vorkommen, werden nicht ins Namenregister aufgenommen.

ET	NR
Köppens „Friedrich der Große und seine Widersacher"	Köppen
Im Buch „Das Leben Jesu"	Strauß
Shakespeares „Romeo und Julia"	Shakespeare

5   Dynastien- und Familiennamen erscheinen im Namenregister.
Bourbonen ...
Fugger ...
Hohenzollern ...

6   Verlags- und Firmenbezeichnungen erscheinen im Namenregister.
Ermen & Engels Textilfirma in Manchester.
Hoffmann & Campe Verlagsbuchhandlung in Hamburg.

6.1   Führen eine Person und eine Firma denselben Namen, werden sie beide erfaßt.
Leske, C. W. Verlagsbuchhandlung in Darmstadt.
Leske, Carl Friedrich Julius Buchhändler und Verleger in Darmstadt.

7   Namen nichtmenschlicher Gestalten erscheinen im Namenregister.
Cerberus ...
Minotaurus ...
Sphinx ...

8   Das Namenregister erfaßt auch Personen, die im Edierten Text genannt werden, ohne näher identifizierbar zu sein.

9   Mitglieder von Personengruppen, die im Edierten Text summarisch genannt sind, werden einzeln ins Namenregister aufgenommen,

wenn die Gruppe zahlenmäßig begrenzt und für das Textverständnis wichtig ist. In einer Erläuterung werden sie namentlich aufgeführt und gekennzeichnet.

> die Geranten der „Rheinischen Zeitung" ...
> die drei Zensurminister ...

10   Bei Begriffen, die mit einem Namen verbunden sind, werden nur die Namen registriert. Der Begriff selbst kann in einer Erläuterung näher bestimmt werden.
> Augiasstall ...
> Prokrustesbett ...
> Pecksniff-Stil ...

11   Nicht erfaßt werden Begriffe, die aus Personennamen abgeleitet sind (z.B. Junghegelianer, Bakunismus, homerisches Gelächter, archimedisches Prinzip).

12   Nicht erfaßt werden Herausgeber, deren Publikationen im Edierten Text zitiert werden, ohne daß ihre Namen genannt sind.

c.   SCHREIBWEISE UND VERZEICHNUNG

1   Die Namen werden in ihrer authentischen Schreibweise ins Namenregister aufgenommen. Als authentisch gilt die wissenschaftlich gesicherte originalsprachige Form in lateinischen Buchstaben.

2   Namen, deren authentische Schreibweise aus Sprachen mit anderer Schrift (kyrillisch, griechisch, arabisch, chinesisch) stammt, werden in transliterierter deutscher Form aufgenommen, z.B. Homeros, Lavrov.

2.1   Namen in kyrillischer Schrift erhalten hinter der transliterierten deutschen Form in runden Klammern die Originalschreibweise, Namen in einer anderen Schrift (arabisch, chinesisch, griechisch usw.) nur, wenn diese Schrift auch im Edierten Text vorkommt.

2.2   Für Namen in kyrillischer Schrift wird die deutsche Bibliothekstransliteration nach den Instruktionen für die alphabetischen Kataloge der preußischen Bibliotheken vom 10. Mai 1899 in allen redaktionellen Texten verwendet.
> **Bakunin, Michail Aleksandrovič**
> **Lavrov, Petr Lavrovič**
> **Nečaev, Sergej Gennadievič**

2.3   Bei griechischen Namen wird die griechische Form in lateinischen Buchstaben angeführt.
> **Lykurgos**   (nicht: Lycurgus, Lykurg, Lycourgus, Licurgo)
> **Theokritos**   (nicht: Théocrite, Theocritus, Theokrit)

2.4   Bei lateinischen Namen, die mit i oder j geschrieben werden können, wird die Schreibweise mit i verwendet. Die Vornamen werden ausgeschrieben.
> **Caesar, Gaius Iulius**
> **Iulianus, Flavius Claudius** (aber: Julian)
> **Iupiter**
> **Iuvenalis, Decimus Iunius** (aber: Juvenal)

3   Bei Namen, die im Edierten Text andere als die authentische Form aufweisen, wird die Schreibweise des Textes in runden Klammern

der authentischen angefügt. Ihre Reihenfolge richtet sich nach dem Alphabet. Formen in anderer Schrift werden am Schluß aufgeführt.

Epikuros (Epicur, Epicure, Epikur, 'Επίκουροσ)
Kopernikus (Copernicus, Copernikus), Nikolaus
Louis–Philippe (Ludwig–Philipp), duc d'Orléans
Mary I (Maria I., Maria die Katholische)

3.1 Bestehen zwischen der authentischen Form der Namen und der Schreibweise im Edierten Text größere Abweichungen, werden die verschiedenen Schreibweisen gesondert als Stichwort ins Namenregister aufgenommen und von der benutzten auf die authentische Form verwiesen.

Copernicus siehe **Kopernikus, Nikolaus**
Ludwig Philipp siehe **Louis–Philippe**
Philipp II. siehe **Felipe II**
Rizzio siehe **Riccio, David**

3.2 Bestehen zwischen der authentischen Form der Namen und der Schreibweise im Edierten Text so geringe Abweichungen, daß sie in der alphabetischen Ordnung hintereinander stehen würden, wird die benutzte nicht als Stichwort verzeichnet, sondern in runden Klammern hinter die authentische Form gesetzt.

Aischylos (Aeschylus)
Köttgen (Koettgen)
Märcker (Märker)
Leibniz (Leibnitz)

4 Die Einordnung nach der authentischen Form gilt auch für literarische und mythologische Gestalten, unabhängig von der Schreibweise im Edierten Text.

ET: Dorchen Lakenreisser
NR: **Doll Tearsheet (Dorchen Lakenreisser)**
Dorchen Lakenreisser siehe **Doll Tearsheet**

ET: Falstaff
NR: **Falstaffe (Falstaff)**

ET: Hurtig
NR: **Hurtig** siehe **Quickly**
Quickly (Hurtig)

5 Personen, die im Edierten Text unter einem Pseudonym erscheinen, werden in der Regel im Namenregister unter ihrem wirklichen Namen eingeordnet. Das Pseudonym erscheint als Stichwort, von dem auf den wirklichen Namen verwiesen wird. Dem wirklichen Namen wird im Namenregister das Pseudonym in runden Klammern hinzugefügt.

Boz siehe **Dickens, Charles**
Dickens, Charles (Pseudonym Boz)
Grün, Karl (Pseudonym Ernst von der Haide)
Haide, Ernst von der siehe **Grün, Karl**

5.1 Ist eine Person allgemein unter dem im Edierten Text genannten Pseudonym bekannt, erfolgt die Einordnung unter dem Pseudonym, und der eigentliche Name, eingeleitet mit „eigtl.", wird in runden Klammern hinzugefügt.

Clauren, Heinrich (eigtl. Gottlob Samuel Carl Heun)
Jean Paul (eigtl. Jean Paul Friedrich Richter)
Stirner, Max (eigtl. Johannes Caspar Schmidt)

5.1.1 Die Abkürzung „eigtl." wird nur bei Pseudonymen, nicht aber bei veränderten Vornamen verwendet.

Nicht: Arnim, Bettina (eigtl. Elisabeth) von

5.2 Ist nur das Pseudonym bekannt, wird dies in runden Klammern vermerkt.

Marcus (Pseudonym) englischer Ökonom.

6 Wechselt eine Person ihren Namen (durch Heirat, Erhebung in den Adelsstand, Annahme eines Herrschernamens u.ä.) und treten beide Namen in den Texten auf, wird die Person unter dem neuen Namen registriert, der frühere Name wird in runden Klammern hinzugefügt. Der frühere Name erscheint auch als Stichwort mit Verweis auf den neuen Namen.

Herwegh, Emma (geb. **Siegmund**)
Siegmund, Emma siehe **Herwegh, Emma**

Marx, Jenny (geb. **von Westphalen**)
Westphalen, Jenny von siehe **Marx, Jenny**

6.1 Erfolgt der Namenwechsel vor bzw. nach dem Zeitraum des Bandes, wird nur der Name erfaßt, der im Edierten Text erscheint.

7 Weitere Verweise innerhalb des Namenregisters erfolgen bei häufig verwendeter Nennung des Vornamens bzw. des Beinamens im Edierten Text.

Barbarossa siehe **Friedrich I.**
Bettina siehe **Arnim, Bettina von**
Edgar siehe **Bauer, Edgar**
Lizzie siehe **Burns, Lydia**
Rahel siehe **Varnhagen von Ense, Rahel**

8 Andere Bezeichnungen an Namens Statt (Funktion, Titel, Verwandtschafts-, Berufsangaben, Scherz-, Schimpfnamen u.ä.) werden nur in Erläuterungen erklärt.

d. ANGABEN ZU DEN EINZELNEN NAMEN

1 Im Namenregister erscheinen der Reihe nach folgende Angaben zu den einzelnen Namen:
– Familienname
– Vorname und evtl. Beiname
– Titel, die Teil des Namens sind
– Geburts- und Todesjahr
– kurze Angaben zur Identifizierung (Nationalität, Beruf, Haupttätigkeit, Funktionen u.ä)
– Seiten, auf denen der Name vorkommt.

2 Verzeichnung der Namen.

2.1 Zu den Familiennamen siehe IX.c.

2.2 Alle Vornamen werden in der authentischen Form angeführt. Sie werden ausgeschrieben, nötigenfalls ergänzt, auch bei Römern und bei Angabe des Vatersnamens. Eine typographische Hervorhebung des Rufnamens erfolgt nicht.

2.3   Beinamen werden aufgeführt, wenn sie als fester Bestandteil des
       Namens wissenschaftlich üblich und der Bestimmung der Person
       dienlich sind.

       Anselm of Canterbury
       Charles IV, le Bien-Aimé
       Seneca, Lucius Annaeus, der Jüngere

2.3.1 Beinamen, mit denen eine Person häufig erwähnt wird, werden in
       runden Klammern mit dem einleitenden Wort „genannt" hinzugefügt.

       Böheim, Hans (genannt **Pauker** bzw. **Pfeiferhänslein**)

2.3.2 Beinamen wie „Kartätschenprinz", „Apostel der Deutschen", „König
       Bomba" sind nicht als Teil des Namens zu behandeln, sie können in
       Erläuterungen angeführt werden.

2.4   Es werden bei Namen nur solche Titel angeführt (z. B. Adelsprädi-
       kate), die als unmittelbarer Teil des Namens anzusehen sind.

       Aberdeen, George Hamilton Gordon, Earl of
       Arrivabene, Giovanni, conte
       Augereau, Pierre François Charles, duc de Castiglione
       Disraeli, Benjamin, (seit 1876) **Earl of Beaconsfield**
       Willisen, Friedrich Adolf Freiherr von

2.5   Akademische Grade (Dr., Prof. usw.), berufliche Rangbezeichnun-
       gen (Geheimer Rat, Medizinalrat usw.) oder allgemeine Betitelungen
       bzw. Anreden anderer Art (Exzellenz, Hoheit usw.) werden nicht
       angeführt. Sie können in der Annotation mitgeteilt werden.

       Ammon, Christoph Friedrich von (1766–1850) deutscher pro-
       testantischer Theologe; Oberhofprediger und Oberkonsistorialrat in
       Dresden.
       Xylander (eigtl. **Holtzmann**), **Wilhelm** (1532–1576) Professor der
       griechischen Sprache in Heidelberg.

2.6   Die unter 2.1–2.3.1 und 2.4 angeführten Angaben erscheinen im
       Namenregister halbfett, alle weiteren Angaben in normaler Schrift.

3   Angaben über Lebenszeiten bzw. Geburts- und Todesjahr werden in
       runden Klammern angeführt.

       (1809–1890)
       (63 v. Chr. bis 14 n. Chr.)

3.1   Ist nur ein Datum zu ermitteln, wird vor die Jahreszahl „geb." bzw.
       „gest." gesetzt.

       (geb. 1819)
       (gest. 1905)

3.2   Sind die Jahreszahlen nicht sicher festzustellen, wird hinzugefügt:

       – „etwa", wenn entweder beide Daten vorhanden sind oder nur
          ein Datum oder die Angabe sehr pauschal ist.

          (etwa 63 bis etwa 12 v. Chr.)
          (geb. etwa 1890)
          (etwa 1000 v. Chr.)

       – „vor" oder „nach", wenn dieser Fakt gesichert ist.

          (etwa 435 bis nach 366 v. Chr.)
          (vor 1780–1863)
          (gest. nach 480 v. Chr.)

       – „vermutlich" , wenn Angaben besonders unsicher sind.

          (vermutl. Ende des 3. Jh. v. Chr.)

3.2.1 Eine pauschale Angabe des Jahrhunderts bzw. Anfang oder Ende eines Jahrhunderts erscheint wie folgt:
> (1. Jh. v. Chr.)
> (Anfang des 5. Jh.)
> (2.–3. Jh.)

3.3 Bei differierenden Jahresangaben zu Geburt bzw. Tod können zwei Angaben, durch „oder" verbunden, angeführt werden.
> (1810 oder 1811–1872)
> (gest. 566 oder 567)

4 Kurze Angaben zur Identifizierung erscheinen im Namenregister bei Personen, die nicht allgemein bekannt sind.

4.1 Die stichwortartigen Angaben werden durch Komma bzw. Semikolon getrennt.
> **Brok (Брок), Petr Fedorovič** (1805–1875) russischer Staatsmann, Finanzminister (1852–1858).
>
> **Dureau de la Malle, Adolphe Jules César Auguste** (1777 bis 1857) französischer Philologe und Archäologe.
>
> **Steuart (Stewart), Sir James** (1712–1780) englischer Ökonom, Vertreter des Merkantilismus.
>
> **Wigand, Otto** (1795–1870) Verleger und Buchhändler in Leipzig.
>
> **Willem I** (1772–1843) König der Niederlande (1813–1840), König von Belgien (1815–1830).

4.2 Bei literarischen Gestalten wird auf das betreffende Werk bzw. den Autor verwiesen.
> **Falstaffe** Gestalt aus „King Henry IV" und „The merry wives of Windsor" von William Shakespeare.
>
> **Faust** Gestalt aus der gleichnamigen Tragödie von Johann Wolfgang von Goethe.

4.3 Mythologische Gestalten werden allgemein charakterisiert.
> **Argos** in der griechischen Sage hundertäugiger Wächter der Io, der Geliebten des Zeus.
>
> **Athene (Pallas Athene)** griechische Göttin der Weisheit und der Künste.
>
> **Atlas** in der griechischen Sage ein Titanensohn, der auf seinen Schultern das Himmelsgewölbe trägt.

5 Die Angabe der Seiten, auf denen ein Name erwähnt wird, erfolgt für jede Seite gesondert. Geht ein Name von einer auf die andere Seite über, werden beide Seiten aufgeführt. Eine Zusammenziehung von Seitenzahlen erfolgt nur, wenn ein Name auf mehr als zwei aufeinanderfolgenden Seiten vorkommt.
> 12 13 15 16 18–20 22–27
>
> nicht 12/13 15/16

5.1 Seitenzahlen, die sich auf Namen im Apparat beziehen, werden kursiv wiedergegeben.
> 101 125–128 510 *890 891 1001*

5.1.1 Wird ein Name lediglich im Apparat erwähnt, erscheinen im Register nur kursiv gesetzte Seitenzahlen.
> *912 980–982 1125*

5.2   Bei Namen in altsprachigen Textpassagen erfolgt der Seitenverweis zweifach. Hinter der Seitenzahl des Edierten Textes folgt, kursiv und in runden Klammern, die des Übersetzungstextes.

15 *(1012)*   17 *(1015)*   24 *(1020)*

e. REIHENFOLGE DER NAMEN

1   Die Reihenfolge der Namen im Register folgt dem deutschen Alphabet. Akzente und diakritische Zeichen (à, ç, ë, ñ usw.) bleiben bei der Einordnung unberücksichtigt.

2   Maßgebend für die Einordnung der Namen sind ihre Anfangsbuchstaben, dann die Reihenfolge der weiteren Buchstaben innerhalb der Namen.

2.1   Die Umlaute ä, ö und ü werden wie ae, oe und ue behandelt.

Hader, Fritz
Haecker, August
Häcker, Wilhelm
Haecker, Wolfram
Hafeld, Erwin

2.2   Die Mitlautverbindungen ch, ck, sp, st werden wie zwei, sch wie drei Buchstaben, ß wie ss behandelt.

Maßen, A.	**Scamoni**
Maßen, B.	**Schulz**
Massen, O.	**Scuderi**
Mast, B.	**Sroka**
Masyorni, A.	**Starke**
Maszyk, A.	**Sutter**

3   Das erste Ordnungswort ist der Familienname. Vorsatzwörter zum Namen (von, van, de, de la, du usw.) werden beim Einordnen nicht berücksichtigt.

3.1   Beim Einordnen werden historische Namenszusätze (z. B. Adelsbezeichnungen) nicht berücksichtigt. Sie werden, durch ein Komma getrennt, hinzugefügt.

Disraeli, Benjamin, (seit 1876) Earl of Beaconsfield
Falloux, Alfred Frédéric Pierre, comte de

4   Das zweite Ordnungswort ist der Vorname.

4.1   Namen ohne Vornamen werden vor dem gleichen Namen mit Vornamen eingeordnet.
Namen mit nur einem Vornamen werden vor dem gleichen Namen mit mehr als dem ersten gleichen Vornamen eingeordnet.

Meier
Meier, G.
Meier, G. Erwin
Meier, G. W.
Meier, Gerhard
Meier, Gerhard H.
Meier, Gerhard Hans
Meier, Gerhard Hans Walter

4.2   Bei gleichlautenden Herrschernamen bestimmen die Lebensdaten bzw. ihre Numerierung die Reihenfolge im Namenregister.

4.2.1   Bei gleichlautenden Herrschernamen wird für die Reihenfolge im Namenregister nach folgenden Regeln verfahren:
        - Gleiche Namen ohne Numerierung und ohne Zusätze: in chronologischer Folge der Lebensdaten;
        - Gleiche Namen ohne Numerierung mit Zusätzen: alphabetisch nach den Zusätzen;
        - Gleiche Namen mit Numerierung: nach der Reihenfolge der Numerierung bzw. bei gleicher Nummer chronologisch, zunächst Namen ohne weitere Zusätze, dann Namen mit weiteren Zusätzen .

Charles (810–863)
Charles (1107–1189)
Charles Ier (953–993)
Charles Ier (1600–1649)
Charles Ier de France (1270–1325)
Charles II (1248–1309)
Charles II, le Chauve (823–877)
Charles II, le Mauvais (1332–1387)
Charles III (1490–1527)
Charles III, le Simple (879–929)
Charles VII (1403–1461)
Charles de Châtillon-Blois (1319–1364)
Charles de Valois (1467–1496)
Charles le Bon (1083–1127)

5   Erscheinen gleiche Namen sowohl mit Verweis als auch mit Annotation, wird der Name mit Verweis vorangesetzt.

X. Sachregister (ER D.IV)

a. ALLGEMEINES

1   Das Sachregister hat den Charakter eines Schlagwortregisters, das sich an der Terminologie der Autoren und der Zeit orientiert. Im Sachregister werden alle von Marx/Engels stammenden Texte erfaßt: der Edierte Text, die Varianten und der Anhang.

2   Redaktionelle Texte (Einführung, Entstehung, Überlieferung, Textkonstitution, Erläuterungen usw.) werden im Sachregister nicht berücksichtigt.

3   Die Schlagwörter gehen aus dem Edierten Text und seiner Sprache hervor. Es kann auf die Schlagwörter in der Editorsprache verwiesen werden.

b. GESTALTUNG

1   Erfassung der Schlagwörter und Belegstellen

1.1   Der Inhalt der Edierten Texte wird durch Schlagwörter möglichst umfassend, detailliert und lückenlos erschlossen.

1.2   Es werden nur Seiten mit inhaltlichen Aussagen erfaßt. Die Seitenangaben decken den Gesamtzusammenhang ab, in dem ein Gedanke oder Tatbestand abgehandelt ist.

2   Aufbau und Gliederung

Das Sachregister wird nach folgendem Schema aufgebaut:
- Schlagwörter
- Unterschlagwörter
- Verweise
- Angabe der Seiten

2.1   Schlagwörter.

2.1.1   Es gibt Schlagwörter (nichtunterteilt) und Schlagwörter mit Unterschlagwörtern (unterteilt). Alle Schlagwörter werden alphabetisch angeordnet.

2.1.2   Die Schlagwörter haben folgende grammatikalische Formen:
- Einzelne Substantive (**Eigentum, Geschichte, Literatur**) bzw. substantivierte Adjektive (**Besonderes, Allgemeines**) und Komposita (**Bewußtseinsformen, Naturreligion**).
- Substantiv-Verbindungen (**Recht auf Arbeit; Stadt und Land**).
- Adjektiv-Substantiv-Verbindungen (**Deutscher Bund; Industrielle Revolution; Partei, proletarische; Wahlrecht, allgemeines**).
- Verschiedene Wortformen, die durch Komma voneinander getrennt sind (**Allgemeines, Allgemeinheit; Mystisches, Mysterium; Empirie, empirisch**).

2.1.3   Dieselben Sachverhalte werden im Sachregister durch dasselbe Schlagwort erfaßt, auch bei unterschiedlichen Formulierungen im Edierten Text. Dies trifft besonders auf historische Ereignisse zu; für sie wird die kürzestmögliche sprachliche Formulierung gewählt.

2.1.4   Eigennamen von Organisationen, Parteien usw. werden in der Originalsprache gebracht. Von der deutschen Bezeichnung kann auf die authentische Form des Schlagwortes verwiesen werden.

2.1.5   Feststehende Begriffe, historische Ereignisse, Organisationen, Parteien usw. werden selbständig gebracht und nicht einem Schlagwort untergeordnet.

Gegensatz zwischen Stadt und Land
Bauernkrieg, deutscher (1525/1526)
Revolution, französische (1789–1799)
Revolution, französische (1830)
Whigs

2.1.6   Verschiedene Ausdrucksformen für gleiche Sachverhalte werden unter einem Schlagwort zusammengefaßt.

Parlamentarismus (parlamentarisches Leben)
Vaterland (Vaterlandsliebe, vaterländische Interessen)

2.1.7   Um Mehrdeutigkeiten zu vermeiden, können Schlagwörter ergänzt werden durch in runden Klammern stehende Modifikatoren

– der Art und Weise

Bewegung (phil.)
Gesetz (jur.)

– des Ortes

Kommunalreform (in der Rheinprovinz)
Korngesetze (in England)

– der Zeit

Griechenland (altes)
Deutsch-Französischer Krieg (1870/71)

2.2   Unterschlagwörter.

2.2.1   Unterschlagwörter werden gebildet, um Aussagen hervorzuheben oder um die Benutzbarkeit des Sachregisters zu erleichtern (z.B. bei vielen Belegstellen).

2.2.2   Unterschlagwörter werden angewandt

– zur Konkretisierung eines Schlagwortes

Krisen, ökonomische
– Agrarkrisen
– Geldkrisen
– Handelskrisen

Interessen
– allgemeine
– besondere

– zur Angabe von Relationen wie Abhängigkeit, Gegensatz, Unterschied, Wechselverhältnis, die durch „und" verbunden werden

Angebot und Nachfrage
– bei den Ricardianern
– im 18. Jahrhundert
– in der Textilindustrie
– in Deutschland

      – für historische und geographische Aspekte eines Schlagwortes
      – für Auffassungen einzelner Schulen und Richtungen.

2.2.3   Die Unterschlagwörter können logisch, historisch-geographisch oder alphabetisch angeordnet werden.

2.3   Verweise.

2.3.1   Innerhalb des Sachregisters wird verwiesen
      – von allgemeinen Schlagwörtern auf besondere, z.B. von **Christentum** auf **Katholizismus** und **Protestantismus**;
      – zwischen Schlagwörtern, deren Inhalt sich überschneidet, z.B. von **Individuum** auf **Persönlichkeit**, von **Gegensatz** auf **Widerspruch** und umgekehrt.

2.3.2   Verweise kann es geben
      – von einem Schlagwort mit Seitenangaben auf ein anderes oder mehrere andere Schlagwörter mit Seitenangaben;
      – von einem Schlagwort ohne Seitenangaben auf ein Schlagwort mit Seitenangaben, z.B. von **Verfassung** auf **Staatsverfassung**;
      – von einem Unterschlagwort ohne Seitenangaben auf ein anderes Schlagwort.

        Bewegung
        — Bewegung der Atome → *Atomistik*

2.3.3   Es wird nur verwiesen, wenn andere bzw. weitere Belegstellen aufgeführt sind. Verwiesen wird nicht, wenn das Schlagwort unmittelbar vor oder nach dem Verweis steht.

2.3.4   Als Zeichen für den Verweis dient ein Pfeil.

2.4   Angabe der Seiten.

2.4.1   Es gibt Seitenangaben zu nichtunterteilten sowie zu unterteilten Schlagwörtern und zu Unterschlagwörtern.

2.4.2   Folgen einem unterteilten Schlagwort Seitenangaben, so beziehen sich diese auf das Schlagwort insgesamt. Beziehen sich Angaben ausschließlich auf Unterschlagwörter, erscheint das unterteilte Schlagwort ohne Seitenangaben.

Hinweise auf internationale redaktionelle Hilfsmittel

I. Editionswesen

Über die neuere Entwicklung im Editionswesen informieren vor allem folgende Monographien, Sammelbände und Periodica.

Buchstabe und Geist. Zur Überlieferung und Edition philosophischer Texte. ... Hrsg. von Walter Jaeschke, Wilhelm G. Jacobs, Hermann Krings und Heinrich Schepers. Hamburg 1987.

Editio. Internationales Jahrbuch für Editionswissenschaft / International Yearbook of scholarly editing/Revue internationale des sciences de l'édition critique. Hrsg. von Winfried Woesler ... Tübingen 1987ff.

Edition als Wissenschaft. Festschrift für Hans Zeller. Hrsg. von Gunter Martens und Winfried Woesler. Tübingen 1991. (Beiheft zu Editio 2).

Edition et manuscrits. Probleme der Prosa-Edition. Akten des ... französisch-deutschen Editorenkolloquiums Paris 1983. Hrsg. von Michael Werner und Winfried Woesler. Bern, Frankfurt a. M., New York, Paris 1987. (Jb. für internationale Germanistik. Reihe A: Kongreßberichte. Bd. 19).

Edition und Interpretation. Edition et interprétation des manuscrits littéraires. Akten des ... französisch-deutschen Editorenkolloquiums Berlin 1979. Hrsg. von Louis Hay und Winfried Woesler. Bern, Frankfurt a. M., Las Vegas 1981. (Jb. für internationale Germanistik. Reihe A: Kongreßberichte. Bd. 11).

Handbuch der Editionen deutschsprachiger Schriftsteller vom Ausgang des 15. Jahrhunderts bis zur Gegenwart. Bearbeitet von Waltraud Hagen (Leitung und Gesamtredaktion), Inge Jensen, Edith Nahler, Horst Nahler. 2. Aufl. Berlin 1981. (Veröffentlichung des Zentralinstituts für Literaturgeschichte der Akademie der Wissenschaften der DDR).

Kraft, Herbert: Editionsphilologie. Mit Beiträgen von Jürgen Gregolin, Wilhelm Ott und Gert Vonhoff. Unter Mitarbeit von Michael Billmann. Darmstadt 1990.

Mazal, Otto: Zur Praxis des Handschriftenbearbeiters. Mit einem Kapitel zur Textherstellung. Wiesbaden 1987. (Elemente des Buch- und Bibliothekswesens. Bd. 11).

Die Nachlaßedition. La publication de manuscrits inédits. Akten des ... französisch-deutschen Editorenkolloquiums Paris 1977. Hrsg. von Louis Hay und Winfried Woesler. Bern, Frankfurt a. M., Las Vegas 1979. (Jb. für internationale Germanistik. Reihe A: Kongreßberichte. Bd. 4).

Probleme der Brief-Edition. Kolloquium der deutschen Forschungsgemeinschaft ... 8.–11. September 1975. Hrsg. von Wolfgang Frühwald, Hans-Joachim Mähl und Walter Müller-Seidel. Boppard 1977. (DFG. Kommission für germanistische Forschung. Mitteilung II).

Riehm U., K. Böhle, I. Gabel-Becker, B. Wingert: Elektronisches Publizieren. Eine kritische Bestandsaufnahme. Berlin 1992

Texte und Varianten. Probleme ihrer Edition und Interpretation. Hrsg. von Gunter Martens und Hans Zeller. München 1971.

Textkonstitution bei mündlicher und bei schriftlicher Überlieferung. Basler Editoren-Kolloquium 19.–22. März 1990. Hrsg. von Martin Stern unter Mitarbeit von Beatrice Grob, Wolfgang Groddeck und Helmut Puff. Tübingen 1991. (Beiheft zu Editio 1).

Vom Umgang mit Editionen. Eine Einführung in Verfahrensweisen und Methoden der Textologie. Von Siegfried Scheibe (Leitung), Waltraud Hagen, Christel Laufer, Uta Motschmann. Berlin 1988.

Zu Werk und Text. Beiträge zur Textologie. Hrsg. von Siegfried Scheibe und Christel Laufer (Redaktion). Berlin 1991.

II. Textdarbietung

Code typographique. Choix de règles à l'usage des auteurs et professionnels du livre. 15e éd. Paris 1986.

Bruhn, Peter: Russisch für Bibliothekare. Leitfaden für die Bearbeitung von russischem Schrifttum in wissenschaftlichen Bibliotheken. Wiesbaden 1968.

Duden. Rechtschreibung der deutschen Sprache. 20. völlig neu bearb. und erw. Aufl. Hrsg. von der Dudenredaktion auf der Grundlage der amtlichen Rechtschreibregeln. Mannheim, Leipzig, Wien, Zürich 1991. (Der Duden in 10 Bänden. Bd. 1).

— Das große Wörterbuch der deutschen Sprache in sechs Bänden. Hrsg. und bearb. vom Wissenschaftlichen Rat und den Mitarbeitern der Dudenredaktion unt. Leit. von G. Drosdowski. Mannheim, Wien, Zürich 1976–1981.

— Komma, Punkt und alle anderen Satzzeichen. Mit umfangreicher Beispielsammlung von Dieter Berger. 2., neu bearb. und erw. Aufl. 1982. (Duden-Taschenbücher Bd. 1).

— Die Regeln der deutschen Rechtschreibung. Erläuterungen und Beispiele. Neuausg. hrsg. und bearb. von Dieter Nerius. 1991. (Duden-Taschenbücher Bd. 3).

— Satz- und Korrekturanweisungen. Richtlinien für die Texterfassung mit ausführlicher Beispielsammlung. Hrsg. von der Dudenredaktion und der Dudensetzerei. 5., neu bearb. Aufl. von Friedrich Wilhelm Weitershaus. 1986. (Duden-Taschenbücher Bd. 5).

— Wann schreibt man groß, wann schreibt man klein? Regeln und ausführliches Wörterverzeichnis von Wolfgang Mentrup. 2., neu bearb. und erw. Aufl. 1981. (Duden-Taschenbücher Bd. 6).

— Wörterbuch der Abkürzungen. Über 38 000 Abkürzungen und was sie bedeuten, von Josef Werlin. 3., neu bearb. und erw. Aufl. 1987 (Duden-Taschenbücher Bd. 11).

Instruktionen für die alphabetischen Kataloge der Preußischen Bibliotheken vom 10. Mai 1899. 2. Ausg. Unv. Nachdr. Wiebaden 1966.

Hostettler, Rudolf: The printer's terms. Termes techniques des industries graphiques. Fachwörter der graphischen Industrie. Termini tecnici delle industrie grafiche. Vaktermen voor de grafische industrie. St. Gallen, London (1949).

Müller, Kurt: Die systematische Entzifferung von schwer lesbaren Handschriften unter Berücksichtigung der Handschriften von Karl Marx und Friedrich Engels. Berlin 1967.

Préparation d'un manuscrit. Textes. Dessins. Photographies. Quelques conseils aux auteurs...(par Pierre Mémin). Paris 1975. (Publ. du CNRS).

Thomas, Adolphe V., Michel de Toro: Dictionnaire des difficultés de la langue française. Paris (1986).

III. Bibliographie

Nestler, Friedrich: Bibliographie. Einführung in die Theorie, Methoden und Geschichte der bibliographischen Literaturinformation und die allgemeinen bibliographischen Verzeichnisse. 2., neu bearb. Aufl. Leipzig 1989.

Regeln für die alphabetische Katalogisierung: RAK. Wiesbaden 1983.

Weller, Emil: Die falschen und fingierten Druckorte. Repertorium der seit Erfindung der Buchdruckerkunst unter falscher Firma erschienenen deutschen, lateinischen und französischen Schriften. 2., verm. und verb. Aufl. 2 Bde. Leipzig 1864. [Neudr. Hildesheim 1960].

Weller, Emil: Lexikon pseudonymorum. Wörterbuch der Pseudonymen aller Zeiten und Völker oder Verzeichnis jener Autoren, die sich falscher Namen bedienten. 2., durchaus verb. und verm. Aufl. Regensburg 1886. [Neudr. Hildesheim 1963].

Neben den amerikanischen, deutschen, englischen und französischen Nationalbibliographien sind folgende Kataloge bzw. Microfiche-Editionen zu beachten:

Alphabetical Catalogue of the books and pamphlets of the International Institute of Social History. 12 Vols. Boston/Mass 1970.

Catalogo della Biblioteca di Luigi Einaudi. 1–2 . Torino 1981.

Catalogue of the Goldsmith's Library of Economic Literature. 1–4. Cambridge 1970–1983.

Catalogue of the Marx-Memorial-Library London. 1–3. Boston/Mass 1979.

Catalogue of the Kress Library of Business and Economics. 1–4. Boston/ Mass 1964–1967.

Gesamtverzeichnis des deutschsprachigen Schrifttums (GV) 1700 bis 1910. Microfiche-Edition. München, New York, London, Paris 1986–1987.

Gesammt-Verlags-Katalog des Deutschen Buchhandels und des mit ihm im direkten Verkehr stehenden Auslandes 1881-1894. Microfiche-Edition. München, New York, London, Paris 1986.

IV. Biographie

Dimpfel, Rudolf: Biographische Nachschlagewerke. Adelslexika/Wappenbücher. Systematische Zusammenstellung für Historiker und Genealogen. 2., um ein Namenregister verm. Aufl. Erg. Nachdr. der Ausg. von 1922. Walluf-Nendeln 1978.

Der Gotha. Microfiche-Edition. München, New York, London, Paris 1982 bis 1984.

Truhart, Peter: International directory of Foreign ministers / Internationales Verzeichnis der Aussenminister / Répertoire international des ministres des Affaires étrangères / Repertorio internacional de los Ministros de Relaciones exteriores / Repertorio internazionale dei Ministri degli esteri. 1589–1989. München 1989.

— Regents of nations / Regenten der Nationen. Systematic chronology of states and their political representatives in past and present. A biographical reference book / Systematische Chronologie der Staaten und ihrer politischen Repräsentanten in Vergangenheit und Gegenwart. Ein biographisches Nachschlagewerk. 4 vol. München 1984–1988.

Besonders zu beachten sind die von K. G. Saur, München, New York, London, Paris herausgegebenen biographischen Kumulativ-Archive (als Microfiche) samt Indices (in Buchform):

American biographical archive. ...1986–1991.
American biographical index. ...4 Vol. 1992.

Archives biographiques françaises. ..1989–1991.
Index biographique français. ...4 Vol. 1993.

Archivio biographico italiano....1987–1991.
Indice biografico italiano. ..4 Vol. 1992
Archivio biographico italiano. Nuova serie. ...1991–1994.
Archivio biográfico de España, Portugal e Iberoamérica. ...1986 bis 1989.
Indice biográfico de España, Portugal e Iberoamérica. ..4 Vol. 1990.
Archivio biográfico de España, Portugal e Iberoamérica. Nueva serie. ...
1991ff.
Biografisch archief van de Benelux/Archives biographiques des Pays du Benelux. ...1992–1994.
British biographical archive. ..1982–1985.
British biographical index. ..4 Vol. 1990.
British biographical archive. Series II. ..1991ff.
Deutsches biographisches Archiv. ...1982–1985.
Deutscher biographischer Index. 4 Vol. 1986.
Deutsches biographisches Archiv. Neue Folge. 1989–1993.
Deutscher biographischer Index. Neue Folge. 4 Vol. 1994.
Polski archiwum biograficzne. ...1992ff.
Scandinavian biographical archive. ..1989–1991.
Scandinavian biographical index. ...4 Vol. 1995.

V. Register

Härtel, Reinhard: Mehr als ein Anhang: Das computererstellte Register. In: Historische Edition und Computer. Möglichkeiten und Probleme interdisziplinärer Textverarbeitung und Textdarbietung. Hrsg. von Anton Schwob, Karin Kranich-Hofbauer, Diethard Suntinger. Graz 1989. S. 67–84.

Kunze, Horst: Über das Registermachen. 3. erw. Aufl. Leipzig 1968.

Motschmann, Uta: Von den Registern. In: Vom Umgang mit Editionen. Eine Einführung in Verfahrensweisen und Methoden der Textologie von Siegfried Scheibe, Waltraud Hagen, Christel Laufer, Uta Motschmann. Berlin 1988. S. 225–263.

Ott, Wilhelm: Automatisierung von Seitenumbruch und Registererstellung beim Satz wissenschaftlicher Werke. In: 4. Jb. der EDV. Stuttgart, Wiesbaden 1975. S. 123–143. (Integr. Datenverarbeitung in der Praxis. Bd. 14).

Regeln für den Schlagwortkatalog/ RSWK. Berlin 1986.

Register

Dokumentation

Folgende Dokumentation bietet die Editions- und Redaktionsrichtlinien von 1976 sowie die Nachträge 1982–1984 mit der Originalpaginierung (rechtsbündig zwischen Schrägstrichen). Auf diese Paginierung bzw. auf die jeweilige Nummer der Nachträge beziehen sich die Verweise im Register der früheren Richtlinien.

Institut für Marxismus-Leninismus beim ZK der KPdSU
und
Institut für Marxismus-Leninismus beim ZK der SED

/1/

Editionsrichtlinien
der Marx-Engels-Gesamtausgabe
(MEGA)

Berlin 1976

/2/

INHALT

/3/

Anlagen

/4/

Editionsrichtlinien
der Marx-Engels-Gesamtausgabe (MEGA)

A. CHARAKTER, INHALT UND GLIEDERUNG DER AUSGABE

I. Charakter der Ausgabe

Die MEGA bewahrt und dokumentiert das literarische Lebenswerk von Karl Marx und Friedrich Engels vollständig, originalgetreu und in seiner Entwicklung auf der Grundlage einer textkritischen Sichtung der Überlieferung. Sie ist eine historisch-kritische Gesamtausgabe, dazu bestimmt, als umfassende und gesicherte Quellenbasis für die internationale Forschung in den verschiedenen wissenschaftlichen Disziplinen und für Marx-Engels-Editionen aller Art und Sprachen zu dienen.

II. Inhalt der Ausgabe

1. In der MEGA werden sämtliche nachweisbar von Marx und/oder Engels stammenden und in handschriftlicher und/oder gedruckter Form überlieferten Materialien wiedergegeben.
    Die Textedition und Variantenverzeichnung berücksichtigt dabei folgende zur autorisierten Überlieferung gehörenden Zeugen:

1.1. Alle eigenhändigen Niederschriften von Marx/Engels einschließlich ihrer eigenhändigen Eintragungen in Manuskripten und Drucken (Korrekturen, Randbemerkungen usw.).

/5/

1.2. Nicht eigenhändige Niederschriften sowie nicht eigenhändige Eintragungen in Manuskripte und Drucke, die nachweisbar unter unmittelbarer Mitwirkung von Marx/Engels entstanden sind bzw. von ihnen veranlaßt und/oder gebilligt wurden (Diktathandschriften; Niederschriften bzw. Abschriften durch Familienangehörige, Mitarbeiter, Kampfgefährten oder Kopisten; Protokollniederschriften; Korrektureintragungen).

1.3. Alle autorisierten Drucke, d. h. alle selbständigen Drucke und Abdrucke in Periodica, die unter aktiver Mitwirkung von Marx/Engels (Lieferung der Druckvorlage und/oder Revision während der Drucklegung) entstanden sind oder von ihnen veranlaßt und gebilligt wurden.

1.4. Weiterhin werden gegebenenfalls auch folgende nicht autorisierte Ersatzzeugen berücksichtigt:

1.4.1. Nicht eigenhändige Niederschriften, die auf einen nicht überlieferten oder nicht zugänglichen autorisierten Zeugen (Handschrift oder Druck) zurückgehen.

1.4.2. Nicht autorisierte Drucke, die auf einen nicht überlieferten autorisierten Zeugen (Handschrift oder Druck) zurückgehen bzw. die als Druckvorlage für einen autorisierten Druck dienten.

2. Darüber hinaus finden noch folgende Materialien Aufnahme:

/6/

2.1. Arbeiten von Marx/Engels, die ohne ihr Einverständnis durch dritte Personen in erheblicher Weise verändert oder redigiert worden sind und von denen kein autorisierter Zeuge überliefert ist.

2.2.   Aufzeichnungen von Reden, Unterhaltungen und Interviews von bzw. mit Marx/ Engels, die von diesen nicht autorisiert wurden und von denen kein autorisierter Zeuge üoerliefert ist.

2.3.   Arbeiten, bei denen die Autorschaft von Marx/Engels anzunehmen, aber nicht mit ausreichender Sicherheit nachzuweisen ist (Dubiosa).

2.4.   Dokumente, die von Marx/Engels unterzeichnet bzw. mitunterzeichnet sind, ohne daß sie von ihnen verfaßt wurden bzw. ihre Autorschaft nachweisbar ist.

2.5.   Übersetzungen von Arbeiten der Autoren, die von dritten Personen angefertigt, jedoch von Marx/Engels autorisiert wurden (d. h. Prüfung des Manuskripts oder der Korrekturabzüge und Zustimmung zur Veröffentlichung). Wenn der Einfluß von Marx/Engels auf den Text geringfügig ist, kann an die Stelle der vollständigen Wiedergabe eine ausführliche Beschreibung der Übersetzung, evtl. mit auszugsweisem Abdruck, treten.

2.6.   Arbeiten anderer Autoren, die von Marx/Engels übersetzt wurden.

/7/

2.7.   Arbeiten anderer Autoren, die unter unmittelbarer Anleitung bzw. Beteiligung von Marx/Engels entstanden oder von ihnen bearbeitet wurden. Diese Arbeiten werden ausführlich beschrieben. Bei einem nachweisbar bedeutenden Arbeitsanteil von Marx/Engels kann ein auszugsweiser oder vollständiger Abdruck erfolgen.

2.8.   An Marx/Engels gerichtete Briefe dritter Personen sowie Briefe an Organisationen oder Redaktionen, die für Marx/Engels bestimmt waren.

2.9.   Briefe dritter Personen untereinander (vor allem Briefe von und an Familienmitglieder von Marx/Engels), die im Auftrag von Marx/ Engels bzw. in Abstimmung mit ihnen verfaßt wurden oder in denen Auszüge oder Inhaltswiedergaben von nicht überlieferten Marx/ Engels-Briefen enthalten sind.

2.10.   Widmungen von Marx/Engels in Büchern und auf Fotos.

2.11.   Biographische Dokumente von Marx/Engels.

2.12.   Fotos und zeitgenössische Zeichnungen, die Marx/Engels, ihren engeren Familienkreis, ihre Kampfgefährten, ihre Wohn- und Wirkungsstätten usw. darstellen.

2.13.   Authentische zeitgenössische Zeugnisse über das Leben und Wirken von Marx/Engels in Briefen dritter Personen untereinander, in Artikeln, Berichten und anderen Aufzeichnungen sowie in offiziellen Dokumenten (Akten von Zensur-, Gerichts-, Polizei- und anderen Behörden).

/8/

III.   Gliederung der Ausgabe

1.   Das literarische Lebenswerk von Marx/Engels wird in vier Abteilungen gegliedert:

1.1.   Erste Abteilung: Werke • Artikel • Entwürfe

Sie enthält sämtliche Werke, Schriften, Reden und Artikel von Marx/ Engels sowie dazu vorliegende Vorarbeiten (Planskizzen, Entwürfe usw., jedoch keine Exzerpte) und spätere Bearbeitungen (einschließlich der von Marx/Engels selbst angefertigten Übersetzungen), unabhängig davon, ob die Arbeiten vollendet wurden oder unvollendet blieben bzw. vollständig oder fragmentarisch überliefert sind.
Ausgenommen bleibt Marx' Werk "Das Kapital" mit den direkt dazugehörenden Manuskripten.

Als <u>Anhang</u> zu den einzelnen Bänden werden folgende Materialien wiedergegeben:

- Arbeiten von Marx/Engels, die ohne deren Einverständis verändert
  wurden (siehe II.2.1.).
- Aufzeichnungen von Reden, Unterhaltungen und Interviews von bzw. mit
  Marx/ Engels, die von diesen nicht autorisiert wurden (siehe II.2.2.).
- Arbeiten, bei denen die Autorschaft von Marx/Engels nicht mit Sicherheit
  nachzuweisen ist (siehe II.2.3.).
- Dokumente, die von Marx/Engels unterzeichnet bzw. mitunterzeichnet
  sind (siehe II.2.4.).
- Übersetzungen der Arbeiten von Marx/Engels durch dritte Personen, die
  durch die Autoren autorisiert wurden (siehe II.2.5.).

/9/

- Arbeiten anderer Autoren, die von Marx/Engels übersetzt wurden (siehe
  II.2.6.).
- Arbeiten anderer Autoren, die unter unmittelbarer Teilnahme von
  Marx/Engels entstanden (siehe II.2.7.).

1.2.   <u>Zweite Abteilung: "Das Kapital" und Vorarbeiten</u>

Sie enthält Marx' Hauptwerk "Das Kapital" in seinen autorisierten Ausgaben
(einschließlich der autorisierten Übersetzungen) und alle direkt dazugehörenden Werke und Manuskripte (ohne Exzerpte), beginnend mit den ökonomischen Manuskripten von 1857/1858.

1.3.   <u>Dritte Abteilung: Briefwechsel</u>

Sie enthält den überlieferten Briefwechsel von Marx/Engels.
Im Hauptteil der Bände werden die von ihnen geschriebenen Briefe, Postkarten
und Telegramme einschließlich Fragmente und Entwürfe sowie Dokumente in
Briefform (Erklärungen, Gesuche usw.), die nicht zur Veröffentlichung be-
stimmt waren, abgedruckt.
Im Anhang der Bände der Dritten Abteilung werden im ersten Teil die an Marx/
Engels gerichteten Briefe dritter Personen sowie für Marx/Engels bestimmte
Briefe an Organisationen oder Redaktionen wiedergegeben (siehe II.2.8.).

/10/

Der zweite Teil des Anhangs enthält (vollständig oder auszugsweise) Briefe
dritter Personen untereinander, die im Auftrage von Marx/Engels verfaßt wur-
den oder in denen Aufschlüsse über den Inhalt nicht überlieferter Marx/Engels-
Briefe enthalten sind (siehe II.2.9.).
Innerhalb der Dritten Abteilung werden in gesonderten Bänden die Widmungen
von Marx/Engels in Büchern und auf Fotografien veröffentlicht (siehe II.2.10.).
Als Anhang zu diesen Bänden werden gegebenenfalls auch Widmungen an
Marx/Engels in Büchern und auf Fotografien wiedergegeben.

1.4.   <u>Vierte Abteilung: Exzerpte • Notizen • Marginalien</u>

Sie enthält sämtliche Exzerpte, Notizbücher und Einzelnotizen von Marx/
Engels sowie ihre Randbemerkungen und Anstreichungen in Büchern und
Manuskripten.

1.5.   Als Ergänzung zu allen vier Abteilungen der MEGA werden in gesonderten
       Bänden Lebenszeugnisse veröffentlicht, wobei die unter II.2.11. bis II.2.13.
       genannten Materialien Berücksichtigung finden.

2.   Zeichnungen und Skizzen, die von Marx/Engels stammen, werden ebenfalls
       vollständig wiedergegeben. Soweit sie zu einem Manuskript, Brief usw.
       gehören, erfolgt ihre Wiedergabe in Verbindung mit dessen Abdruck. Sind sie
       keiner Arbeit zuzuordnen, werden sie als selbständige Dokumente in die Erste
       Abteilung eingeordnet.

3. Am Ende des Apparates zu den einzelnen Texten des Bandes erscheint gegebenenfalls ein Verzeichnis nicht überlieferter Arbeiten von Marx und Engels, deren Entstehung in den Zeitabschitt des betreffenden Bandes fällt. Dabei werden als Quellen Zeugnisse angeführt, welche die frühere Existenz dieser Arbeiten belegen; wichtige Aussagen über Anlaß, Inhalt, Entstehungszeit, Etappen der Arbeiten u. ä. werden wörtlich zitiert.

/11/

Nicht berücksichtigt werden in diesem Verzeichnis geplante Arbeiten, deren Niederschrift nicht begonnen wurde bzw. nicht belegt werden kann. Nicht überlieferte Handschriften und Drucke von Arbeiten, von denen im Band ein anderer Textzeuge bzw. ein Ersatzzeuge abgedruckt wird, erscheinen ebenfalls nicht in diesem Verzeichnis; sie werden — wenn notwendig — in der Zeugenbeschreibung als X-Zeugen beschrieben.

Verschollene Handschriften und Drucke von Arbeiten, die auf Grund von Ersatzzeugen in dem betreffenden Band abgedruckt werden, erscheinen nicht in diesem Verzeichnis, sondern werden im Apparatteil Überlieferung (vgl. D.II.2.) mitgeteilt.

4. Jede Abteilung erhält eine durchgehende Bandzählung.

5. Die einzelnen Bände jeder Abteilung bestehen aus Textteil und Apparatteil. Diese beiden Teile werden gesondert gebunden.

6.1. Der Textteil umfaßt Haupttext und — gegebenenfalls — Anhang. (Siehe Abschnitt B.)

6.2. Der Apparatteil setzt sich folgendermaßen zusammen:

/12/

6.2.1. Einführung in den gesamten Band, bestehend aus
    – Einleitung
    – Editorische Hinweise
    – Verzeichnis der Abkürzungen, Siglen und Zeichen
    (Siehe Abschnitt C.)

6.2.2. Wissenschaftlicher Apparat zu den einzelnen Werken, bestehend aus
    – Kurzfassung der wichtigsten Angaben
    – Entstehung und Überlieferung
    – Variantenverzeichnis
    – Korrekturenverzeichnis
    – Erläuterungen
    (Siehe Abschnitt D.)

6.2.3. Register zum gesamten Band, bestehend aus
    – Literaturregister
    – Namenregister
    – Sachregister
    – Spezialregister nach Bedarf
    (Siehe Abschnitt E.)

6.2.4. Alle redaktionellen Texte im wissenschaftlichen Apparat werden in deutscher Sprache abgefaßt und in der Editorschrift dargeboten. Zitate, bibliographische Angaben u. ä. erscheinen in der Sprache des Originals.

7. Die einzelnen Bände werden mit Abbildungen (10 – 30 pro Band) und im Bedarfsfalle mit Landkarten ausgestattet .

/13/

In die Bände der Abteilung I – IV werden aufgenommen:
    – Faksimiles von Handschriftenseiten (Manuskripte, Briefe, Dokumente usw.)
    – Faksimiles von Druckseiten (Titelblätter oder einzelne Textseiten selbständiger Drucke, Zeitschriften, Zeitungen, Flugblätter, Korrekturfahnen usw.)

In die Bände der Abteilung III werden außerdem Originalfotos oder zeitgenössische Zeichnungen, die Marx und Engels darstellen, aufgenommen.

Andere überlieferte Bildzeugnisse über Leben und Wirken von Marx und Engels (Wohn- und Wirkungsstätten, Familienangehörige und Kampfgefährten, zeitgenössische Karikaturen usw.) werden in die gesonderten Bände mit Lebenszeugnissen aufgenommen.

8. Text- und Apparatteil erhalten eine durchgängige Seitenzählung. Beide Teile werden mit Kolumnentiteln versehen. Jeder Teil erhält ein Inhaltsverzeichnis des Gesamtbandes.

9. Band 1 der Ersten Abteilung enthält ein Vorwort zur Gesamtausgabe.

/14/

B. TEXTTEIL DER EINZELNEN BÄNDE

I. Textgrundlage

1. Im Textteil wird von dem jeweiligen Werk eine Textfassung vollständig abgedruckt (Edierter Text). Weitere autorisierte Textfassungen des Werkes werden, verkürzt auf ihre zum Edierten Text varianten Stellen, in Form des Variantenverzeichnisses (siehe dazu D.III.) im Apparatteil wiedergegeben.

Soweit einzelne Werkfassungen oder Teile von ihnen gegenüber dem Edierten Text sehr stark abweichen, können dieselben ebenfalls geschlossen abgedruckt werden (Mehrfachabdruck).

2. Der zu edierende Text (die Textgrundlage) wird für das jeweilige Werk unter Berücksichtigung der unter A.II.1. genannten Gesichtspunkte folgendermaßen bestimmt:

2.1. Für Werke, die zu Lebzeiten der Autoren nicht gedruckt wurden, dient die letzte autorisierte Handschrift als Textgrundlage. Handelt es sich dabei um einen mehrschichtigen Zeugen, wird in der Regel der letzte autorisierte Textstand (Schlußfassung) wiedergegeben.

2.2. Für Werke, von denen außer der autorisierten Handschrift noch ein autorisierter Druck zur Verfügung steht, dient bei Textidentität in der Regel der Druck als Textgrundlage.

Weist der Druck Varianten gegenüber der Handschrift auf, so entscheidet eine textgeschichtliche Analyse über die zu wählende Textgrundlage.

/15/

2.3. Für Werke, von denen mehrere autorisierte Drucke überliefert sind, dient in der Regel der Erstdruck, der kein Teil- oder Vorabdruck sein soll, als Textgrundlage.

2.4. Für Werke, von denen weder eine autorisierte Handschrift noch ein autorisierter Druck zu ermitteln ist, kann eine nicht autorisierte Handschrift oder ein nicht autorisierter Druck (Ersatzzeuge) als Textgrundlage herangezogen werden.

3. Der Edierte Text beruht allein auf dem entsprechend den unter 2.1. bis 2.4. festgelegten Grundsätzen als Textgrundlage bestimmten Zeugen. Kontaminationen zwischen verschiedenen Textzeugen oder Textschichten (Mischtexte) sind unzulässig.

II.   Textanordnung

1.   Die Edierten Texte werden innerhalb der einzelnen Abteilungen in der Regel chronologisch eingeordnet, wofür das Datum der Abfassung, nicht der Veröffentlichung maßgeblich ist. Dabei werden die bis Ende August 1844 entstandenen Schriften, Briefe, Exzerpte usw. von Marx und Engels getrennt dargeboten, die späteren Arbeiten beider Autoren in einer Chronologie vereinigt.

2.   Über die Einordnung von Werken, deren Abfassung sich über einen längeren Zeitraum erstreckt, wird von Fall zu Fall nach einer Analyse der Entstehungsgeschichte entschieden.

/16/

3.   Undatierte Manuskripte, Briefe usw. werden entsprechend dem ermittelten Abfassungsdatum eingeordnet. Ist die Datierung nicht genauer zu bestimmen, erfolgt die Einordnung zum frühestmöglichen Zeitpunkt.

4.   Arbeiten, die in Zeitungen oder Zeitschriften in Fortsetzungen erschienen sind, werden in geschlossener Folge gebracht, wenn ihre Einheit und Zusammengehörigkeit außer Zweifel steht.
Bei mehreren Artikeln zur gleichen Thematik, die sich durch Veranlassung und Stoffbehandlung nicht als einheitliche, geschlossene Arbeit erweisen, wird die chronologische Einordung beibehalten.

5.   In begründeten Einzelfällen können innerhalb einzelner Bände in Abweichung von der Chronologie bestimmte Arbeiten zu Komplexen zusammengefaßt werden, z. B. Artikel aus bestimmten Periodica bzw. Materialien bestimmter Kongresse.

6.   Vorworte, Einleitungen, Nachworte, Übersetzungen u. ä. werden entsprechend dem Datum ihrer Abfassung eingeordnet.

7.   Selbständige Versionen bzw. weitgehende Neubearbeitungen eines Werkes, die nicht in Form von verkürzenden Variantenverzeichnissen erscheinen, sondern zusätzlich zum Edierten Text ebenfalls ganz oder teilweise geschlossen abzudrucken sind, können unabhängig vom Zeitpunkt ihrer Abfassung jeweils dem Edierten Text zugeordnet, d. h. im Werkkomplex wiedergegeben werden.

/17/

8.   Spätere Fassungen eines Werks, die bereits im Anschluß an eine frühe Fassung im Edierten Text oder im Variantenverzeichnis wiedergegeben wurden, werden an der Stelle der Ausgabe, wo sie chronologisch einzuordnen sind, wie folgt berücksichtigt: Im Edierten Text erscheinen für die betreffende Fassung die Kopfleiste und Verweise auf die Stelle(n) der Ausgabe, wo der Text der betreffenden Fassung zu finden ist. Wenn zweckmäßig, können zusätzlich Faksimiles wiedergegeben werden. Im Apparat wird eine Textgeschichte mit Zeugenbeschreibung gebracht, die aber ausführlich nur auf die jeweilige Fassung eingeht und für eine eventuelle weitere Textentwicklung auf die Stellen in der Ausgabe verweist, wo sie behandelt wird.

9.   Umfangreiche Arbeiten von Marx/Engels (z. B. "Die deutsche Ideologie", der "Anti-Dühring", die "Dialektik der Natur") können zusammen mit direkt dazu gehörenden Materialien besondere thematische Bände bilden.

10.   Die Materialien, die als Anhang zu den Bänden der Ersten Abteilung erscheinen (siehe A.III.1.1.), werden je nach Überlieferungslage und Anzahl in Gruppen zusammengefaßt und innerhalb dieser Gruppe chronologisch angeordnet, wobei auch hier in besonderen Fällen eine teilweise Zusammenfassung nach thematischen Komplexen möglich ist.

11.	In den Bänden der <u>Dritten Abteilung</u> werden im Hauptteil die Briefe von Marx/ Engels, im Anhang Teil I die Briefe an Marx/Engels, in Teil II die Briefe Dritter untereinander jeweils chronologisch angeordnet.

/18/

12.	Die <u>Vierte Abteilung</u> besteht aus zwei Gruppen von Bänden:
12.1.	<u>Exzerpte und Notizen</u>

Diese Gruppe von Bänden enthält in chronologischer Anordnung
- Exzerpthefte (einschließlich der darin enthaltenen Dokumente, Entwürfe usw., die bereits in anderen Abteilungen Aufnahme fanden), Einzelexzerpte, chronologische Tabellen, bibliographische Verzeichnisse u. ä. von Marx/Engels angefertigte Materialien.
- Notizbücher (einschließlich der darin enthaltenen Entwürfe, Abschriften usw., die bereits in anderen Abteilungen Aufnahme fanden), Adreßlisten, Rechnungen, Quittungen und andere Einzelnotizen von Marx/Engels.

12.2.	<u>Marginalien</u>

Diese Gruppe von Bänden enthält Randbemerkungen, Unterstreichungen und Anstreichungen von Marx/Engels in Drucken und Manuskripten anderer Autoren (Marginalien) mit einer das Verständnis ermöglichenden Wiedergabe der betreffenden Textstellen.

13.	Die Materialien, die als <u>Lebenszeugnisse</u> in gesonderten Bänden erscheinen (siehe A.II.2.11. bis 2.13.) werden entweder innerhalb einzelner Bände oder in verschiedenen Bänden nach den angeführten Materialkomplexen untergliedert. Innerhalb der Materialkomplexe erfolgt, soweit möglich, eine chronologische Anordnung.

/19/

III.	<u>Textdarbietung</u>

1.	<u>Allgemeine Grundsätze</u>
1.1.	Der Edierte Text folgt getreu der festgelegten Textgrundlage. Eine Vereinheitlichung oder Modernisierung der Orthographie und Interpunktion wird nicht vorgenommen, jedoch erfolgt eine Textrevision im Sinne der Beseitigung eindeutig fehlerhafter (korrupter) Textstellen.
1.2.	Textstellen, die nachweisbar von fremder Hand (Redaktionen, Verlage usw.) ohne Zustimmung der Autoren hinzugefügt wurden, werden im Edierten Text nicht wiedergegeben. Eine entsprechende Annotation erfolgt im wissenschaftlichen Apparat.
1.3.	Textstellen, die nachweisbar von fremder Hand ohne Zustimmung der Autoren gestrichen wurden, werden im Edierten Text zugefügt. Eine entsprechende Annotation erfolgt im wissenschaftlichen Apparat.
1.4.	Sind fremde Eingriffe in den Text zu vermuten, jedoch nicht nachweisbar, so werden keine Veränderungen im Edierten Text vorgenommen, jedoch im wissenschaftlichen Apparat die zu vermutenden Eingriffe angeführt.
1.5.	Unsichere Buchstaben werden in kleinerem Druck, unleserliche Buchstaben durch x wiedergegeben.

/20/

1.6.	Textverluste durch Beschädigung oder Verschmutzung des Papiers werden im Edierten Text, wo dies mit Sicherheit möglich ist, rekonstruiert und in eckigen Klammern eingefügt bzw. durch drei in eckigen Klammern eingeschlossene Punkte kenntlich gemacht.

Begründungen für die Rekonstruktion bzw. Angaben über den Umfang der Textverluste werden, falls notwendig, in den textkritischen Bemerkungen im Korrekturenverzeichnis gegeben.

1.7. Alle Ergänzungen und Einfügungen redaktioneller Art, die zum Textverständnis erforderlich sind, werden in einer besonderen Grotesk-Schrift (Editorschrift) gedruckt. Diese redaktionellen Ergänzungen (z. B. fehlende Worte, ohne die der Sinnzusammenhang unverständlich bleibt) und Einfügungen (z. B. Zwischenüberschriften bei großen ungegliederten Manuskripten) werden darüber hinaus in eckigen Klammern eingeschlossen.

1.8. Abkürzungen werden ohne Kennzeichnung ausgeschrieben, ausgenommen solche, deren Ausschreibung ungebräuchlich ist (z. B. d. h., usw., etc., bzw.). Wenn jedoch eine Ausschreibung nicht mit Sicherheit vorgenommen werden kann, erfolgt sie in eckigen Klammern oder bleibt die abgekürzte Form erhalten; notwendige Hinweise bieten die textkritischen Bemerkungen im Korrekturenverzeichnis.

/21/

Abkürzungen von Personennamen bleiben bestehen und werden, wenn zum Verständnis erforderlich, in eckigen Klammern ergänzt. Beibehalten werden auch übliche Abkürzungen in Formeln, Tabellen u. ä. sowie Symbole für Münzen, Maße und Gewichte (vgl. Redaktionsrichtlinien, IV. Verzeichnis von beizubehaltenden Abkürzungen). Bei bibliographischen Nachweisen im engeren Sinne (z. B. in Anmerkungen bzw. Fußnoten von Marx und Engels oder in Literaturverzeichnissen und Zitatnachweisen der Autoren) werden auch Verfassernamen und Werktitel abgekürzt belassen. Taucht dagegen ein Titel im laufenden Text nur gelegentlich abgekürzt auf, wird er ausgeschrieben. Letzteres gilt auch dann, wenn in einer Handschrift oder einem Druck Abkürzungen wie Th. für Theil oder Abschn. für Abschnitt nur ausnahmsweise vorkommen, überwiegend aber ausgeschrieben wurden.

1.9. Verwechslungen und Versehen bei Faktenangaben, soweit sie eindeutig als solche bestimmbar sind, werden im Edierten Text korrigiert; diese Richtigstellung wird im Korrekturenverzeichnis ausgewiesen. Ist der Sachverhalt nicht eindeutig, wird keine Veränderung vorgenommen; notwendige Hinweise bieten die textkritischen Bemerkungen im Korrekturenverzeichnis.

1.10. Entsprechend den verschiedenen Hervorhebungsstufen in den handschriftlichen und gedruckten Textgrundlagen kommen im Edierten Text einheitlich folgende Auszeichnungen zur Anwendung:
1. Hervorhebungsstufe — kursiv
2. Hervorhebungsstufe — gesperrt
3. Hervorhebungsstufe — kursiv–gesperrt
Für besonders starke Hervorhebungsstufen steht halbfette Schrift zur Verfügung.
Wörter, die in der gedruckten oder handschriftlichen Textgrundlage in Großbuchstaben stehen, werden im Edierten Text nur dann durch Versaliendruck wiedergegeben, wenn sie sich nicht in das normale System von Hervorhebungsstufen einordnen lassen.

/22/

Die typographische Gestaltung der Überschriften folgt der Textgrundlage sinngemäß (in der Wertigkeit), verwendet jedoch die für die MEGA festgelegten typographischen Mittel. Innerhalb einer Überschrift wird in der Regel nicht mehr als eine Hervorhebungsstufe (kursiv) verwendet.
Anstreichungen und andere Markierungen am Rand werden möglichst in adäquater Weise dargestellt.
Nachweisbar zu einem späteren Zeitpunkt vorgenommene Hervorhebungen können gegebenenfalls durch zusätzliche Anwendung besonderer Linien kenntlich gemacht werden. Das gewählte Verfahren wird am Schluß der Textgeschichte erläutert.

1.11. Anführungszeichen werden in der für die einzelnen Sprachen übliche Form (z. B. „deutsch", "englisch", «französisch, italienisch, spanisch, portugiesisch») wiedergegeben. Das gilt auch in gemischtsprachigen Texten bei Zitaten aus anderen Sprachen, sofern die angeführten Passagen mindestens einen grammatisch vollständigen Satz umfassen (also nicht bei Einzelworten, Wortgruppen oder Titeln von Büchern, Artikeln etc., bei diesen behalten die Anführungszeichen die Form der Grundsprache des Textes).
Das Setzen der Anführungen am Beginn und Schluß sowie der Gebrauch halber Anführungen erfolgt in einheitlicher Weise, auch wenn das von der jeweiligen Textgrundlage abweicht (siehe Redaktionsrichtlinien).

/23/

1.12. Jeder Edierte Text eines Werkes enthält eine einheitlich gestaltete redaktionelle Kopfleiste in Editorschrift. Sie enthält bei Werken, Artikeln, Exzerpten usw.: Autor(en) und Titel (wenn die Textgrundlage keinen Titel aufweist, einen von der Redaktion gegebenen), bei Briefen: Absender, Empfänger und Bestimmungsort sowie Ort und Datum.
Der Titel wird in der Sprache des Originals, jedoch in modernisierter Schreibweise gegeben. Werke, bei denen im Verlauf der Textentwicklung der Titel geändert wurde, erscheinen in der Regel mit jenem Titel, unter dem sie heute bekannt sind, auch wenn dies nicht der Titel der im Edierten Text wiedergegebenen frühen Fassung ist.
Bei allen Veröffentlichungen in Periodica werden — wenn das Periodicum als Textgrundlage dient — zwischen Kopfleiste und Beginn des Edierten Textes rechts in kleinerer Editorschrift Zeitungstitel sowie Nummer und Datum angegeben. Ist der betreffende Beitrag in Fortsetzungen erschienen, werden die entsprechenden Angaben am Beginn jeder neuen Fortsetzung gebracht.

1.13. Die Edierten Texte erhalten am Innenrand eine seitenweise 5-Zeilen Zählung. In sie werden auch Titel, Anschriften, Unterschriften sowie redaktionelle Zwischentitel, jedoch nicht die redaktionellen Kopfleisten und Kolumnentitel und nicht die Zeitungsangaben für die publizistischen Arbeiten einbezogen.

1.14. Die Textdarbietung im Anhang erfolgt im Prinzip in gleicher Weise wie im Hauptteil, jedoch in einem kleineren Schriftgrad.

/24/

2. Darbietung von Handschriften

2.1. Es wird die Schlußfasssung (Reintext) einer Handschrift wiedergegeben. Die innerhandschriftliche Textentwicklung bietet das Variantenverzeichnis.

2.2. Das Schriftbild des zugrunde gelegten Zeugen bleibt unberücksichtigt. Wenn ein Wechsel der Schriftart (deutsch-lateinisch) innerhalb eines Manuskripts inhaltliche Bedeutung erlangt (z. B. als Form der Hervorhebung), wird in den textkritischen Bemerkungen im Variantenverzeichnis darauf hingewiesen. Im übrigen werden Besonderheiten des Schriftbildes und die Anwendung unterschiedlicher Schriftarten in der Zeugenbeschreibung vermerkt.

2.3. Wortverkürzungen (markierte, ausgelassene, zusammengezogene oder verschliffene Buchstaben), die sich aus Schreibeigenheiten der Autoren bzw. ihrer Zeit ergeben, werden im Edierten Text ohne Kennzeichnung aufgelöst. Diese Abbreviaturen werden in der Zeugenbeschreibung summarisch mitgeteilt, jedoch nicht einzeln im textkritischen Apparat nachgewiesen. Das gleiche Verfahren gilt für vorkommende Zeichen und Siglen (wie ±, ∞, ▢), soweit sich nicht in Briefen u. ä. ihre Beibehaltung (bei gleichzeitiger Erläuterung ihrer Bedeutung im Apparat) empfiehlt.
Ist eine Auflösung der Wortverkürzungen nicht mit ausreichender Sicherheit möglich, erfolgt sie in eckigen Klammern bzw. bleibt die verkürzte Form erhalten. Notwendige Hinweise bieten die textkritischen Bemerkungen im Korrekturenverzeichnis.

/25/

2.4.   Über bzw. unter der Zeile, am Rande usw. stehende Textstellen werden ohne besondere Kennzeichnung in den Edierten Text eingeordnet, wenn diese Einordnung dem erkennbaren Willen des Autors entspricht bzw. durch eine textkritische Analyse ermittelt werden kann. Ist eine Einordnung in den laufenden Text nicht möglich, werden die betreffenden Textstellen entsprechend ihrer Stellung im Manuskript oder an einer anderen geeigneten Stelle wiedergegeben. Notwendige Hinweise auf die genaue Textanordnung in der Handschrift bieten die textkritischen Bemerkungen im Variantenverzeichnis.

2.5.   Die Wiedergabe unvollendeter Manuskripte erfolgt entsprechend der tatsächlich erreichten Ausarbeitungsstufe. Sie vollendet in keiner Weise, was die Autoren selbst nicht abgeschlossen haben. Textumstellungen bzw. Textverlegungen finden in der Regel nur statt, wenn dieselben vom Autor gefordert werden. Jedoch werden Exkurse, nachträgliche Ergänzungen usw., die den Textverlauf unterbrechen, aufgrund einer textkritischen Analyse an der Stelle wiedergegeben, die ihrem Charakter und Inhalt am besten entspricht.
In den textkritischen Bemerkungen im Variantenverzeichnis werden alle Veränderungen in der Textanordnung im einzelnen nachgewiesen und begründet.
In besonders komplizierten Ausnahmefällen kann der Text noch einmal in einer das Verständnis erleichternden Form abgedruckt werden, die zugleich den Charakter einer Empfehlung für die Wiedergabe in Lese- und Studienausgaben hat.

/26/

2.6.   Bei der Wiedergabe umfangreicher, wenig gegliederter Arbeitsmanuskripte kann durch redaktionelle Absatzbildung (mit Nachweis im Korrekturenverzeichnis) und Einfügung von redaktionellen Zwischenüberschriften (in eckigen Klammern und in Editorschrift) das Textverständnis erleichtert werden.

2.7.   Anfang und Ende einer Handschriftenseite werden jeweils durch I kenntlich gemacht, bei Zusammenfallen also I I. Ist eine Paginierung durch den Autor vorhanden, so wird der Seitenanfang mit I 11 I bzw. I XI I gekennzeichnet. Stammt die Paginierung von fremder Hand oder erfolgt sie redaktionell, so ist die Seitenzahl in eckige Klammern zu setzen: I [11] I. Die redaktionelle Paginierung erfolgt bei allen Handschriften, die mehr als vier Seiten umfassen. Bei vom Autor geforderten Textverlegungen (vgl. 2.5.) auf eine andere Handschriftenseite erfolgt die Kennzeichnung folgendermaßen:

Beispiel 1:   Einfügung eines Textstückes aus der Mitte der S. 14 in die Mitte der S. 10

```
I 10 I   xxxxxxxxxxxxx          I 14 I   xxxxxxxxxxxxx
xxx / 14 /  xxxxxxxxx           xxxxxxxxx  II 15 I  xxx
xxx  / 10 /  xxxxxxxxx
xxxxx II 11 I  xxxxxxxx
```

Beispiel 2:   Einfügung des gesamten Textes der S. 24 und der ersten Hälfte der S. 25 in den Text der S. 12

```
I 12 I  xxxxxxxxxxxxxx          I 23 I  xxxxxxxxxxxxxx
xx I 24 I  xxxxxxxxxxxx         xxxxxxxxxxxxxxxxxxxxx
xxxxxxxxxx II 25 I  xxxx        xx I / 25 /  xxxxxxxxxx
xx  / 12 /  xxxxxxxxxxxx        xx II 26 I   xxx xxxxxxxx
xxxxxxxxxxx II 13 I  xxx
```

/27/

Fällt der Seitenwechsel in eine gestrichene Passage, wird er im Variantenverzeichnis mitgeteilt. Im Edierten Text wird dieser Seitenwechsel mit schrägen Strichen kenntlich gemacht.

<u>Edierter Text</u>   <u>Variantenverzeichnis</u>

I 20 I xxxxxxxxxxxxx   ⟨ xxxxxxxxxxxxxxxxxx

xxxx // 21 / xxxxxxxxx   xxx II 21 I xxxxxxxxxx ⟩

xxxxxxxxxx II 22 I xx

Endet oder beginnt eine Seite mit einer gestrichenen Passage, so wird der Seitenwechsel im Edierten Text mitgeteilt, zugleich aber im Variantenverzeichnis wiederholt.

<u>Edierter Text</u>   <u>Variantenverzeichnis</u>

xxxx /I 21 I xxxxxxxx   xxx ⟨ xxxxxx ⟩ II 21 I xxxxx

xxxxx I/ 22 / xxxxxxxx   xxxx II 22 I ⟨ xxxxx ⟩ xxxx

2.8. Eindeutige Schreibfehler werden im Edierten Text ohne Kennzeichnung korrigiert. In Fällen, wo es sich dabei um sinnverändernde Korrekturen von Worten, Zahlen oder Zeichen handelt, wird die Schreibung des Manuskripts im Korrekturenverzeichnis ausgewiesen. Die Richtigstellung orthographischer oder grammatischer Fehler einschließlich versehentlicher Wortwiederholungen wird, soweit dadurch keine Veränderung der Sinngebung eintritt, nicht im einzelnen nachgewiesen, sondern nur generalisierend in der Zeugenbeschreibung erwähnt. Nicht eindeutige Schreibfehler werden im Edierten Text in der überlieferten Form belassen; erforderliche Hinweise bieten die textkritischen Bemerkungen im Korrekturenverzeichnis.

/28/

2.9. Wörter, die der Autor stehenließ, aber offensichtlich tilgen wollte, werden im Edierten Text nicht wiedergegeben, jedoch im Korrekturenverzeichnis nachgewiesen.

Wörter, die der Autor getilgt hat, aber offensichtlich stehenlassen wollte, werden in den Edierten Text aufgenommen. Ein entsprechender Hinweis erfolgt im Korrekturenverzeichnis.

2.10. Die Handhabung der Interpunktion durch Marx/Engels bleibt unverändert, auch wenn sie von damaligen bzw. heutigen Interpunktionsregeln abweicht. Offensichtliche Interpunktionsversehen (vor allem solche, die durch eine Textänderung hervorgerufen wurden) werden im Edierten Text ohne Kennzeichnung korrigiert, wenn dadurch keine Sinnänderung eintritt.

2.11. Zur Ermittlung von Schreib- und Interpunktionsversehen in der Textgrundlage können auch spätere autorisierte Textfassungen, die von Marx/Engels selbst revidiert wurden bzw. deren Verbesserung durch andere von ihnen akzeptiert wurde (z. B. in Setzereifahnen), herangezogen werden. Das gilt auch für Schreibfehler, die bezeugt werden durch Fehlerlisten oder Briefe der Autoren, die sich direkt auf die entsprechende Textgrundlage beziehen. Im Anschluß an die Zeugenbeschreibung wird darauf in verallgemeinerter Form hingewiesen.

2.12 Textstellen größeren Umfangs, die Marx/Engels zur Kennzeichnung ihrer Weiterbenutzung in anderen Arbeiten mit einem Erledigungsvermerk (meist einem vertikalen Strich) versehen haben, werden im Edierten Text wiedergegeben.

/29/

Entsprechende Hinweise werden bei vereinzeltem Auftreten im Variantenverzeichnis, bei häufigem Auftreten in einem gesonderten Verzeichnis im Anschluß an das Variantenverzeichnis gegeben. Wenn es möglich ist, kann darüber hinaus in Erläuterungen auf diejenige Arbeit verwiesen werden, wo die mit Erledigungsvermerk versehene Passage Verwendung gefunden hat.

3. <u>Darbietung von Drucken</u>

3.1. Das Druckbild der jeweiligen Textgrundlage (Schriftart, Schriftgröße usw.) wird nicht im einzelnen nachgebildet. Alle hierzu erforderlichen Angaben bringt die Zeugenbeschreibung.

3.2. Hervorhebungen werden entsprechend der unter 1.10. getroffenen einheitlichen Regelung gekennzeichnet, auch wenn die von dem Verfahren im zugrunde gelegten Zeugen abweicht (z. B. gesperrt als 1. Hervorhebungsstufe in der Textgrundlage wird im Edierten Text kursiv).

3.3. Der Seitenwechsel des zugrunde liegenden Druckes erfolgt stets mit geraden Strichen, auch wenn vor der Textgrundlage fremder Text steht (z. B. bei Artikeln in Zeitschriften). Fehlende Paginierung, die Druckeigenheiten darstellen (z. B. bei Beginn eines Artikels) werden ohne eckige Klammern ergänzt.

/30/

3.4. Eindeutig als solche bestimmbare Druckfehler werden im Edierten Text ohne Kennzeichnung korrigiert und im Korrekturenverzeichnis nicht vermerkt. Darunter fallen auch Druckfehler, die auf Grund von Druckvorlagen, Autorkorrekturen, Druckfehlerberichtigungen, Fehlerlisten, Briefen oder anderen Zeugnissen der Autoren, die sich direkt auf den entsprechenden Druck beziehen, sowie auf Grund ihrer Richtigstellung in nachfolgenden autorisierten Ausgaben der betreffenden Arbeit ermittelt werden konnten. Im textkritischen Apparat wird darauf in verallgemeinernder Form hingewiesen.

3.5. Druckfehler, deren Korrektur in verschiedenartiger Weise möglich ist bzw. die nicht eindeutig als solche zu bestimmen sind, werden in Fällen, wo vieles für eine bestimmte Lesung spricht, im Edierten Text berichtigt. Wenn erforderlich, wird die Entscheidung im Korrekturenverzeichnis begründet. In völlig unklaren Fällen werden Fehler nicht bereinigt; erforderliche Hinweise, auch auf mögliche Korrekturen, bieten textkritische Bemerkungen im Korrekturenverzeichnis.

3.6. Die Interpunktion des zugrunde gelegten Drucks wird beibehalten. Bei offensichtlichen Interpunktionsfehlern gilt die entsprechende Regelung für die Handschriftenwiedergabe (vgl. 2.10.).

3.7. Von Marx/Engels korrigierte Setzereifahnen bzw. Bogen gelten ebenso wie von ihnen handschriftlich in ein Druckexemplar eingetragene Textveränderungen als selbständige Textfassungen und werden entsprechend im Variantenverzeichnis berücksichtigt.

4. Besonderheiten der Textdarbietung in der Dritten Abteilung

/31/

4.1. Wörtliche Auszüge aus Briefen von Marx/Engels, die in Briefen Dritter enthalten sind, werden zweifach wiedergegeben: einmal als Fragment eines Briefes von Marx/Engels unter dessen Abfassungsdatum und zum anderen als Teil des Briefes der dritten Person, der an entsprechender Stelle seiner Datierung nach eingeordnet wird.

4.2. Vermerke von Marx/Engels auf Briefen, die sich auf den jeweiligen Brieftext beziehen, werden im Anschluß an denselben wiedergegeben, bei Vermerken auf Briefen Dritter im größeren Schriftgrad.
Haben die Vermerke von Marx/Engels auf Briefen keine Beziehung zum jeweiligen Brieftext, so werden sie innerhalb der Zeugenbeschreibung wiedergegeben.

5. Besonderheiten der Textdarbietung in der Vierten Abteilung

5.1. Bei der Darbietung der Exzerpte werden wörtliche Texte aus der exzerpierten Quelle, nicht wörtliche Wiedergabe der Quellentexte und eigene Bemerkungen von Marx/Engels mit typographischen Mitteln unterschieden.

5.1.1. Textstellen, die wörtlich mit der exzerpierten Quelle übereinstimmen, werden zusätzlich zu den von Marx/Engels gesetzten Ausführungszeichen in besondere redaktionelle Zeichen (⌊ ⌉) eingeschlossen.

5.1.2. Nicht wörtliche, aber inhaltliche Wiedergaben sowie Übersetzungen von Quellentexten bleiben ohne besondere redaktionelle Zeichen. In einer sinngemäßen Wiedergabe des Quellentextes eingestreute wörtliche Stellen werden nur dann in redaktionelle Zeichen eingeschlossen, wenn es sich um zusammenhängende Passagen (in der Regel ganze Sätze) handelt.

/32/

5.1.3. Eigene Bemerkungen von Marx/Engels (Kommentar, Zusätze, Einschätzungen, Verallgemeinerungen, Verweise usw.) wie auch allgemeine Überleitungen ("Der Verfasser behauptet", "Im ganzen Kapitel nur wichtig" u. ä.) werden in halbfetter Schrift dargeboten.

5.2. Fehlen im Exzerpt die Seitenangaben der exzerpierten Quelle oder sind sie unvollständig, werden sie redaktionell in eckigen Klammern hinzugefügt bzw. ergänzt.

5.3. Alle von Marx/Engels gesetzten Anführungszeichen zur Kennzeichnung der Wiedergabe von Quellentexten werden in einheitlicher Form (» «) dargeboten. Die Anführungszeichen, die aus dem Quellentext in das Exzerpt übernommen wurden, werden in üblicher Form wiedergegeben.

z. B.: »⌊Die Pairskammer als kontrerevolutionäre Institution Konnte sich⌉... ⌊nicht zu "revolutionären Beschlüssen" aufraffen und kapitulierte feige⌉. Der Rest der Delegierten zerstob "in alle Winde".« S. 25 [-26].

5.4. Hervorhebungen im Text der Quelle, die Marx/Engels beim Exzerpieren unberücksichtigt ließen, bleiben im Edierten Text ebenfalls unberücksichtigt, auch wenn es sich um wörtliche Zitate handelt. Im Edierten Text werden nur die von Marx/Engels im Exzerpt vorgenommenen Hervorhebungen in der festgelegten Weise (siehe 1.10.) wiedergegeben. Abweichungen zwischen Exzerpt und Quelle bei den Hervorhebungen werden generalisierend in der Textgeschichte vermerkt und, wenn sie von inhaltlicher Bedeutung sind, detailliert im Verzeichnis der Abweichungen zwischen Exzerpt und Quelle nachgewiesen.

/33/

5.5. Randbemerkungen, Merkzeichen und Anstreichungen von Marx/ Engels werden jeweils für ein Buch, einen Artikel usw. entsprechend dem Seitenverlauf mit einem das Verständnis ermöglichenden Abdruck der betreffenden Textstelle (in kleinerem Druck) wiedergegeben. Bei Anstreichungen wird von Fall zu Fall entschieden, welche Form der Wiedergabe gewählt wird (vollständige oder teilweise Darbietung der angestrichenen Textpassagen, detaillierte oder summarische Beschreibung der Anstreichungen).

6. Einzelfragen der Textdarbietung regeln die "Redaktionsrichtlinien".

/34/

C. EINFÜHRUNG IN DEN GESAMTEN BAND

1. Einleitung

Jeder Band bzw. jede Bandgruppe enthält eine Einleitung, die sich vor allem mit der inhaltlichen Aussage und Bedeutung der im Band enthaltenen Arbeiten beschäftigt. Sie faßt die wichtigsten Angaben zur Entstehungs-, Verbreitungs- und Wirkungsgeschichte dieser Arbeiten zusammen und gibt Auskunft über die Tätigkeit der Herausgeber. Ihre Hauptaufgabe ist es, die im Band enthaltenen Werke in die Entwicklungsgeschichte des Marxismus einzuordnen und dabei die Einheit des Marxismus-Leninismus sowie die Einheit aller Bestandteile des Marxismus-Leninismus in geeigneter, dem Typ der Ausgabe entsprechender Weise herauszuarbeiten.

2. __Editorische Hinweise__

An die Einleitung schließt sich eine kurze Darlegung der im Text- und Apparatteil des jeweiligen Bandes angewandten Editionsgrundsätze und konkreten editorischen Verfahren an, die sich auf die "Editionsrichtlinien" stützt. Abschließend verzeichnen die Editorischen Hinweise die Mitarbeiter des Bandes und ihren Arbeitsanteil, die Betreuer und Gutachter sowie diejenigen Institutionen bzw. Spezialisten, die die Arbeit am Band wesentlich unterstützt haben.

3. __Verzeichnis der Abkürzungen, Siglen und Zeichen__

Das Verzeichnis entschlüsselt die im gesamten Band durchgängig angewandten Abkürzungen für Marx-Engels-Editionen, Quellenpublikationen, Archive, Bibliotheken u. a., die allgemeinen Zeugensiglen und die diakritischen Zeichen. Falls erforderlich, werden auch Abkürzungen für Maße, Münzen und Gewichte aufgenommen.

/35/

Die Zeichen und Siglen werden zusätzlich auf einem Lesezeichen erklärt, das dem Band lose beigelegt wird.

/36/

D. WISSENSCHAFTLICHER APPARAT ZU DEN EINZELNEN WERKEN

Zu jedem im Band enthaltenen Werk von Marx/Engels werden in der Regel folgende Apparatteile in der angegebenen Reihenfolge geschlossen hintereinander dargeboten:

I. Kurzfassung der wichtigsten Angaben
II. Entstehung und Überlieferung
III. Variantenverzeichnis
IV. Korrekturenverzeichnis
V. Erläuterungen

I. Kurzfassung der wichtigsten Angaben

1. Diese in Form einer Kopfleiste gehaltenen Angaben informieren in knapper Form darüber, zu welcher Arbeit jeweils die folgenden Apparatteile gehören. Es werden angegeben:
   – Autor (Vor- und Familienname)
   – Titel der Arbeit (übereinstimmend mit der redaktionellen Kopfleiste im Textteil)
   – Abfassungsdatum
   – Seitenzahlen des Edierten Textes

2. Im wissenschaftlichen Apparat der Briefwechselbände (Dritte Abteilung) werden die gleichen Angaben wie im Textteil gebracht (vgl. B. III.1.12.).

II. Entstehung und Überlieferung

1. __Entstehung__

/37/

1.1. Dieser Teil enthält — soweit zutreffend — folgende Angaben:

1.1.1. Entstehung der Arbeit (Beginn und Abschluß), Begründung der Datierung (und damit der chronologischen Einordnung);

1.1.2. Verfasser, Begründung der Autorschaft (gegebenenfalls mit Angabe, wann und wo die Autorschaft zuerst nachgewiesen), Mitautoren und ihr Anteil an der Arbeit;

1.1.3. Gründe für die Beschäftigung mit dem Thema, Anlaß für die Abfassung der Arbeit, Zielstellung, Kennzeichnung des Gegenstands der Arbeit, kurze Analyse des Wegs der Untersuchung sowie der inneren Logik des Werkes (soweit dies nicht verallgemeinert in der Einleitung zum Band geschieht), direkte Beziehungen zu vorhergehenden Arbeiten (mit Hinweis auf entsprechende Äußerungen des Autors);

1.1.4. Arbeitsablauf, Hauptetappen (Quellenstudium, Exzerpte, Konzeptionen, Entwürfe, Gedankenaustausch im Briefwechsel usw.), Unterbrechungen, Planänderungen u. ä. und deren Gründe;

1.1.5. Publikationspläne, Verhandlungen und Verträge mit Verlegern oder Redaktionen, gegebenenfalls Gründe für das Scheitern dieser Bemühungen.

1.2. Bei autorisierten Übersetzungen werden wesentliche inhaltliche Abweichungen von der Originalfassung des Werkes (vor allem Ergänzungen, Kürzungen usw.) im Rahmen dieses Apparatteils zusammenfassend charakterisiert. Soweit erforderlich, werden diese Abweichungen im einzelnen in einem speziellen Verzeichnis dargeboten. Diese Verzeichnisse werden lemmatisiert, die einzelnen Übersetzungen werden mit sprechenden Siglen bezeichnet.

/38/

1.3. Bei den Exzerpten und Marginalien (Vierte Abteilung) gibt dieser Apparatteil zusätzlich zu den allgemein geforderten Angaben auch — soweit dies nicht in der Bandeinleitung geschieht — eine Charakteristik der wissenschaftlichen Bedeutung der benutzten Quellen, die ihre genaue bibliographische Beschreibung einschließt. Es wird eingeschätzt, wieweit Marx/Engels gegenüber der Quelle zu eignen Urteilen und Verallgemeinerungen gelangten. Über den Platz des Exzerpts in den wissenschaftlichen Studien und im Schaffen von Marx/Engels und über die weitere Verwendung des Exzerpts in Werken der Autoren werden möglichst präzise Hinweise gegeben.

1.4. Quellenmäßig genau belegt werden die Angaben über Datierung und Autorschaft sowie solche Aussagen, bei denen neue Forschungsergebnisse vorliegen, die wissenschaftlich nicht allgemein anerkannt oder bei denen unterschiedliche Meinungen möglich sind. (Als internes Arbeitsmaterial ist jedoch ein Exemplar dieses Apparatteils mit Quellenbelegen für sämtliche Fakten und Einschätzungen zu versehen.) Als Belege werden in der Regel nur Originalquellen bzw. zuverlässige Quellenpublikationen herangezogen. Sekundärliteratur (Darstellungen) wird nur in Ausnahmefällen vermerkt.

2. Überlieferung

2.1. Dieser Teil enthält — soweit zutreffend — folgende Angaben:

2.1.1. Die handschriftliche Überlieferung bis zur Druckvorlage (überlieferte und nicht überlieferte Fassungen);

/39/

2.1.2 Entstehung des Erstdruckes (Insatzgabe, Korrektur, Imprimatur bzw. Autorisierung, Erscheinen — möglichst mit exakter Datierung), Auflagenhöhe, Anzeigen, Vertrieb (evtl. Behinderungen), Druckfehlerberichtigungen, Einschätzungen des Druckes durch Marx/ Engels;

2.1.3. Pläne und Arbeiten für weitere Veröffentlichungen im Original und in anderen Sprachen (Umarbeitungen, Korrekturen, Ergänzungen, Übersetzungen usw.);

2.1.4. Kurze Charakteristik aller weiteren autorisierten Drucke (auch in anderen Sprachen), ihr Zustandekommen, ihre Besonderheiten für die Textentwicklung. (Wenn diese Drucke in der MEGA an anderer Stelle als selbständiger Text erscheinen, wird auf ihre ausführliche Behandlung an jener Stelle verwiesen.) Bei Arbeiten, die zu Lebzeiten von Marx und Engels nicht gedruckt wurden, wird ebenfalls die Erstveröffentlichung einbezogen. Ist diese Erstveröffentlichung eine Übersetzung, wird darüber hinaus auch die Erstveröffentlichung in der Originalsprache angegeben.

2.1.5. Allgemeine Charakteristik des unmittelbaren Widerhalls der autorisierten Druk-ke, in der auch wichtige Urteile, Rezensionen und Popularisierungsversuche von Zeitgenossen erschlossen werden.

2.1.6. Summarische Nennung wichtiger zu Lebzeiten von Marx und Engels erschie-nener nicht autorisierter Drucke bzw. Teildrucke, die für die unmittelbare Verbreitungs- und Wirkungsgeschichte eines Werkes belangvoll waren.

/40/

2.2. Jeder für die Textentwicklung belangvolle Textzeuge eines Werkes erhält eine Sigle, die im gesamten Apparat für diesen Zeugen angewandt wird. Es werden folgende Siglen verwendet:

2.2.1. Für handschriftliche Zeugen:
Eigenhändige Niederschrift $\qquad$ H
Autorisierte nicht eigenhändige Niederschrift
− Ist der Schreiber unbekannt $\qquad$ H^x
− Ist der Schreiber bekannt, mit Schreibersigle $\qquad$ H^e
Nicht autorisierte Niederschrift $\qquad$ h

2.2.2. Für gedruckte Zeugen:
Autorisierte selbständige Drucke $\qquad$ D
Autorisierte Abdrucke in Zeitungen
und Zeitschriften $\qquad$ J
Nicht autorisierte selbständige Drucke $\qquad$ d
Nicht autorisierte Abdrucke in Zeitungen
und Zeitschriften $\qquad$ j

2.2.3. Für Korrekturfahnen bzw. Korrekturbogen und
korrigierte Exemplare von Drucken oder Zeitungen $\qquad$ K
Sollte im Ausnahmefall die Anführung von
fremder Hand bearbeiteter Korrekturfahnen
erforderlich sein, werden diese mit $\qquad$ k
bezeichnet.

2.2.4. Für nicht überlieferte autorisierte Zeugen, deren frühere
Existenz jedoch durch Zeugnisse belegt ist $\qquad$ X
Für nicht überlieferte nicht autorisierte Zeugen $\qquad$ x

/41/

Diese Siglen werden unabhängig davon verwendet, ob es sich um Handschrif-ten, Korrekturfahnen oder Drucke handelt.

2.2.5. Titelauflagen erhalten keine eigene Sigle, da sie außer dem neuen Titelblatt kei-nen selbständigen Text (Neusatz) enthalten. Sie werden in der Zeugenbe-schreibung im Anschluß an den betreffenden Hauptdruck genannt.

2.2.6. Doppeldrucke werden wie ein selbständiger Druck sigliert. Die Kennzeichnung als Doppeldruck erfolgt in der Zeugenbeschreibung.

2.2.7. Die für die Textentwicklung belangvollen überlieferten Zeugen werden zusätzlich mit Zahlenexponenten bezeichnet, die neben die Grundsigle treten (z. B. H^1, K^2, D^3, J^4).
Diese Numerierung der überlieferten Zeugen erfolgt unabhängig von ihrem Charakter durchlaufend nach der chronologischen Folge ihrer Entstehung. Die mit X oder x siglierten Zeugen erhalten jedoch eine gesonderte durchlaufende Zählung (X^1, x^2, X^3).
In der Ersten und in der Zweiten Abteilung erhalten alle überlieferten Fas-sungen einen Exponenten, also auch Zeugen, die allein die autorisierte Über-lieferung bieten (H^1, D^1, J^1). Enthält jedoch ein Band nur Werke mit jeweils einem Textzeugen (Druck oder Handschrift), wird auf den Zahlenexponenten verzichtet (D, H).

/42/

Treten in der Geschichte des Textes Verzweigungen auf, so können die Zeugen nach der stemmatologischen Folge, d. h. Strang für Strang numeriert werden (siehe nachfolgendes Beispiel).

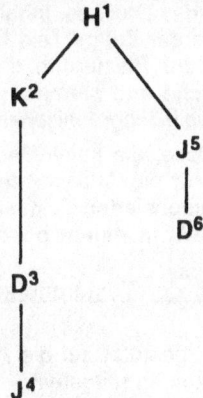

Der stemmatologischen Folge wird in diesen Fällen der Vorzug gegeben, weil die einzelnen Stränge oft übereinstimmende Varianten aufweisen

(z. B. **K²** **D³** **J⁴** Hilfsmittel **J⁵** **D⁶** Erfordernis).

2.3. Arbeiten von Marx und Engels, die eine komplizierte Überlieferungslage aufweisen, erhalten zur graphischen Verdeutlichung der ermittelten Beziehungen zwischen den Zeugen ein Stemma (vgl. das Beispiel unter 2.2.7.). Im Stemma werden die Beziehungen zwischen den Zeugen differenziert nach

/43/

– erwiesener oder weitgehend
   erwiesener Abhängigkeit   _____

– zusätzlicher Abhängigkeit
   (erwiesen oder weitgehend erwiesen)   - - - - - - - - - - - -

– vermutete Abhängigkeit
   (nicht erwiesen)   ....

3.   Zeugenbeschreibung

3.1. Alle für die Textentwicklung belangvollen Zeugen werden in chronologischer Reihenfolge beschrieben.

3.1.1. Die Beschreibung von Handschriften enthält folgende Angaben: Zeugensigle, Zeugenart (Entwurf, Exzerpt, Abschrift, Reinschrift, Druckvorlage usw.), Aufbewahrungsort des Originals, Archivsignatur bzw. Eigentümer, fotomechanische Reproduktionen; Gesamtzustand, Umfang, Inhalt (d. h. Kennzeichnung der Teile des Edierten Textes, für die der Zeuge Text bietet), Beschreibstoff (Art, Format, Farbe, Bedruckung, Wasserzeichen), Schreiber, Schreibmaterial, Art und Weise der Beschriftung, Paginierung, Vermerke fremder Hand. (Dabei werden Informationen über Wasserzeichen, Beschaffenheit des Papiers und Tintenfarbe nur in den Fällen gegeben, wo eindeutige Angaben zu ermitteln und exakt formulierbar sind).
Innerhandschriftliche Verhältnisse (Textschichtungen, Textverluste, Wortverkürzungen, Umstellungen u. a.); chronologische und stemmatologische Position.

/44/

3.1.2. Die Beschreibung von Drucken enthält folgende Angaben:
Zeugensigle, bibliographische Angaben, Zeugenart (Erstdruck, Doppeldruck, Vorabdruck, Teildruck usw.), Standortangabe (desjenigen Druckexemplars, das dem Edierten Text zugrunde liegt), den letzten fotomechanischen Nachdruck; Besonderheiten des Druckes, Inhalt (d. h. Kennzeichnung der Teile des Edierten Textes, für die der Zeuge Text bietet); bei Zeitungsartikeln Angaben zur betr. Zeitung und zur Plazierung des Artikels. Typographische Besonderheiten; chronologische und stemmatologische Position; Druckgeschichte (siehe "Richtlinien für die bibliographischen Nachweise im Apparat").

3.2. Handschriften und Drucke, die keine Bedeutung für die autorisierte Textentwicklung haben, aber für die Analyse der Textgeschichte und den unmittelbaren Wiederhall der autorisierten Textzeugen von Interesse sind, werden genannt — gegebenenfalls in einem besonderen Verzeichnis — und knapp charakterisiert.

4. Begründung der Wahl der Textgrundlage und der Berücksichtigung von Varianten

4.1. In diesem Teil werden, gestützt auf die Angaben in den Teilen 2 und 3, die editorischen Entscheidungen mitgeteilt.

4.2. Es wird dargelegt und begründet, welcher Textzeuge dem Edierten Text zugrunde gelegt wurde, in welchen Punkten der Edierte Text vom zugrunde gelegten Zeugen abweicht und welche Zeugnisse für diese Veränderung herangezogen wurden.

/45/

4.3. Es wird dargelegt und begründet, welche Textzeugen in das Variantenverzeichnis aufgenommen bzw. welche Textzeugen im Variantenverzeichnis nicht berücksichtigt wurden und in welcher Weise die Variantendarbietung erfolgt (vgl. III.2.2.5.).

4.4. Gegebenenfalls wird auch dargelegt und begründet, in welcher Hinsicht sich die Edition der MEGA von vorangegangenen wissenschaftlich anerkannten Editionen unterscheidet.

5. Allgemeine und Sammeltextgeschichten
Für mehrere Texte, die entstehungsgeschichtlich in engem Zusammenhang stehen, kann eine gemeinsame Sammeltextgeschichte gegeben werden. Für Perodica, Sammelbände u. ä., in denen mehrere Veröffentlichungen von Marx und Engels erschienen, werden die nicht nur für eine Arbeit zutreffenden Angaben in einer allgemeinen Textgeschichte mitgeteilt, die in der Regel vor den Apparatteilen zu den einzelnen Arbeiten eines Bandes gebracht wird. Im Rahmen der allgemeinen bzw. Sammeltextgeschichte werden auch die Gemeinsamkeiten im editorischen Verfahren mitgeteilt.

6. Besonderheiten der Dritten Abteilung

6.1. Bei Briefen von Marx/Engels wird dieser Apparatteil mit der Zeugenbeschreibung begonnen. Im Anschluß daran werden in knapper Form die notwendigen Angaben zur Entstehung und Überlieferung des betreffenden Briefes mitgeteilt (Begründung der Datierung bei fehlender oder fehlerhafter Datumsangabe durch den Autor; Angaben zur Wahl der Textgrundlage; Angaben über den Anlaß — Beantwortung welches Briefes — und über den unmittelbaren Widerhall des Briefes beim Empfänger; Erstveröffentlichung des Briefes in der Originalsprache sowie Erstveröffentlichung in anderen Sprachen, wenn sie der Veröffentlichung in der Originalsprache vorausging).

/46/

6.2. Bei Briefen dritter Personen an Marx und Engels beschränkt sich die Zeugenbeschreibung auf die Angaben über den Standort des Originals, den Umfang (Anzahl der Bogen und Blätter) der Handschrift sowie gegebenenfalls über die Erstveröffentlichung.

/47/

III.   Variantenverzeichnis

1.   Allgemeine Grundsätze

1.1.   Das Variantenverzeichnis widerspiegelt die Entwicklung eines Textes durch die Darbietung aller Varianten der von Marx/Engels autorisierten Textzeugen zum Edierten Text. Der Wortbestand (jedoch nicht die unter 1.2.2.2. genannten orthographischen Veränderungen) jedes autorisierten Textzeugen kann somit vollständig rekonstruiert werden.

1.2.   Varianten sind von Marx/Engels vorgenommene Textveränderungen, die den Text inhaltlich und/oder stilistisch weiterentwickeln in der Form von
   – Textreduzierungen (Tilgungen nicht korrupter Textstücke)
   – Textergänzungen (Zusätze, Erweiterungen)
   – Textersetzungen
   – Textumstellungen
Alle diese Arten von Textveränderungen können in Handschriften als Spätvarianten und als Sofortvarianten auftreten (siehe 2.2.); eine spezifische, besonders häufige Form der Sofortvarianten sind die Abbrechungen (siehe 2.7.).

1.2.1.   Entsprechend dieser Definition erfolgt eine vollständige Verzeichnung der Varianten.

1.2.2.   Folgende Arten von Textveränderungen der Autoren werden nicht im Variantenverzeichnis erfaßt:

/48/

1.2.2.1. Von Marx/Engels korrigierte Schreib- oder Druckfehler einschließlich Korrekturen oder Vereinheitlichungen der Schreibweise von Personennamen, geographischen Namen und Titeln sowie Korrekturen von Abschreibfehlern bei Zitaten.

1.2.2.2. Von Marx/Engels vorgenommene orthographische Veränderungen — innerhalb eines Textzeugen oder von Zeuge zu Zeuge —, die keinen Einfluß auf die Sinngebung haben (Modernisierung der Schreibweise bzw. Interpunktion, flüchtiges "e", Zusammenschreibung oder Kopplung von Komposita, unterschiedliche Zahlenschreibung, unterschiedliche Form von Abkürzungen); Veränderungen dieser Art werden in der Zeugenbeschreibung generalisierend vermerkt.

1.2.2.3. Schreibansätze, die keinen erkennbaren Sinn ergeben, sowie solche Abbrechungen, bei denen der Sinn der ursprünglich vom Autor beabsichtigten Aussage nicht wenigstens mit Wahrscheinlichkeit rekonstruiert werden kann (siehe 2.8.7.).

1.2.2.4. Innerhandschriftliche Sofortkorrekturen, die formale Berichtigungen grammatischer oder stilistischer Versehen darstellen, jedoch weder die inhaltliche Aussage des Textes verändern, noch den Stil der gesamten Darstellung wesentlich modifizieren.

/49/

Das betrifft vor allem:
   – Umstellung von Worten oder Wortgruppen, die Korrekturen der Syntax oder des Stils darstellen, z. B.:

1 Das Bewußtsein ist zuerst natürlich ——— bloß
2 "   "   "   _____   "   zuerst "

   – Textänderungen und Abbrechungen, die einzelne grammatische Formen verbessern bzw. die grammatische Kongruenz zu vorangehenden bzw. folgenden Satzteilen oder Sätzen herstellen.
Es kann sich dabei handeln um
   – Änderungen des Tempus, Numerus oder Kasus
   – Ersetzung eines Substantivs durch Pronomen und umgekehrt
   – Ersetzung eines bestimmten Artikels durch unbestimmten Artikel und umgekehrt

- Ersetzung des Artikels durch ein Pronomen
- Ersetzung von Präpositionen bzw. Adverbien durch andere Präpositionen und Adverbien
- Ersetzung koordinierender Konjunktionen durch Satzzeichen und umgekehrt
- Aufteilung von Satzgefügen und Satzverbindungen in mehrere Hauptsätze oder umgekehrt

    z. B.: Für die Masse der Menschen existiren diese
    theoretischen Vorstellungen nicht, und

    a sie

    wenn   je ...

    b die Masse

/50/

    Die Weberei   war   die erste Arbeit ...

    a ist

    Die Weberei   die erste und blieb die

    b war

    hauptsächlichste Manufaktur.

- Tilgungen eindeutiger Wiederholungen oder unnötiger Füllwörter, durch die syntaktische oder stilistische Versehen korrigiert werden.

    z. B.: Es beruht, wie das Stamm- und < das > Gemeinde-Eigentum, wieder auf ...

    erklärt nicht die Praxis aus der Idee, sondern < erklärt > die Ideen aus der Praxis ...

    als ob dies je existiert habe und < als ob > die gelahrten Herren nicht ...

(Die angeführten Beispiele können nur eine Illustration bzw. allgemeine Orientierung geben; eine Entscheidung darüber, ob solche Änderungen "formale Berichtigung grammatischer oder stilistischer Versehen" sind oder ob sie die inhaltliche Aussage berühren und demgemäß als Varianten zu verzeichnen sind, ist meist nur im größeren Textzusammenhang möglich.)

1.2.2.5. Bei einigen Manuskripten (z. B. bestimmten Exzerpten, die vorwiegend Quellentexte wiedergeben, bestimmten Briefen, die vorwiegend der Mitteilung von Fakten dienen, oder bestimmten Entwürfen von Zeitungsartikeln) kann auf die Wiedergabe innerhandschriftlicher Sofortvarianten ganz oder teilweise verzichtet werden, wenn sie keinen wissenschaftlichen Wert besitzen. Das gewählte Verfahren wird jeweils im Apparat mitgeteilt und begründet.

/51/

1.2.2.6. Die besonders von Marx in Arbeitsmanuskripten angewandte Methode, eine zweite mögliche Fassung des Textes (z. B. Begriffe, terminologisch bedeutsame Attribute und Verben, Übersetzungsvarianten u. ä.) über die in der Grundzeile stehende Fassung zu schreiben, ohne eine davon zu tilgen, kann wie folgt wiedergegeben werden:

                          Tagelöhner
Manuskript: das Elend der Landleute

Edierter Text: Variantenverzeichnis:

a) der Landleute \ Tagelöhner   ohne Vermerk
                                     Erklärung des diakritischen
                                     Zeichens im Siglenverzeichnis

b) der Tagelöhner   Tagelöhner
                                     *Steht ohne Einfügungszeichen über
                                     dem nicht getilgten Wort* Landleute.

c) der Landleute   Landleute
                                     *Über diesem Wort ohne
                                     Einfügungszeichen* Tagelöhner.

Tagelöhner
d) der Landleute ohne Vermerk

Setzte Marx die darüberstehende Fassung in Klammern, so wird sie im Edierten Text ohne besonderes Zeichen dahintergesetzt:

(Addition)
<u>Manuskript</u>: nur eine Zuthat

<u>Edierter Text</u>:	<u>Variantenverzeichnis</u>:
nur eine Zuthat (Addition)	(Addition)
	Steht ohne Einfügungs-
	zeichen über Zuthat.

/52/

Nach genauer Analyse des Manuskripts (inhaltliche Bedeutung dieser Fassungen, ihre Anzahl, mögliche Weiterentwicklung und Präzisierung durch die zweite Fassung oder Gleichwertigkeit beider Fassungen, Vorhandensein von ähnlichen Begriffspaaren, bei denen der Autor bereits eine Fassung getilgt hat u. a.) wird entschieden und in den editorischen Hinweisen begründet, welche Wiedergabeform gewählt wird, wobei die Wiedergabeform d) nur in Ausnahmefällen verwendet wird.

1.2.2.7. Als internes Arbeitsmaterial wird zunächst ein absolut vollständiges Verzeichnis aller Textänderungen hergestellt, aus dem dann die nicht als Varianten zu erfassenden ausgesondert werden.

1.2.3. <u>Besonderheiten der Dritten und Vierten Abteilung</u>

1.2.3.1. Für die Briefe dritter Personen an Marx/Engels und für die Briefe dritter Personen untereinander wird in der Regel auf die Darbietung der Textentwicklung verzichtet.

1.2.3.2. Bei den Exzerpten wird lediglich für die eigenen Bemerkungen von Marx/Engels die Textentwicklung dargeboten, also nicht für die wörtlich oder indirekt aus der Quelle übernommenen Textteile.

/53/

1.3. Fremdvarianten werden nur berücksichtigt, sofern sie von besonderem wissenschaftlichem Interesse sind (z. B. Bemerkungen von Marx' Frau und Töchtern). Sie sind im Variantenverzeichnis durch eine besondere Sigle, die zu Beginn erläutert wird, kenntlich zu machen oder gesondert aufzuführen. Ebenso sind Varianten, die nicht eindeutig als Autorenvarianten bestimmt werden können, besonders zu kennzeichnen.

1.4. Das Variantenverzeichnis ist in der Regel ein mit notwendigen Stützworten (aus dem Edierten Text) versehener Werkstellenapparat, d. h. es verzeichnet von Werkstelle zu Werkstelle fortschreitend alle varianten Fassungen einer Textstelle, die innerhalb eines oder in mehreren Textzeugen überliefert sind.
Der Werkstellenapparat ist bei der Wiedergabe innerhandschriftlicher Varianten nicht lemmatisiert, bei der Wiedergabe von Varianten aus verschiedenen Textzeugen lemmatisiert (Wiederholung der Bezugsstelle aus dem Edierten Text). Bei gemischter Überlieferung (Vorliegen verschiedener Textzeugen, von denen mindestens einer innerhandschriftliche Varianten aufweist — z. B. H^1, D^2, D^3) wird ebenfalls die lemmatisierte Verzeichnungsform angewandt, innerhalb deren die innerhandschriftliche Entwicklung mit diakritischen Zeichen wiedergegeben wird.

z. B.: every French member] H^1 the Paris members > every French member J^3 all members

The General Council was *bis* April only] **H¹** The General Council regrets not having been able to pass this resolution before [it] received an official copy of the above resolution of the Paris Federal Council > The above resolution of the Paris Federal Council having reached > An authentic copy of the above resolution of the Paris Federal Council not having been officially communicated to the General Council before its > The General Council was *bis* April only.

/54/

Innerhalb des Werkstellenapparats werden die Varianten zu einer Werkstelle entweder mit Hilfe diakritischer Zeichen hintereinander (siehe 2.3. bis 2.7.) oder (besonders bei komplizierten Textumformungen) mit der Methode der Zeilenparallelisierung bzw. der Zeilengruppenparallelisierung (siehe 2.8.) untereinander dargeboten. In seltenen Fällen, wo ein Text in mehreren, stark variierenden Textzeugen überliefert ist, kann an die Stelle des Werkstellenapparats eine vollständige oder teilweise Synopsis aller Textfassungen (siehe 3.4.) treten, wenn Umfang und Inhalt der Textveränderungen diese Wiedergabeform als die beste erscheinen lassen.

1.5. Das Variantenverzeichnis benutzt eine im wesentlichen diskursive (schlußfolgernde) Verzeichnungsform, d. h., es wird der Inhalt der Textveränderungen festgehalten, jedoch nicht die Form, in der diese Änderungen durchgeführt wurden.

1.6. Innerhalb des Variantenverzeichnisses werden — in kleinerem Druck und in Editorschrift — textkritische Bemerkungen gebracht; sie enthalten — soweit notwendig — folgende Informationen:

  – Positionsangaben für Textänderungen (über, unter, neben der Zeile usw.), jedoch nur dann, wenn Zweifel hinsichtlich der Korrekturart, der Zuordnung oder Abfolge von Textänderungen bestehen;

/55/

  – Hinweise auf Art und Stellung von Zuordnungszeichen der Autoren, die im Edierten Text nicht erscheinen, weil dort der Text gemäß dem eindeutigen Autorwillen umgestellt ist, ebenso auf unklare Zuordnung durch die Autoren;

  – Vermutungen der Herausgeber über die wahrscheinlich von den Autoren beabsichtigte Zuordnung von kleinsten Textteilen, die nicht klar in den laufenden Text eingeordnet sind;

  – Indizien für die wahrscheinliche Abfolge von Textänderungen oder Anstreichungen (z. B. Unterschiede in Art und Farbe des Schreibmaterials);

  – Hinweise auf die Übernahme von Zitaten oder Textstücken in später ausgearbeitete Kapitel oder Abschnitte des gleichen Werkes (Wiederholungen, die nur in unvollendeten Arbeitsmanuskripten auftreten können);

  – Gründe für Änderungen der Autoren in Korrekturexemplaren von Drucken (z. B. direkte oder abgewandelte Ausführung konkreter Vorschläge von Kampfgefährten, Verlegern, Herausgebern);

  – Hinweise auf mögliche Schichtabfolgen an komplizierten varianten Textstellen;

1.7. Inhaltlich besonders wichtige Varianten (vor allem theoretisch-politisch relevante Textreduzierungen, die im Reintext keine Entsprechung gefunden haben, und terminologische Präzisierungen von theoretischer Bedeutung) werden im Druck durch ein Symbol neben der Seiten- und Zeilenangabe (*) hervorgehoben. Diese Hervorhebungen stellen zugleich Empfehlungen für die Wiedergabe ausgewählter Varianten in Studienausgaben dar.

/56/

2.   Variantendarbietung bei innerhandschriftlicher Textentwicklung

2.1.   Bei der Darstellung der innerhandschriftlichen Textentwicklung wird deutlich
       unterschieden zwischen durchgehenden Schichten (durchgehende Nieder-
       schrift bzw. durchgehende Überarbeitung eines Manuskripts oder größerer
       Teile desselben) und partiellen Textentwicklungen (Abfolge von Veränderun-
       gen an einer Werkstelle) innerhalb einer Schicht.

2.2.   Sind in einer Handschrift mehrere Überarbeitungsstufen zu vermuten, die
       einzelnen Schichten jedoch nicht mehr eindeutig auseinanderzuhalten, so
       werden auf jeden Fall sichere Sofortvarianten (Änderungen, die bei der Nieder-
       schrift der Grundschichten erfolgten) bzw. sichere Spätvarianten (Änderungen
       die in einer Überarbeitungsphase, also später als die Niederschrift der Grund-
       schicht erfolgten) als solche gekennzeichnet. Dabei erhalten Sofortvarianten,
       soweit es sich nicht um Abbrechungen (siehe 2.7.) handelt, die Sigle *SV*,
       Spätvarianten die Sigle *SpV*.

2.3.   Textreduzierungen (Tilgungen nicht korrupter Textstücke) durch Streichungen
       von Worten, Satzteilen oder Sätzen, die nicht durch einen anderen Text er-
       setzt sind, werden durch Winkelklammern kenntlich gemacht. Bei der Wieder-
       gabe gestrichener Passagen wird stets das Wort des Edierten Textes, das vor
       der Tilgung steht, und das Wort des Edierten Textes, das ihr folgt, mit auf-
       geführt.

/57/

       Die gestrichenen Passagen werden in der Reihenfolge wiedergegeben, in der
       sie vom Autor niedergeschrieben bzw. ausgestrichen wurden. Mehrere un-
       mittelbar aufeinanderfolgende Streichungen, die in einem logischen Zusam-
       menhang stehen, können in einem Klammerpaar zusammengefaßt werden.
       Einzelne gestrichene Worte innerhalb einer danach ganz ausgestrichenen
       Passage sind innerhalb der Gesamtklammer ebenfalls in Winkelklammern
       einzuschließen.

       7.6   Schluß <, ein inkohärentes Finale>. Mit
       8.7. Stelle. < Demokrit erfaßt nicht den Widerspruch zwischen der
             Qualität des Atoms und seinen Begriff <, seiner begrifflichen Wider-
             spieglung>. > Da

       Tilgungen einzelner Buchstaben und Schreibansätze, die keinen Sinn ergeben,
       sowie auch in der Originalhandschrift nicht zu entziffernde Streichungen wer-
       den in der Regel im Variantenverzeichnis nicht berücksichtigt. Gestrichene
       Schreibansätze, die vervollständigt werden können, werden im Varianten-
       verzeichnis in eckigen Klammern ergänzt.

2.4.   Textergänzungen (Zusätze, Erweiterungen) durch Einfügung oder Anfügung
       werden durch das diakritische Zeichen I: :I kenntlich gemacht. Im
       Variantenverzeichnis wird nur die hinzugefügte Passage ohne Anschlußworte
       aus dem Edierten Text gebracht.

       11.8 I: gesetzmäßige :I

2.5.   Textersetzungen (bzw. Textumstellungen), d. h. die Ersetzung von Worten,
       Satzteilen oder Sätzen durch andere Worte, Satzteile oder Sätze werden mit
       Hilfe des diakritischen Zeichens > (wurde zu) dargestellt. Die ursprüngliche
       Fassung wird dabei nicht durch Winkelklammern als getilgt gekennzeichnet.

       15.6   ganze Unendlichkeit > halbe Welt
       18.8   Aufstandsführer > Revolutionär > Arbeiterführer

/58/

2.6. Stammen die unter 2.3.–2.5. charakterisierten Varianten von anderer Hand als der Grundtext, so ist dies im Variantenverzeichnis durch Schreibersiglen (kleine, hochgestellte Buchstaben am Beginn und Ende der betr. Passage) kenntlich gemacht.

    19.6 war ^{m}< außerdem >^{m} viel

    28.4 I:^{e} und der gesamten Bewegung ^{e}:I

    31.7 Darstellung > ^{e} Schilderung ^{e}

2.7. Sofortvarianten treten häufig in Form von Abbrechungen auf. Unter Abbrechungen sind solche Textveränderungen zu verstehen, bei denen der Autor die Gedankenführung unterbricht und ihr (meist durch Tilgung, aber auch durch Ersetzung von Wörtern oder Wortteilen, Änderung von Flexionsendungen und Einfügungen) einen neuen Verlauf gibt.

Abbrechungen, die in der Handschrift vollständig getilgt wurden, werden folgendermaßen dargestellt: nach dem Stützwort aus dem Edierten Text folgt in Winkelklammern der getilgte Passus und danach das Abbrechungszeichen / .

    5.12 warum < es scheinen kann >/

Die neue Version der Fortsetzung dieses Satzes ist im Edierten Text nachzulesen.

/59/

Abbrechungen, bei denen Teile des Wortbestandes in die nächste Schicht übernommen wurden, werden im Prinzip genauso dargestellt. Da in diesen Fällen oft nicht sicher zu erkennen ist, an welcher Stelle des Satzes die Autoren abbrachen und änderten, wird das Abbrechungszeichen in der Regel an die Stelle gesetzt, an der spätestens die Textumformung erfolgt sein muß; d. h. der in Winkelklammern stehende Text des ursprünglichen, abgebrochenen Satzverlaufs umfaßt in diesen Fällen auch Wörter oder Wortteile, die in der Handschrift nicht getilgt, sondern in die neue Textfassung einbezogen wurden. Die Winkelklammern umfassen hier ein im Ganzen verworfenes Textstück.

Beispiel:

    <u>Handschriftlicher Befund</u>:

      Erst i⟋

    möglich. In der Gemeinschaft ~~ist erst~~ existieren

    <u>Darbietung</u>:

    3.15 möglich. < In der Gemeinschaft ist erst >/

In komplizierten Fällen können solche Abbrechungen auch parallelisiert dargeboten werden (siehe 2.8.1.).

Solche Abbrechungen, bei denen der Sinn der vom Autor ursprünglich beabsichtigten Aussage nicht wenigstens mit Wahrscheinlichkeit rekonstruiert werden kann, werden nicht verzeichnet.

2.8. <u>Zur Anwendung parallelisierender Darstellungsformen im Werkstellenapparat</u>

/60/

2.8.1. Starke Textumformungen, vor allem größere Textersetzungen, können mit Hilfe der <u>Zeilenparallelisierung</u> dargestellt werden:

Dabei werden Varianten einer Werkstelle in chronologischer Folge partiturähnlich untereinandergestellt, wobei jede Schicht dieser Werkstelle, die links einen Zähler erhält, durch die jeweils folgende aufgehoben, ersetzt wird, also: 2 hebt 1 auf und 3 hebt 2 auf. Die jeweils letzte Schicht ist identisch mit dem Edierten Text.

27.7–10	**1·2**	Nach	Aristoteles	scheinen	der	Eulen der
	3	"	"	sinken	"	" "
	1	Minerva	die	Fittige	zu	sinken; und selbst
	2	"	"	Flügel	"	" .—— Selbst
	3	"	"	"		_____.___ "
	1·3	den männlich starken Stoikern scheint nicht				

1   gelungen zu sein
2 - 3 zu gelingen ————

Unverändert bleibende Worte werden nicht wiederholt, sondern durch Unterführungszeichen gekennzeichnet. Der durchgehende Strich bezeichnet entweder eine Textreduzierung gegenüber der vorhergehenden Schicht oder ist nur ein Dehnungsstrich, um den Raum für eine Texterweiterung in der folgenden Schicht offenzuhalten. Man kann sowohl jede Schicht für sich im Zusammenhang (horizontal) lesen als auch die Entwicklung einzelner Werkstellen von Schicht zu Schicht (vertikal) überblicken.

/61/

Wenn innerhalb einer Schicht weitere partielle Textveränderungen stattfinden, so gabelt sie sich stellenweise in a-, b-, c- usw. Schichten, diese wiederum in α-, β-, γ- usw. Schichten.

10.2—4

1   daß die gegnerische Bourgeoisie —— ————————

                                a schaarenden

2   "   " um die   "   sich

                                b schaarende

1 ———————— dagegen fast verschwindet

     α Gegner

a   "   " verschwinden

     β Feinde

2

   b Reaktionspartei "   " verschwindet

Die Schichten sowie die Gabelungen innerhalb der Schichten werden nur so weit geführt, wie ein Zusammenhang zu erkennen ist. Mehrere a– b– Gabelungen innerhalb einer Schicht bedeuten, daß zwischen diesen Änderungen kein nachweisbarer Zusammenhang besteht.

Voraussetzung für die Anwendung der Zeilenparallelisierung ist, daß

– die reale Abfolge der Veränderungen an einer Werkstelle vom handschriftlichen Befund, vom Satzbau und vom Inhalt her eindeutig bestimmbar ist;

– ein bestimmtes Maß an gemeinsamen Textteilen in den verschiedenen Schichten erhalten bleibt, so daß die parallelisierte Darbietung unbedingt eine anschaulichere Information über die Textveränderungen ermöglicht als die Darbietung mit dem diakritischen Zeichen > (vgl. 2.5.).

/62/

Durch Parallelisierung werden auch kleinere Textveränderungen innerhalb größerer Textreduzierungen, -ersetzungen oder -erweiterungen dargestellt, da somit der Bereich der "inneren" Variante ohne zusätzliche Zeichen erkennbar ist, z. B.:

             1 Vergrößerung der Handwerksbetriebe

111.9   hatten. ⟨ Mit

             2 ———————— " Manufaktur

veränderte sich ebenfalls das Verhältniß der Arbeiter

     1 Arbeitgeber

zum   und ihre Stellung ⟩ /

     2 Kapitalisten

2.8.2. Sind die Textveränderungen derart umfassend, daß sie syntaktisch kaum noch aufeinander beziehbar sind und daher mit Hilfe der Zeilenparallelisierung nicht mehr übersichtlich dargestellt werden können, so wird die Zeilengruppen-parallelisierung angewandt. Die Varianten einer Werkstelle werden in römisch bezifferten Zeilengruppen in chronologischer Folge untereinandergestellt; jede Gruppe wird durch die jeweils folgende aufgehoben, ersetzt. Die letzte Zeilen-gruppe (bzw. deren letzte Schicht) ist identisch mit dem Edierten Text.

/63/

8.2–4   **I**

       a moderne   **a** erfindet

1 Die   Gesellschaft   nicht

       b bürgerliche   **b** schafft

1 die metallische Circulation, sondern findet sie vor

       a fertiges

1 als   Resultat früherer Entwicklungsepochen.

       b ———

                 II

2-3 Der bürgerliche Produktionsprozess bemächtigt

2-3 sich zunächst der Metallcirculation

2-3 als eines fertig überlieferten Organs,

2   das erst allmählig modificirt wird,

3   " zwar "   umgestaltet " ,

2   ——————— in seinen Grundzügen   jedoch

       a ohne aber " seiner Grundconstruction ———

3

       b jedoch stets — seine "   ———

2   erhalten   bleibt .

       a aufgehoben zu werden.

3

       b bewahrt   ———— .

Folgt innerhalb einer Variante nach der letzten römisch bezifferten Zeilen-gruppe noch einfache Zeilenparallelisierung, so wird am Ende der Gruppe ein abgrenzendes Symbol gesetzt: ◊

2.9. In besonders komplizierten Fällen kann die Variantendarbietung durch eine fotografische Wiedergabe der betreffenden Seite oder Stelle der Handschrift ergänzt werden.

3. Darbietung von Varianten verschiedener Textzeugen eines Werks

3.1. In der Regel werden zunächst Seite und Zeile sowie die variierende Stelle des Edierten Textes (das Lemma) angegeben; nach dem abgrenzenden Lemma-zeichen folgt die Sigle des varianten Textzeugen mit der Variante. (Vgl. auch 1.4.)

/64/

     10.5 Prämissen] H^2 Antecedentien K^3 D^4 Voraussetzungen

     17.1 mit Hilfe von] D^2–D^4 vermittelst der

     18.9 beendet, aber] D^3 beendet und nie wieder aufgenommen, aber

     20.1 waren wie 1848. Darum] K^2 waren. Darum

3.2. Bei Zeilenparallelisierung stehen zu Beginn jeder Fassung die jeweiligen Zeu-gensiglen.

9.6

H^1	die	erste	Periode	der	revolutionären	Epoche
H^2	der	"	Abschnitt	"	"	"
K^3	"	"	"	"	"	Periode
D^4	die heutige Etappe		"	————		Entwicklung

3.3 Veränderungen der Orthographie und der Interpunktion in späteren Textfassungen werden im Variantenverzeichnis nicht wiedergegeben, es sei denn sie sind von inhaltlicher Bedeutung. Änderungen der Schreibweise, die sich aus der allgemeinen Entwicklung der Orthographie ergeben, werden lediglich summarisch in der Beschreibung der Textzeugen (siehe II.3.) genannt.

3.4. Synopsis

Bei erheblicher Varianz verschiedener Fassungen eines Werkes kann die Textentwicklung des ganzen Werkes oder größerer Teile desselben in Form einer Synopsis dargestellt werden. Die einzelnen Textfassungen werden in chronologischer Folge (mit der Technik der Zeilen- bzw. Zeilengruppenparallelisierung) partiturähnlich untereinandergestellt.

/65/

Beispiel: Auszug aus einer Synopsis, die den Text der Zeugen H^1, K^2, D^3 und J^4 vollständig wiedergibt.

	a größere					
H^1	Die	Hälfte	der	siegreichen	Minorität	war
	b eine					
K^2–J^2	"	"	"	"	erfolgreichen	"	"

	a Errungenen	
H^1–J^4	mit dem	zufrieden, die andere
	b Erreichten	

H^1 verlangte /

wollte	noch	weiter	gehn	,	stellte
K^2 D^3 "		" mehr	———	,	"
J^4 "		" "	erreichen	,	"

	a größere	
H^1	Forderungen,	
	b neue	

| K^2 D^3 | " | Ansprüche , |
| J^4 | weitergehende | Forderungen , |

	a ———			
H^1	die	——— theilweise	auch	im
	b wirklichen			
K^2	" wenigstens	"	" "	"
D^3 J^4	" "	"	—— "	vermeintlichen

H^1 –J^4 Interesse der großen Volksmasse waren.

3.5. Lesartenverzeichnis

Ist eine Arbeit von Marx/Engels oder eine bestimmte Fassung derselben nur in Ersatzzeugen überliefert und weichen diese voneinander oder von vorangehenden autorisierten Fassungen ab, so werden die Abweichungen der Ersatzzeugen in einem Lesartenverzeichnis mitgeteilt.

IV.   Korrekturenverzeichnis

1.   Die von der Redaktion bei der Revision des Textes vorgenommenen Korrekturen werden in einem gesonderten Verzeichnis im Anschluß an das Variantenverzeichnis mitgeteilt. Unter Korrektur wird grundsätzlich die Richtigstellung eindeutig fehlerhafter Textstellen verstanden.

2.   In das Korrekturenverzeichnis werden aufgenommen:

2.1.   Berichtigungen von Schreibfehlern (einschließlich Interpunktionsfehlern), soweit es sich um sinnverändernde Korrekturen von Worten, Zahlen oder Zeichen bzw. Weglassung überflüssiger Worte handelt. Dazu gehört auch die Richtigstellung fehlerhafter Schreibweisen von Personennamen, Organisationsnamen, bibliographischen Angaben. Dagegen werden orthographische oder grammatikalische Fehlerbesserungen, die keinen Einfluß auf die Sinngebung haben, in summarischer Weise in der Zeugenbeschreibung dargelegt.

2.2.   Berichtigungen von Druckfehlern, deren Korrektur in verschiedenartiger Weise möglich ist bzw. die nicht eindeutig als solche zu bestimmen sind (vgl. B.III.3.5.).

3.   Die Verzeichnungsform im Korrekturenverzeichnis ist einheitlich lemmatisiert, z. B.:
    15.27   Mächte] H^1 Macht
    23.16   wurde.] H^1 wurde ist.
Redaktionelle Absatzbildungen (vgl. B.III.2.6.) werden im Korrekturenverzeichnis folgendermaßen wiedergegeben:

    12.15 gesehen.   ⌠   Weitaus] H^1 gesehen. Weitaus

4.   Sind für eine Korrektur Begründungen erforderlich, so werden diese in Form einer textkritischen Bemerkung (vgl. IV.5.) in Editorschrift kleineren Schriftgrades hinzugefügt.
    Beispielsweise können von Marx/Engels versehentlich nicht getilgte oder versehentlich getilgte Textstücke, die im Edierten Text getilgt bzw. ergänzt wurden, folgendermaßen wiedergegeben werden:
    hinzufügen] H^1 hinzufügen zu können
        Versehentlich nicht gestrichen.
    wieder zu erlangen glaubte] H^1 wieder ‹ zu erlangen › glaubte
        Versehentlich gestrichen.

5.   Die textkritischen Bemerkungen im Korrekturenverzeichnis enthalten außerdem folgende Angaben:
    –   Zustand einzelner Stellen des Manuskripts; z. B. Ursache und Umfang von Textverlusten (siehe B.III.1.6.)
    –   Hinweise auf mögliche Deutungen von schwer lesbaren Textstellen und von nicht eindeutig aufzulösenden Abkürzungen bzw. Wortverkürzungen (siehe B.III.1.8.)
    –   Hinweise auf mögliche, aber nicht eindeutige Druck- oder Schreibfehler, die im Edierten Text in der überlieferten Form belassen wurden (siehe B.III.1.9. und 2.8.)

6.   Als internes Arbeitsmaterial ist zunächst ein Verzeichnis sämtlicher redaktioneller Korrekturen anzufertigen, aus dem dann die im Korrekturenverzeichnis aufzunehmenden Korrekturen ausgewählt werden.

/68/

V.   Erläuterungen

1.   Die Erläuterungen geben alle für das Verständnis des Textes (einschließlich seiner Varianten) erforderlichen Erklärungen und Hinweise, soweit es sich nicht um generelle Aussagen über die Arbeit als Ganzes oder um textkritische Bemerkungen handelt. Dadurch werden die Texte dem wissenschaftlich gebildeten Benutzer im wesentlichen ohne zusätzliche Nachschlagewerke und Hilfsmittel verständlich.

2.   In der Regel werden folgende Sachverhalte — im Zusammenhang mit der Aussage des Textes — erläutert:

2.1.   Historische Fakten (außer allgemein bekannten Fakten der Weltgeschichte) und Zusammenhänge.

2.2.   Parteien und Organisationen.

2.3.   Schwer verständliche Termini und Begriffe aus verschiedenen Sachgebieten sowie verschlüsselte Personen, Ereignisse usw. Sie bedürfen in der Regel einer Wiederholung der Bezugsstelle des Edierten Textes (Lemma).

2.4.   Philosophische, religiöse, politische usw. Richtungen und Schulen.

2.5.   Konkrete Beziehungen zu anderen Textstellen, Werken usw. von Marx und Engels.
Verweise auf Stellen im gleichen Band geben in der Regel Seiten- und Zeilenzahl an.

> 80.25   Siehe S. 70.32–36 und 912.26–31.
> 81.21   Siehe Erl. 53.5–6.
> 82.5   Siehe S. 39–41.

/69/

Verweise auf andere Bände der gleichen oder einer anderen Abteilung geben Ausgabe, Abteilung, Band, Seitenzahl und — wenn zweckmäßig — Zeilenzahl an.
Wenn aus dem Kontext nicht ersichtlich, ist auch der Titel der Arbeit bzw. auch der Verfasser anzuführen.

> 14.20   Siehe Marx' Exzerpte aus David Hume: Über die menschliche Natur. In: MEGA^2 IV/1. S. 212.
> 14.33   Siehe Bruno Bauer an Marx, 12. April 1841. In: MEGA^2 III/1. S. 357.
> 14.55   Siehe MEGA^2 III/1. S. 400–404.

Ist der Verweis auf andere Bände der MEGA noch nicht möglich, wird in der Regel direkt auf einen autorisierten Druck der betr. Arbeit (zumeist den Erstdruck) oder das Manuskript bzw. den betr. Brief verwiesen.

> 7.8   Siehe Karl Marx: The Civil War in France. London 1871. S. 24.
> 8.2   Siehe Karl Marx: Heft II. Notizen zur französischen Geschichte. Kreuznach Juli/August 1843. S. 10.
> 9.1   Siehe Marx an Ferdinand Freiligrath, 12. März 1850.

2.6.   Im Text zitierte oder erwähnte Literatur.

2.6.1.   Es werden alle direkten und indirekten Zitate, alle direkten und indirekten Erwähnungen von Literatur nachgewiesen, soweit dieser Nachweis nicht von den Autoren im Text in solcher Weise geführt wurde, daß die Aufnahme des Titels im Literaturregister ausreichend ist.

/70/

2.6.2.   Zusätzlich zum Quellenbeleg, für den verkürzte bibliographische Angaben genügen (siehe "Richtlinien für die bibliographischen Nachweise im Apparat"), werden Zitate aus den Quellen immer dann wiedergegeben, wenn es zum Verständnis der Textstelle notwendig ist, insbesondere, soweit es sich um archivalische Quellen und seltene, schwer zugängliche Literatur handelt. Alle Zitate, die Marx/Engels übersetzt haben, werden in den Erläuterungen in der Originalsprache der Quelle wiedergegeben. Zitate und eingestreute Worte aus toten Sprachen (Griechisch, Hebräisch, Lateinisch, Althochdeutsch, Altfranzösisch u. a.) — soweit es sich nicht um international gebräuchliche Wendungen handelt — und aus seltenen Dialekten werden in der Regel in die Redaktionssprache übersetzt.

2.6.3.   Außer den Quellennachweisen bzw. Zitaten aus den Quellen werden auch alle weiteren Angaben vermittelt, die mit der Benutzung der betreffenden Quelle durch Marx und Engels zusammenhängen (z. B. Nachweise, welche bestimmte Ausgabe eines Werkes sie benutzt haben, Charakterisierung der Quelle, wo das für erforderlich gehalten wird, Hinweise auf Benutzung von Sekundärliteratur, auf Abweichungen in der Zitierung und in der Hervorhebung, auf Anstreichungen dieser Stelle im betreffenden Buch ihrer persönlichen Bibliothek, auf Wiedergabe dieser Stelle in Exzerpten usw.).

In der Ersten und Zweiten Abteilung kann der Verweis auf vorhandene Exzerpte auch innerhalb des Literaturregisters gegeben werden, wenn eine Quelle überwiegend auf Grund von Exzerpten benutzt wurde. (Vgl. "Richtlinien für die bibliographischen Nachweise im Apparat" II.1.5.)

/71/

In der Vierten Abteilung werden inhaltlich belangvolle Unterschiede zwischen Exzerpt und Quelle in einem Verzeichnis der Abweichungen zwischen Exzerpt und Quelle aufgeführt, das sich dem Variantenverzeichnis anschließt.

Bei Wiederholungen der gleichen Quellenangabe in den Erläuterungen zu einer Arbeit werden die bibliographischen Angaben beim erstenmal vollständig, im weiteren stark verkürzt gebracht.

2.6.4.   In Fällen, wo der Autor selbst die benutzte Ausgabe nennt und in der Erläuterung nur die genaue Seitenzahl für das Zitat ergänzt werden soll, werden die bibliographischen Angaben in der Erläuterung nicht wiederholt.

2.6.5.   In Fällen, wo der Autor selbst auf die benutzte Quelle bzw. Ausgabe hinweist oder wo diese benutzte Quelle zwar nicht genannt ist, aber mit völliger Sicherheit ermittelt werden kann, erfolgt der Quellennachweis in der Erläuterung ohne Einleitungsworte.

2.6.6.   In Fällen, wo die vom Autor benutzte Quelle bzw. Ausgabe nicht mit völliger Sicherheit, jedoch mit ausreichender Wahrscheinlichkeit bestimmt werden kann, beginnt der Quellennachweis in der Erläuterung mit den Worten "Vermutlich benutzt:".

2.6.7.   In Fällen, wo die vom Autor benutzte Quelle bzw. Ausgabe nicht zu ermitteln ist, wird in der Erläuterung auf diese Tatsache hingewiesen und anschließend eine andere zeitgenössische Quelle dafür angeführt.

/72/

2.6.8.   In Fällen, wo der Autor offizielle Dokumente, Gesetze, Beschlüsse, Parlamentsreden u. ä. nach einer sekundären, unzuverlässigen oder übersetzten Quelle zitiert, kann als Hilfe für den Benutzer die offizielle bzw. originale Quelle zusätzlich angeführt werden, eingeleitet mit "vgl. auch". Da diese zusätzliche Literaturangabe nicht in das Literaturregister aufgenommen wird, werden die bibliographischen Angaben vollständig (bei mehrmaliger Wiederholung verkürzt) gegeben.

2.6.9. In Fällen, wo der Autor eine andere Quelle angibt als die von ihm tatsächlich benutzte, wird zuerst die angegebene Quelle und anschließend mit den Einleitungsworten "Zitiert nach" die wirklich benutzte Quelle angeführt.

2.7. Verwechslungen, ungenaue Angaben usw. im Text, die nicht auf offensichtlichen Druck- bzw. Schreibfehlern beruhen und im Edierten Text unverändert geblieben sind.

3. Nach der Seiten- und Zeilenangabe der zu erläuternden Textstelle beginnt in der Regel unmittelbar der Erläuterungstext. In besonderen Fällen kann auch die Bezugsstelle des Edierten Textes wiederholt und durch ein Lemmazeichen von der Erläuterung getrennt werden.

    10.18 Siehe Marx an Wilhelm Liebknecht, 15. November 1878.

    19.2   der Rothe] Ferdinand Wolff.

/73/

4. Enthält der Autortext größere Textpassagen in toten Sprachen oder seltenen Dialekten, so wird die deutsche Übersetzung derselben geschlossen vor den Erläuterungen dargeboten. Sie wird mit einer seitenweisen 5-Zeilenzählung versehen, damit Erläuterungen und textkritische Bemerkungen auch auf die Übersetzung bezogen werden können.

/74/

E. REGISTER

I. Allgemeine Grundsätze

1. Jeder Band oder jede Gruppe von Bänden erhält einen Registerteil, bestehend aus Literaturregister, Namenregister und Sachregister.

2. Im Bedarfsfalle können weitere spezielle Register (Verzeichnis der Maße, Münzen und Gewichte, Geographische Bezeichnungen u. ä.) hinzugefügt werden.

3. In den Registern werden der gesamte Marx/Engels-Text einschließlich der Varianten und die im Anhang wiedergegebenen Texte erfaßt, jedoch nicht die redaktionellen Texte im Apparatteil.

II Literaturregister

1. Das Literaturregister stellt alle im Edierten Text einschließlich Anhang und in den Textvarianten direkt oder indirekt zitierte sowie direkt oder indirekt erwähnte gedruckte Literatur mit den erforderlichen bibliographischen Angaben in alphabetischer Ordnung zusammen.

2. Die Gestaltung des Literaturregisters sowie die bibliographische Erfassung und alphabetische Einordnung der Titel erfolgt entsprechend den "Richtlinien für die bibliographischen Nachweise im Apparat".

/75/

III. Namenregister

1. Das Namenregister stellt alle im Edierten Text einschließlich Anhang und in den Textvarianten direkt oder indirekt genannten Namen von Personen sowie von literarischen und mythologischen Gestalten mit einer kurzen Annotation in alphabetischer Ordnung zusammen.

2. Die Gestaltung des Namenregisters sowie für die Abfassung der Annotationen erfolgt entsprechend den "Richtlinien für die Namenregister".

IV.   Sachregister

Die einzelnen Bände bzw. Bandgruppen erhalten ein Sachregister, das — je nach den Besonderheiten der Abteilungen und der Bände — den Charakter eines Stichwort-, Schlagwort- oder thematischen Registers hat. Nähere Festlegungen über die Prinzipien dieser Register enthalten die "Richtlinien für die Sachregister".

V.   Gesamtregister

Nach Abschluß einzelner Abteilungen bzw. der gesamten Ausgabe werden Gesamtregister für einzelne Abteilungen bzw. für die Ausgabe als Ganzes erarbeitet.

/76/

Redaktionsrichtlinien
zur konkreten Anwendung einzelner Bestimmungen
der Editionsrichtlinien

/77/

I.   Titelgestaltung, Gliederung und redaktionelle Orientierungshilfen

1.   Titelei

1.1.   Die Titelei des Textbandes wird nach folgendem Muster gestaltet:

S. [1*]
MEGA–Signet

S. [2*]
KARL MARX
FRIEDRICH ENGELS
GESAMTAUSGABE
(MEGA)

ERSTE ABTEILUNG
WERKE • ARTIKEL • ENTWÜRFE
BAND 1

Herausgegeben vom Institut für Marxismus-Leninismus
beim Zentralkomitee der
Kommunistischen Partei der Sowjetunion
und vom Institut für Marxismus-Leninismus
beim Zentralkomitee der
Sozialistischen Einheitspartei Deutschlands

(Für die Zweite, Dritte und Vierte Abteilung sind die in den Editionsrichtlinien unter A.III. festgelegten entsprechenden Kurzcharakteristika einzusetzen.)

S. [3*]
– Verfasserangabe
– Haupttitel des Bandes
– TEXT
– Verlagssignet
– Dietz Verlag Berlin
– Erscheinungsjahr

/78/

Bei Textbänden in mehreren Büchern wird das Buch auf dem rechten Titelblatt [S. 3*] gekennzeichnet:

TEXT • TEIL 1   TEXT • TEIL 2

S. [4*]
Impressum

1.2.   Die Titelei des Apparatbandes ist identisch mit der des Textbandes, ausgenommen S. 3*, wo das Wort TEXT durch APPARAT ersetzt wird, und S. 4*, die leer bleibt.

1.3.   Nach der Titelei folgen im Textband (ab S. 5*): das Inhaltsverzeichnis, die Einleitung und die Editorischen Hinweise; im Apparatband: das Inhaltsverzeichnis und das Verzeichnis der Abkürzungen, Siglen und Zeichen.

2.   Zwischentitelblätter

Die größeren Gliederungseinheiten des Bandes werden durch Zwischentitelblätter (Rückseite vakat) markiert.

2.1.   Im Textband grenzt das erste Zwischentitelblatt den redaktionellen Teil (Inhalt, Einleitung) vom eigentlichen Marx-Engels-Text des Bandes ab. Es erhält daher den gleichen Text wie das rechte Haupttitelblatt [S. 3*] oben. Der Text wird in 16-Punkt Maxima-Versalien auf Mitte stehend gesetzt.

2.2.   Weitere Zwischentitelblätter werden erforderlich, wenn der Textteil in mehrere Hauptteile untergliedert ist; ihr Text muß außer der Teilbezeichnung ERSTER TEIL usw. auch eine inhaltliche Überschrift erhalten, also z. B.

ERSTER TEIL
DISSERTATION
UND PUBLIZISTISCHE
ARBEITEN

/79/

In jedem Fall beginnt der Anhang mit einem eigenen Zwischentitelblatt ANHANG, das keinen inhaltlichen Untertitel erhält. Auch die unter 2.2. beschriebenen Zwischentitel erscheinen in 16-Punkt Maxima-Versalien. (Eine Ausnahme bilden die dem Zwischentitelblatt ANHANG folgenden Zwischentitelblätter in der Dritten Abteilung, die den Inhalt der beiden stereotypen Teile des Anhangs kennzeichnen. Sie erscheinen in kleineren Maxima-Versalien).

2.3.   Eine dritte Kategorie Zwischentitelblätter dient der Kennzeichnung größerer Gruppen innerhalb eines Hauptteils des Textes, z. B.: Publizistische Arbeiten (innerhalb des ERSTEN TEILS) oder die Untergruppierungen des Anhangs — wie z. B. Dubiosa, Dokumente etc.
Sie unterscheiden sich formal von den unter 2.1. und 2.2. genannten durch die Schrift: 12-Punkt Maxima, Groß- und Kleinbuchstaben — sowie durch die Stellung des Textes: immer oben am Seitenanfang zwischen zwei Linien (also wie redaktionelle Kopfleisten), Rückseite vakat. Diese Zwischentitel sind aber nur da notwendig, wo innerhalb des Haupttextes eine derartige Gruppenbildung sinnvoll ist. Sie können als Bezugsseite für allgemeine Textgeschichten dienen.

2.4.   In der gleichen typographischen Form wie unter 2.3. dargestellt, werden auch die redaktionellen Kopfleisten einzelner Werke als Zwischentitelblatt dargeboten, und zwar bei Werken größeren Umfangs sowie bei allen Werken, die nach einem selbständigen Druck wiedergegeben werden, wo diesem Zwischentitelblatt in der Regel das Faksimile des Originaltitelblatts folgt.

/80/

2.5.   Wenn ein Band nur ein Werk enthält, erübrigen sich die unter 2.1. bis 2.3. genannten Zwischentitel, d. h. nach der Einleitung folgt das Zwischentitelblatt mit der redaktionellen Kopfleiste für dieses Werk.

2.6.   Das Zwischentitelblatt 2.1. erscheint nur im Textband, also auch nur im Inhaltsverzeichnis des Textbandes, im Apparatband hat es keine Funktion. Alle unter 2.2.–2.3. beschriebenen Zwischentitelblätter erscheinen im Text- und Apparatband, also auch in beiden Inhaltsverzeichnissen. Nur im Apparatband, aber in beiden Inhaltsverzeichnissen erscheint der Zwischentitel REGISTER.

3.   <u>Paginierung</u>

3.1.   Jeder Textband beginnt mit einem redaktionellen Teil (Titelei, Inhalt, Einleitung), der eine besondere Paginierung mit hochstehendem Stern erhält (1*, 2* usw.); in dieser Paginierung ist auch die Titelei einbezogen, das Inhaltsverzeichnis beginnt stets auf S. 5*. Der Marx-Engels-Text (d. h. der erste Zwischentitel) beginnt wieder mit S. 1 regulärer Paginierung.

3.2.   Der Apparatband setzt in der Regel die Paginierung des Textbandes fort, d. h. endet der Textband z. B. mit S. 958, so beginnt die Titelei des Apparatbandes mit [959]; da der Apparatband durchgängig ein redaktionelles Produkt ist, wird hier auf Differenzierungen der Paginierung zwischen Titelei und Inhaltsverzeichnis einerseits sowie Apparat andererseits verzichtet.

/81/

3.3.   Erscheint ein Textband in mehreren Büchern, so wird erst der Text über alle Teilbücher hinweg durchpaginiert, der Apparatband schließt in der Paginierung an das letzte Teilbuch an. Titelei, Inhalt und evtl. Einleitung des zweiten, dritten, vierten ... Textbuchs werden mit 1**, 2**, 3**; 1***, 2***, 3*** ; 1⁺, 2⁺, 3⁺ usw. paginiert. Erscheint der Apparat zunächst ebenfalls in mehreren Teilapparaten, so wird jeder Teilapparat selbständig, d. h. mit 1 beginnend paginiert.

4. Inhaltsverzeichnisse

4.1. Das Inhaltsverzeichnis des Textbandes ist das dominierende, das einen vollständigen Überblick über den Gesamtband (Text und Apparat) gibt, zugleich erschließt es den Text differenzierter. Es enthält daher außer den Titeln der Arbeiten auch — soweit vorhanden — die Kapitelüberschriften und Zwischenüberschriften der Arbeit, unabhängig davon, ob die Zwischenüberschriften von Marx/Engels oder von der Redaktion stammen. In einer zweiten Zahlenspalte wird die Seitenzahl, auf der der Apparat zu der betreffenden Arbeit beginnt, mitgeteilt. Es enthält auch alle Register und — in kleinerer Schrift — das "Verzeichnis der Abbildungen".

4.2. Das Inhaltsverzeichnis des Apparatbandes beginnt mit dem "Verzeichnis der Abkürzungen, Siglen und Zeichen" und führt von jeder Arbeit nur den Haupttitel an, darunter jedoch alle Apparatteile zu diesem Werk. In der linken Zahlenspalte wird die Seitenzahl des Textbandes mitgeführt, auf der der Text beginnt. Es endet mit dem Sachregister, d. h. das Verzeichnis der Abbildungen entfällt im Inhaltsverzeichnis des Apparatbandes.

/82/

4.3. In beiden Inhaltsverzeichnissen erscheinen alle Zwischentitel (Ausnahme vgl. 2.6.). Die Titel und Zwischenüberschriften der Marx-Engels-Werke und Anhang-Texte werden in moderner Orthographie dargeboten, wobei der Silbenstand gewahrt bleibt (z.B. Entwicklung).

5. Kolumnentitel

Mit Ausnahme der Zwischentitelblätter, Vakatseiten, gestalteten Titelblätter, Seiten mit redaktionellen Kopfleisten und Faksimileseiten werden alle Seiten mit Kolumnentiteln (KT) versehen. Diese können nur 1 Druckzeile bis zu einer Länge von maximal 80–90 Schreibmaschinenanschlägen einnehmen, müssen also unter Umständen verkürzt oder abgekürzt werden. Funktion der KT ist es, eine möglichst konkrete Kurzinformation über die auf den betr. Seiten stehende Arbeit bzw. den Apparatteil zu geben.

5.1. In Textbänden, die nur Texte eines der Autoren enthalten, erübrigt sich die Verfasserangabe im KT. Für größere, weiter untergliederte Arbeiten wird im KT der linken Seiten der Werktitel, im KT der rechten Seiten der Abschnitt/Teil des Werks (evtl. mit dessen inhaltlicher Überschrift) angegeben. Das ist jedoch nur für größere Abschnitte möglich, man kann nicht in den KT das gesamte Untergliederungssystem einer Arbeit wiedergeben.

Sind kleinere Arbeiten zu Gruppen (mit Zwischentitelblatt der Kategorie 2.3.) zusammengefaßt, so wird in den linken KT die Gruppenüberschrift (z. B.: Publizistische Arbeiten) in den rechten KT der Werktitel geführt. Fehlt eine derartige Gruppierung, so wird bei in sich nicht gegliederten Arbeiten links und rechts gleichlautend der Werktitel als KT gebracht (vor allem bei publizistischen Arbeiten).

Im Anhang wird in den linken KT der Gruppentitel (z. B.: Dubiosa, Dokumente etc.), in den rechten KT der Titel des einzelnen Dokuments geführt.

/83/

5.2. In Textbänden, die Texte von Marx und Engels enthalten, muß auch Vor- und Zuname des Autors im KT erscheinen. Das geschieht bei ungegliederten und nicht gruppierten Arbeiten in den linken KT, wobei rechts die Werktitel erscheinen. Stehen links Gruppenüberschriften, welche Arbeiten beider Autoren vereinen, muß der Autorname im rechten KT, vor dem Werktitel und von diesem durch • getrennt erscheinen. Enthalten die Gruppenüberschriften bereits den Autornamen, kann er rechts entfallen. Werden die Werktitel (bei gegliederten Arbeiten) links und die Abschnittsüberschriften rechts geboten, so muß die Autorangabe im linken KT vor dem Werktitel stehen.

5.3. Bei umfangreichen Manuskripten (z. B. in der Zweiten Abteilung) können neben dem Werktitel — sofern es als sinnvoll und zur Orientierung dienlich erscheint — auch die Heftbezeichnungen der Handschrift im linken KT mitgeteilt werden.

5.4. In der Dritten Abteilung sind die KT links und rechts identisch. Sie enthalten Absender, Empfänger, Datum, wobei Marx und Engels in der Regel ohne Vornamen, dritte Personen in der Regel mit Vornamen erscheinen.

/84/

5.5. Im Apparatband werden in der Regel links die Werktitel als KT und rechts die Überschriften des betr. Apparatteils angegeben. Bei Einleitungen, Inhaltsverzeichnissen, Registern werden links und rechts deren Überschriften als KT gebracht, beim Literaturregister erscheinen rechts die Teilüberschriften.

/85/

II.   Einzelfragen der Textdarbietung

1.   Abkürzungen

Abkürzungen werden ohne Kennzeichnung ausgeschrieben, ausgenommen solche, deren Ausschreibung ungebräuchlich ist (siehe Editionsrichtlinien B.III.1.8.). Eine Übersicht über Abkürzungen, die im Edierten Text nicht ausgeschrieben werden, gibt der Abschnitt "IV. Verzeichnis von beizubehaltenden Abkürzungen" dieser "Redaktionsrichtlinien".

1.1. Zur Auflösung der Abkkürzung "d." für die bestimmten Artikel "der, die, das, die (Plural)" und deren Deklinationsformen vor fremdsprachigen Worten in Handschriften von Marx.

1.1.1. In allen Fällen, in denen Marx den Artikel etc. selbst ausschreibt, bleibt die von Marx gewählte Geschlechtsbestimmung des Substantivs erhalten, auch wenn sie ausnahmsweise von den folgenden Regelungen abweicht.

1.1.2. In allen Fällen, in denen das Geschlecht des fremdsprachigen Wortes mit dem des entsprechenden deutschen Wortes übereinstimmt, ist der Artikel wie für das deutsche Wort auszuschreiben.

Beispiele: die source (Quelle)
der prix (Preis)
der superflu (Überfluß)
der déchet (Verschleiß)

Dabei ist zu beachten, daß es bisweilen für ein fremdes Wort mehrere deutsche Entsprechungen gibt; die zutreffende ergibt sich aus dem Kontext.

Beispiele: l'intérêt (der Zins, das Interesse)
le revenu (die Revenue, das Einkommen)
Marx: "... damit hat sowohl d. revenu net wie d. revenu brut sein letztes Ende erreicht."
Die Auflösung des "d." muß hier also "das" lauten.

/86/

1.1.3. In allen anderen Fällen ist davon auszugehen, daß Marx die fremdsprachigen Worte unter Beachtung der deutschen Grammatik in den deutschen Text einordnete. Daher werden die von Marx abgekürzten Artikel etc. grundsätzlich entsprechend dem Geschlecht des deutschen Substantivs ausgeschrieben.
Dabei ist zu beachten: War die Übernahme eines fremdsprachigen Ausdrucks in den deutschen Sprachgebrauch bereits im Gange, so verwendet Marx den Artikel des deutschen Fremdwortes. Marx behält aber meist die Orthographie der fremden Sprache bei, geht nur gelegentlich zur Großschreibung über.

Beispiele: partie (frz. fem.) (die Partie, der Theil)
"... une quatrième partie, die ..."
revenu (frz. mask.) (die Revenue)
von Marx als Femininum bestimmt
salaire (frz. mask.) (das Salaire)
von Marx als Neutrum bestimmt
propriété (frz. fem.) (die Proprietät)
von Marx als Femininum bestimmt
nécessaire (frz. mask.) (das Necessär)
von Marx als Neutrum bestimmt
genre (frz. mask.) (das Genre)
von Marx als Neutrum bestimmt

/87/

Fügt Marx englische Substantive in den deutschen Text ein, so verwendet er grundsätzlich den Artikel des entsprechenden deutschen Wortes.

Beispiele: addition: "... keine addition to the general stock ..."
profit: " ... der profit upon alienation ..."
surplus: " ... d. surplus, das den Profit bildet ..."
labour: " ... unter productive labour eine solche zu verstehen ..."

Es gibt einzelne Fälle, in denen Marx, zum Teil sogar im gleichen Satz, unterschiedliche Geschlechtsbestimmungen für das gleiche Wort verwendet und gleichzeitig die Abkürzung "d.".

Beispiel: "... daß d. 'richesse nationale, qui se compose des valeurs échangeables du travail' nie wachsen und nie fallen kann im Tauschwert, sondern daß sie überhaupt keinen Tauschwert hat, kein richesse ist, da d. richesse nur aus valeurs échangeables besteht ..."

In solchen Fällen bleiben die unterschiedlichen Geschlechtsbestimmungen von Marx erhalten. Die von Marx mit "d." abgekürzten Artikel werden entsprechend dem Genus des deutschen Wortes ausgeschrieben. (In diesem Fall "der".)

Besondere Erwähnung erfordern die Worte "value" (engl.), "value" (frz. fem.) und "valeur" (frz. fem.). Marx bestimmt sie wechselnd sowohl maskulin als auch feminin. Diese Uneinheitlichkeit wird beibehalten. In allen Fällen, in denen Marx den Artikel etc. nicht ausschreibt, werden diese Wörter maskulin bestimmt (der value, der valeur).

/88/

1.2. Besonderheiten in der III. Abteilung

1.2.1. Die in Briefen häufig abgekürzten Titel von Zeitungen und Zeitschriften werden beibehalten, wenn im gleichen Brief vorher der gleiche Zeitungstitel ausgeschrieben oder in verständlicher Verkürzung vorkam, also z. B.: ... die "Kölnische" ... die "K. Ztg." ..., ... die "K. Z." (vorausgesetzt, daß im gleichen Brief keine andere so deutbare Zeitung vorkommt, wie z. B. "Kirchen-Zeitung").

1.2.2. In allen andern Fällen wird diese Abkürzung beim ersten Auftauchen im Brief in [   ] ausgeschrieben und an allen andern Stellen desselben Briefes als Abkürzung beibehalten, wenn sie keine Mißverständnisse hervorrufen kann.

2. Anführungszeichen

2.1. Gemäß Editionsrichtlinien B.III.1.11. werden in allen deutschsprachigen Texten, auch deutschen Texten mit häufigen Zitaten in anderen Sprachen, die Anführungszeichen bei Satzzeichen in folgender Weise einheitlich wiedergegeben:

2.1.1. Steht der ganze Satz in Anführungszeichen, so werden die A̲b̲führungszeichen n̲a̲c̲h̲ dem schließenden Satzzeichen gesetzt.
Schema:
Textgrundlage: "_____".
Ed. Text: "_____."
Das geschieht unabhängig davon, ob der zitierte Satz in der Quelle noch länger ist oder nicht. Entscheidend ist der Marxsche Satzbau.

/89/

Hierbei ist zu beachten, daß grundsätzlich nur Abführungszeichen und Satzzeichen umgestellt werden. In folgenden Fällen ist also so zu verfahren:
a) Textgrundlage: "_____" (S. 12).
   Ed. Text: unverändert lassen
b) Textgrundlage: "Der Vertrag wurde gebrochen". (S. 12)
   Ed. Text: "Der Vertrag wurde gebrochen."(S. 12)

2.1.2. Ist nur der letzte Teil des Satzes angeführt, so werden die A̲b̲führungszeichen v̲o̲r̲ das schließende Satzzeichen gesetzt.
Schema:
Textgrundlage: _____ "_____"
Ed. Text: _____ "_____".

2.1.3. Ist der erste Teil des Satzes bis zum Komma angeführt, so werden die A̲b̲führungszeichen — gemäß Duden — i̲m̲m̲e̲r̲ ̲v̲o̲r̲ das Komma gesetzt.
Textgrundlage: "_____", _____.
Ed. Text: "_____," _____.
Auch dies Verfahren gilt unabhängig davon, ob der zitierte Teilsatz in der Quelle ebenfalls mit Komma endet.

2.2. In durchgehend englischen Texten gilt auch heute noch die Grundregel, daß Komma und Schlußpunkt immer v̲o̲r̲ der A̲b̲führung stehen. Entspricht die Textgrundlage dieser Regel, bleibt es auch im Edierten Text so.

/90/

Zeigt die Textgrundlage (besonders bei Handschriften) eine andere Handhabung, z. B. die für deutsche Texte festgelegte, kann auch diese beibehalten werden, da sich in modernen englischen Drucksachen auch schon die mit dem Deutschen übereinstimmende Form für zitierte Satzteile (vgl. 2.1.2. und 2.1.3.) findet. (Vgl. Alisch: Richtlinien für den Satz fremder Sprachen. 3. Aufl. Leipzig (1969). S. 16.)

2.3. In durchgehend französischen Texten gelten für die Stellung der Satzzeichen beim Zusammentreffen mit Anführungszeichen die gleichen Regeln wie im Deutschen (siehe 2.1.). Kurze Einschaltungen ins Zitat, wie dit-il (sagte er) u. ä. können regelgemäß auch zwischen Kommas stehen; ebenso kann bei kurzen Dialogen der Sprecherwechsel durch Gedankenstriche markiert werden, Anführungszeichen stehen dann nur am Anfang und Schluß des Dialogs.

2.4. Bei Zitat im Zitat werden — unabhängig von der Darbietungsform in der Textgrundlage — in allen Sprachen halbe Anführungszeichen gesetzt.
Dies gilt nicht bei Marxschen Einschaltungen ins Zitat, innerhalb deren Wörter angeführt sind.
z. B.: "Allein deshalb hat sie (die Redaktion der "Augsburgerin") so 'nobel' reagiert."

2.5. Ist ein längeres, zusammenhängendes Zitat in der Textgrundlage vor jedem Absatz oder vor jeder Zeile erneut angeführt, so wird bei deutschen Texten in jedem Falle im Edierten Text nur Anfang und Ende des Zitats mit An- bzw. Abführungszeichen versehen.

/91/

3.   Wiedergabe der großgeschriebenen Umlaute Ae Oe Ue

3.1.   Bei allen handschriftlichen Zeugen wird die jeweilige Schreibung der großen Umlaute (auch wenn in demselben Zeugen Ae, Oe, Ue neben Ä, Ö, Ü vorkommt) beibehalten.

3.2.   Bei allen gedruckten deutschsprachigen Texten wird, sofern der Druck einheitlich Ae usw. oder Ä usw. zeigt, die jeweilige Schreibweise beibehalten. Bei Mischungen beider Schreibweisen kann — nach Analyse des betr. Textzeugen — auf die vorherrschende vereinheitlicht werden, da Mischungen meist auf Zufälligkeiten im Arbeitsprozeß der Setzerei hindeuten. Über diese Vereinheitlichung muß in der Zeugenbeschreibung generalisierend informiert werden.

4.   Wiedergabe vier- und mehrstelliger Zahlen

4.1.   In deutschen, französischen, italienischen, spanischen und gemischtsprachigen Arbeiten werden fünf- und mehrstellige Zahlen im Edierten Text so wiedergegeben, daß jeweils 3 Stellen (von rechts nach links gezählt) eine Gruppe bilden, die durch größeren Zwischenraum von der nächsten Gruppe getrennt wird. Dies geschieht in allen Fällen, unabhängig von der Darbietung im handschriftlichen oder gedruckten Textzeugen. Die in den Textzeugen in der Regel vorhandenen Kommata oder Punkte zur Trennung der Tausendergruppen entfallen also im Edierten Text.
Bei vierstelligen Zahlen wird nur dann größerer Zwischenraum nach der 1. Stelle gesetzt, wenn diese Zahlen in Tabellen zusammen mit 5- und mehrstelligen Zahlen vorkommen.

/92/

4.2.   In durchgehend englischsprachigen Werken bzw. Exzerpten englischsprachiger Werke (auch mit teilweiser Übersetzung) werden — entsprechend der im Englischen bis heute üblichen Praxis — die Tausendergruppen durch Kommata getrennt. Ebenso werden in englischen Texten — den englischen Regeln gemäß — Dezimalstellen durch Punkt abgetrennt, also $1/4 = 0.25$.

5.   Wiedergabe von Brüchen

5.1.   Unabhängig von der Wiedergabe in der Textgrundlage werden alle Brüche weitestgehend mit schrägem Bruchstrich gesetzt und sind daher auch im Schreibmaschinen-Manuskript so zu tippen:

$$1/3, \quad 6 \; 7/9, \quad 17/125, \quad 12 \; 16/1000 \quad \text{usw.}$$

5.2   Mit waagerechtem Bruchstrich werden Brüche gesetzt, wenn
  – sie im Zähler oder Nenner Brüche enthalten:

$$\frac{12 \quad 16/24}{20\ 000\ 000} \; ; \quad \frac{17}{6\ 7/8}$$

  – sie im Zähler oder Nenner außer Ziffern noch mathematische Operationszeichen enthalten:

$$\frac{(100 + 70)}{4} \; ; \quad \frac{1200 - 620}{12 + 31}$$

  – im Zähler oder Nenner außer Ziffern auch Buchstabenelemente oder Worte stehen bzw. die Brüche nur aus Buchstaben oder Worten bestehen:

$$\frac{200\ W}{2} \qquad \frac{200\ \text{Pfd. St.}}{75} \qquad \frac{v}{c} \qquad \frac{100 + x}{100}$$

$$\frac{\text{Mehrarbeit von 6 Stunden}}{\text{Notwendige Arbeit von 6 Stunden}} = \frac{100}{100}$$

Im Formelzusammenhang kann die Regel 5.2. auch die Regel 5.1. außer Kraft setzen:

$$\frac{v}{c} = \frac{20}{100} = \frac{40}{200}$$

/93/

6. Ordnungszahlen mit Exponenten

Die Wiedergabe von Ordnungszahlen mit oder ohne Exponenten (2ter, 2ter, 6te, 6ste, 1st, 2nd, 3rd, 4th neben 1st, 2nd, 3rd usw.; 1ère, 2me usw.) erfolgt stets gemäß der Textgrundlage, auch wenn sie innerhalb einer Textgrundlage wechselt.

7. Randanstreichungen, Randzeichnungen und Merkzeichen

7.1. Gemäß Editionsrichtlinien B.III.1.10. werden Randanstreichungen und andere Merkzeichen möglichst adäquat wiedergegeben. Dabei ist im einzelnen folgendes bereits bei der Anfertigung des Schreibmaschinen-Manuskripts zu beachten:

7.1.1. Im Druck müssen alle Randelemente auf einem Rand (dem Außenrand) wiedergegeben werden. Im Maschinen-Manuskript müssen daher die auf den Handschriftseiten links und rechs am Rand stehenden Elemente auf dem linken Manuskriptrand vereinigt werden, und zwar so, daß Anstreichungen nahe an der linken Textkante, Merkzeichen links daneben angeordnet sind. Die vertikale Ausdehnung der Linien und Zeichen muß genau dem in der Handschrift markierten Textbereich entsprechen. Sind größere Textteile durch mehrere Einzelstriche von oben nach unten angestrichen, ohne daß dazwischen sinnvolle Lücken sind, so wird eine derartige Passage durch einen durchgehenden Strich angestrichen; zufällige Überlappungen der Einzelstriche in der Handschrift werden dabei ignoriert.

7.1.2. Zeichnungen und Merkzeichen sind in vertretbarem Maß zu stilisieren, wobei ihre "Individualität" zwar gewahrt bleiben soll, andererseits gleiche Zeichen, die in der Handschrift in verschiedenen Ausführungen erscheinen, einheitlich wiedergegeben werden.

/94/

7.2. Wenn in der Handschrift bestimmte Anstreichungen und Zeichen wiederholt mit verschiedenem Schreibmaterial geschrieben werden, hier also verschiedene Durcharbeitungsphasen angenommen werden müssen, so wird auch der Wechsel des Schreibmaterials graphisch wiedergegeben.

Beispiele:

Handschrift	MEGA²	
Randanstreichungen und -zeichnungen mit		
Tinte	dicke Linie	▬▬▬▬▬
Bleistift	dünne Linie	————
Rotstift	punktierte Linie	··············
Braunstift	Strichpunktlinie	·—·—·—·—·

Im 1. Exemplar des Maschinen-Manuskripts (Druckerei-Manuskript) werden diese Randelemente in den verschiedenen Materialien — Tinte, Bleistift, Rotstift usw. — eingezeichnet.

7.3. Die graphische Unterscheidung des Schreibmaterials gilt auch für die Wiedergabe von Unterstreichungen des Textes, die mit vom Grundtext abweichendem Schreibmaterial erfolgten.

Ist also die Grundschicht einer Handschrift mit Tinte geschrieben, so gilt folgendes Verfahren für die Unterstreichungen:

/95/

Unterstreichungen in der Handschrift	Wiedergabe im Maschinen-Manuskript	Wiedergabe im Druck
mit Tinte	Unterstreichung mit Schreibmaschine	Text kursiv
mit Bleistift	Unterstreichung mit Bleistift	Text nicht kursiv, Unterstreichung mit dünner Linie
mit Rotstift	Unterstreichung mit Rotstift	Text nicht kursiv, Unterstreichung durch punktierte Linie
mit Tinte und Rotstift	Unterstreichung mit Schreibmaschine und mit Rotstift	Text kursiv, Unterstreichung durch punktierte Linie

8. <u>Zur Vereinheitlichung der Schreibweise</u>

8.1. Abweichend von der Grundregel, daß die Orthographie der Textgrundlage weder modernisiert noch vereinheitlicht wird, kann in begründeten Sonderfällen innerhalb eines Werkes, evtl. auch eines Bandes die Schreibweise eines Wortes ausnahmsweise vereinheitlicht werden, wobei dies in den Editorischen Hinweisen mitzuteilen ist. So werden in der Zweiten Abteilung bei solchen Manuskripten, in denen Marx den zentralen Begriff Ware in mehr als 90% des Auftretens "Waare" schreibt, die wenigen Einzelfälle, wo es "Ware" geschrieben wurde, als Schreibverkürzung gewertet und redaktionell an die dominierende Schreibung angeglichen. Andere verschiedene Schreibungen dagegen wie lezter/letzter, gesezt/gesetzt, nämlich/ nähmlich u. v. a. bleiben nebeneinander bestehen.

8.2. Unterschiedliche Numerierung innerhalb einer Reihe, z. B.: 1) 2. 3. 4. wird vereinheitlicht nach der in der betr. Reihe dominierenden Art. Dagegen bleiben verschiedene, in sich einheitliche Reihen unverändert; so kann es im gleichen Textzeugen Aufzählungen sowohl des Typs 1. 2. 3. als auch des Typs 1) 2) 3) und andere geben.

/96/

8.3. Die Abkürzung "etc." wird nach den Regelwerken des 19. Jh. mit Punkt geschrieben. Fehlt also bei gedruckten Textgrundlagen vereinzelt der Punkt, ist das als Druckfehler zu werten und stillschweigend zu korrigieren. Bei handschriftlichen Zeugen, insbesondere Exzerpten und Arbeitsmanuskripten, findet sich neben richtiger Schreibung mit Punkt viel häufiger "etc" ohne Punkt, was auch als "Schreibökonomie" zu werten ist. Da das Fehlen dieser Punkte die Lesbarkeit des Textes nicht beeinträchtigt, werden beide Schreibweisen so wie in der Handschrift belassen.

9. <u>Verzicht auf Korrektur bestimmter grammatischer Fehler</u>

9.1. In bestimmten Fällen wird die Nichtübereinstimmung im Numerus (von Subjekt und Prädikat oder Pronomen und Bezugswort) <u>nicht</u> korrigiert, sofern der Sinn des Satzes und die grammatischen Beziehungen zweifelsfrei erkennbar sind. Beispiele:

Zweitens aber tausch<u>en</u> sich ein bestimmtes Quantum lebendiger Arbeit gegen ein gleiches Quantum vergegenständlichter Arbeit aus.

... außer <u>Salaires, Profit und Rente</u> auch noch ein 4<u>ter</u> und von <u>dem</u> verschiedner Bestandtheil ...

(Das <u>dem</u> kann hier auch im Sinne von "alledem" gemeint sein!)

... daß die <u>Arbeit</u> von Arzt und Schulmeister nicht unmittelbar den fonds <u>schaffen</u> ...

Jezt <u>ist</u> aufgegessen <u>3 Arbeitstage.</u>

/97/

9.2. Brüche, deren Zähler größer als 1 ist, werden bei Marx stellenweise als Singular, stellenweise als Plural behandelt. Im Edierten Text belassen wir also z. B.

$3/_5$ Elle neben $4/_5$ Ellen

$3/_4$ Tag " $3/_4$ Tage

Die 2/3 A , worin sie den Werththeil ihres Products B aufessen, der Revenu vorstellt, ersetzt zugleich dem Producenten A in natura ihr Capital constant, oder liefert ihnen die Waaren, die sie industriell consumiren.

10. Eingedeutschte Schreibweise französischer Personen- und Ortsnamen in deutschen Texten wird im Prinzip beibehalten wie in der Textgrundlage. Im Namenregister wird der Name in seiner originalsprachigen Schreibweise dargeboten, alle anderen Schreibweisen werden in Klammern beigefügt, nötigenfalls wird von letzteren zur originalsprachigen verwiesen. Bei Bedarf sind auch Ortsregister bzw. Register geographischer Namen anzufertigen, in denen mit Ortsnamen, Flußnamen etc. sinngemäß verfahren wird.

/98/

III. Einzelfragen der Apparatgestaltung

1. Verwendung von Abkürzungen, Siglen und Zeichen im Apparat

1.1. Einmal in die MEGA eingeführte Abkürzungen, Siglen und Zeichen sind grundsätzlich immer in der gleichen Bedeutung anzuwenden. Für die erste russische Ausgabe der Werke von Marx und Engels wird einheitlich die Sigle МЭС[1] für die zweite russische Ausgabe die Sigle МЭС[2] verwendet, zu der noch Ziffern für die Bandnummer hinzutreten können (МЭС[1] VIII = Bd. 8 der ersten russischen Ausgabe).

1.2. Im Verzeichnis der Abkürzungen, Siglen und Zeichen werden auch heute ungebräuchliche Abkürzungen und Zeichen für Maße, Münzen und Gewichte entschlüsselt, sofern die betr. Abkürzungen im Edierten Text öfter vorkommen.

2. Archivsignaturen

2.1. Die Archivsignatur für Materialien des Marx-Engels-Fonds im IML/ ZPA Moskau ist einheitlich in dieser Form anzugeben:

IML/ZPA Moskau, Sign. f. 1, op. 1, d. 223.

2.2. Für Materialien des Marx-Engels-Nachlasses im IISG ist grundsätzlich deren neue Archivsignatur anzugeben. z. B.:

IISG, Marx-Engels-Nachlaß, Sign. A 3.

3. Varianten- und Korrekturenverzeichnis

/99/

3.1. Die Seitenbezugszahlen und Zeilenangaben werden so gestaltet, daß bei einer Häufung von Zeilenangaben zur gleichen Seite die Seitenzahl freigestellt wird. Beispiele:

28.29–30,   Marburg] H Mahrburg
34–35
29.3,5–8,   Pfeiffer] H Pfiefer
13–14,
212.16, 18, 27   Altstedt] H Allstedt
213.14

3.2. Wenn im Korrekturenverzeichnis infolge des kompressen Satzes bei mehreren Seitenbezügen für eine Textkorrektur Unsicherheiten in der Zuordnung entstehen können, ist die Verbindung der Seitenbezüge durch "u." vorzuziehen. Beispiel:

215.27 u.   Quiddam] H Quoddam
217.12   Marx übernahm Fehler der Quelle.

4. **Erläuterungen**

4.1. Erläuterungen werden nur dann durch Lemma auf den Text bezogen, wenn das zur Verkürzung der Erläuterung führt und für die Herstellung des Bezuges unbedingt notwendig ist. Diese lemmatisierten Erläuterungen müssen nicht immer die Form vollständiger Sätze haben, beginnen jedoch immer mit Großschreibung und enden in der Regel mit Punkt, z. B.

391.15 ständische] Hervorhebung von Marx.

370.4 seiner ersten Gemahlin] Jeanne de Bourgogne.

33.9 stérile] Bei Blanqui hervorgehoben.

Ausnahme (ohne Schlußpunkt):

24.7 à son profit] Bei Quesnay: à profit

Hier muß der Punkt entfallen, da konkrete Textstücke verglichen werden.

/100/

4.2. Die Form der Verweisung auf andere Erläuterungen ist folgende:

... Bundeskongreß (siehe Erl. 213.10) beschloß ...

... werden. Siehe auch Erl. 213.10.

4.3. Personennamen werden beim ersten Auftauchen innerhalb der Erläuterungen zu einer Texteinheit (Artikel, Werkabschnitt usw.) mit Vornamen genannt. Das ist nicht nötig, wenn der Familienname mit anderen charakterisierenden Attributen verbunden ist (Titel, Standes- oder Berufsbezeichnung), z. B.:

der preußische Ministerpräsident von Rochow.

Die Vornamen können auch entfallen, wenn in einer Erläuterung eine größere Gruppe von Personen aufgezählt wird.

4.4. Verweisungen auf zusätzliche und weiterführende Materialien werden mit "siehe" bzw. "siehe auch" eingeleitet. Wenn sich jedoch innerhalb einer Erläuterung Häufungen solcher Verweisungen ergeben, ist die Anzahl der Einleitungsworte durch umschreibende Formulierungen zu verringern.

4.5. Quellenbelege in Erläuterungen (für Zitate der Autoren) sind möglichst knapp zu halten. Wurde z. B. in einem Artikel von Marx ständig ein- und dieselbe Zeitungs-Nummer zitiert, braucht diese nur einmal generell genannt zu werden.

4.6. Gilt der gleiche Erläuterungsapparat für 2 oder 3 verschiedene Textfassungen eines Werks, so erhält jede Erläuterung 2 bzw. 3 untereinanderstehende Seitenbezüge:

157.15–17

236.2–4

398.23–25

/101/

Sinngemäß wird verfahren, wenn sich Erläuterungen auf einen altsprachlichen Edierten Text und dessen geschlossene Übersetzung im Apparat beziehen :

75.22, 24   Hervorhebungen von Marx.

(916.34, 36)

/102/

IV. **Verzeichnis von beizubehaltenden Abkürzungen**

1. Eine Ausschreibung bei nachfolgenden Abkürzungen ist ungebräuchlich:

Betr., betr.	Betreff, betreffend
b. w.	bitte wenden
bzw.	beziehungsweise
ca.	circa (ungefähr, etwa)
c.-à-d.	c'est-à-dire (das heißt)
d. d.	de dato
d. h.	das heißt
d. i.	das ist
d. J.	des Jahres
dgl., dergl., desgl.	dergleichen, desgleichen

d. Mts.	des Monats
dto.	dito (dasselbe, ebenso)
etc.	et cetera (undsofort)
evtl.	eventuell
f. i.	for instance (zum Beispiel)
id.	idem (der-, die-, dasselbe)
i. e.	id est (das ist, das heißt)
lfd.	laufend
lt.	laut (Präp.)
m. E.	meines Erachtens
N. B., NB	notabene
n. Chr.	nach Christo
NS.	Nachschrift
n. u. Z.	nach unserer Zeitrechnung
o. ä.	oder ähnliches
p. a.	per annum (jährlich)
p. c., %, P./c, p./c	Prozent
p. p.	praeter propter (etwa, ungefähr)
P. S., PS	Postskriptum
resp.	respektive
s. g., sog.	sogenannte
sc.	scilicet (nämlich)
s. o.	siehe oben
s. u.	siehe unten
u. a.	unter anderm, und andre
u. a. m.	und andres mehr
u. ä.	und ähnliches
u. dgl., u. dergl.	und dergleichen
u. E.	unseres Erachtens
usf., u. s. f.	und so fort
usw. u. s. w.	und so weiter
u. Z.	unserer Zeitrechnung
u. zw.	und zwar
v. Chr.	vor Christo
vgl., vergl.	vergleiche
v. u. Z.	vor unserer Zeitrechnung
v. v.	vice versa (umgekehrt)
z. E.	zum Exempel
z. B.	zum Beispiel
z. Z.	zur Zeit

/103/

2. Wenn es der spezielle Charakter eines Textes, die Gesamtheit der Textgestaltung als zweckmäßig erscheinen lassen, können von Fall zu Fall auch noch weitere häufig auftretende Abkürzungen beibehalten werden.
Das betrifft in erster Linie gehäuftes Auftreten bestimmter Abkürzungen in Formeln, Tabellen, Aufstellungen, Berechnungen usw. wie z. B. :

Ex., Expl.	Exemplar(e)
Jh., Jhh., Jhdt.	Jahrhundert(e)
Mill.	Million(en)
Mon.	Monat
St.	Stück
Tsd.	Tausend

Bei Miltaria z. B.:

Bat.	Bataillon
Comp., Komp.	Kompanie
M.	Mann
Rgt.	Regiment

3.   In bibliographischen Angaben werden hierfür übliche Abkürzungen beibe-
        halten. Dabei handelt es sich besonders um folgende:

Abschn.	Abschnitt
Abt., Abth.	Abteilung
Anm.	Anmerkung
Art.	Artikel
Aufl.	Auflage
Ausg.	Ausgabe
a. a. O.	am angeführten Ort
b.	book
Bd., Bde.	Band, Bände
c., ch., chap.	chapter, chapitre
Cap., cap., Capt.	Capitel
cf., conf., cfr.	confer
Ed., ed., éd.	Edition
edit, édit.	edited, édité (herausgegeben)
ebd.	ebenda
f., ff.	folgende
Hrsg.	Herausgeber
hrsg.	herausgegeben
ib., ibid.	ibidem (ebendort)
Jg.	Jahrgang
Kap.	Kapitel

/104/

l., lib.	Liber
l., liv.	Livre
l. c.	loco citato (am angeführten Ort)
n.	note, number
Nr., Nro., №, N., Nrn.	Nummer(n)
o. J.	ohne Jahr (Buchtitel)
o. O.	ohne Ort (Buchtitel)
p., pag.	page, pagina
pass.	passim (da und dort)
rev., revid.	revidiert
Red.	Redaktion
red.	redigiert
s. l.	sine loco (ohne Ortsangabe)
sq., seq.	sequens (folgende, Singular)
sqq., seqq.	sequentes (folgende, Plural)
S.	Seite
s.	siehe
Sect.	Section
Sp.	Spalte
t.	tome, tom
Th.	Theil
trad.	traduit, traducteur (übersetzt, Übersetzer)
Tit.	Titel
Übers.	Übersetzer
übers.	übersetzt
u. f.	und folgende
v., vol., vols.	volume(s)
v. o.	von oben
v. u.	von unten
Verf.	Verfasser
verf.	verfaßt

4. Übliche Abkürzungen bzw. Symbole für Münzen, Maße und Gewichte werden beibehalten und gegebenenfalls im Abkürzungsverzeichnis entschlüsselt.

Bush., bush.	Bushel
c., ct., cts.	Centime(s)
ct., Ct.	Cent
Ctr., Ztr.	Zentner
cwt., cwts.,Cwt., Cwts.	Hundredweight(s)
d., d	Penny
Dtzd.	Dutzend
f.	Farthing
Fl., fl.	Florin (Gulden)
Fr.	Franken
fr., frs., frcs.	Franc, Francs
Gr.	Groschen
Ggr.	Gute Groschen
h. p.	horse power
lb., lbs., lb, lbs	Libra(s) (Pfund)
£, L, l, L St.	Pfund Sterling (livre)
Min.	Minute
Pf., Pfd.,	Pfund

/105/

Pfd. St., Pfd. Sterl., Pf. St.	Pfund Sterling (£)
Pf., Pfg.	Pfennig
qr., qrtr., Qr., Qrtr.	Quarter
qrs., qrtrs., Qr., Qrtrs.	Quarters
Rthl., Rtlr.,	Reichsthaler
$	Dollar
s., sh., s, sh	Schilling
Std.	Stunde
Sek., Sec.	Sekunde
Sgr.	Silbergroschen
Thlr., Tlr., Th.	Thaler, Taler

5. Bei Datierungen von Briefen, Artikeln, Manuskripten, Exzerpten usw. wird in der Regel auch hinsichtlich der auftretenden Abkürzungen die Originalform beibehalten (also abgekürzte Monatsnamen u. a.),
    z. B.   Novbre, 9bre (= Novembre) c (= currentis)

6. Abkürzungen von Personennamen bleiben bestehen und werden, wenn zum Verständnis notwendig, in [ ] ergänzt, also z. B.
    B [akunin]
    B [ebel]
    B [ernstein]
    In Verbindung mit Namen, vor allem in Anschriften, Anreden, Unterschriften, Absenderangaben, werden Abkürzungen folgender Art beibehalten:

a. D.	außer Dienst
Co., Comp., Komp.	Companie
Dr.	Doktor
d. Ä.	der Ältere
d. J.	der Jüngere
d. O.	der (die, das) Obige
Ew.	Euer, Eure
Ewr.	Eurer
Ew. M., Ewr. Maj.	Euer Majestät
Exz.	Exzellenz
Fr.	Frau
Frl.	Fräulein

Fa.	Firma
Frhr.	Freiherr
geb.	geboren
gest.	gestorben
gez.	gezeichnet
Hr., Hrn.	Herr, Herrn

/106/

hl.	heilig
jr., jun.	junior
k. k., k. u. k.	kaiserlich-königlich
Kgr.	Königreich
M.,Mr	Monsieur
Mess., MM.	Messieurs
Mrs.	Mistreß
Mme, Mmes	Madame, Mesdames
Mr.	Mister
Mlle, Mlles	Mademoiselle, Mesdemoiselles
Nachf.	Nachfolger
N. N.	nomen nominandum, nomen nescio (unbekannt)
p. p., P. P.	praemissis praemittendis (angenommen)
Prof.	Professor
St., Sct.	Sankt
Se. M., S. M.	Seine Majestät
sen.	senior
Sr.	Seiner
Str.	Straße
v.	von (nur in Verbindung mit Namen, z. B. Ulrich v. Hutten, v. Schweitzer)
verst.	verstorben
verh.	verheiratet
z. H.	zu Händen

Richtlinien
für die bibliographischen Nachweise im Apparat

Gliederung: Seite

I.   Allgemeine Grundsätze für die Gestaltung der bibliographischen Nachweise

1.   Umfang und Reihenfolge der anzugebenden bibliographischen Merkmale
     Es werden in der Regel folgende bibliographischen Merkmale in nachstehender
     Reihenfolge angegeben:

1.1. Selbständige Veröffentlichungen
     – Verfasserangabe
     – Sachtitel
     – Zusätze
     – Ausgabebezeichnung
     – Bandzählung
     – Erscheinungsvermerk
     – Übergeordneter Gesamttitel

1.2. Unselbständige Veröffentlichungen
     – Verfasserangabe
     – Sachtitel
     – Worin enthalten (In:)

Zeitungen:	Zeitschriften:
- Titel	- Titel
- Erscheinungsort (soweit nicht im Titel)	- Erscheinungsort
- Nummer	- Jahrgang, Serie
- Datum	- Jahr
- Art der Ausgabe (Beilage, 2. Ausgabe u. ä.)	- Band, Heft, Nummer

/109/

1.3. Periodica (allgemein)
- Titel
- Untertitel
- Zusätze
- Erscheinungsort

2. Verfasserangabe

2.1. Es werden Familiennamen und Vornamen des Verfassers in der Schreibweise der Vorlage angeführt. Weitere Zusätze zur Verfasserangabe (akademische und sonstige Titel, Berufs- und Funktionsangaben u. ä.), die auf der Vorlage aufgeführt sind, werden nicht wiedergegeben.
Vorlage: Dr. Johann Conrad, Professor der Staatswissenschaft zu Halle
Wiedergabe: Johann Conrad

2.2. Unvollständige Verfasserangaben werden nach Möglichkeit ergänzt.

2.2.1. Abgekürzte Vornamen werden ohne eckige Klammern ergänzt. Nicht verzeichnete weitere Vornamen werden nicht hinzugefügt.
Vorlage: G. Fr. Gaertner
Wiedergabe: Gustav Friedrich Gaertner
Vorlage: Andr. Cramer
Wiedergabe: Andreas Cramer
nicht: Andreas [Guilelmus] Cramer
Eine Ausnahme bilden allgemein übliche Abkürzungsformen mehrerer Vornamen eines Verfassers (z. B.: E. T. A. Hoffmann), die bestehen bleiben können.

/110/

2.2.2. Fehlt der Vorname, so ist derselbe in eckigen Klammern hinzuzufügen. Bei mehreren Vornamen des Verfassers werden diese (im Unterschied zum Namenregister, wo alle erscheinen) nur in dem Umfang hinzugesetzt, wie es bei anderen Publikationen des betr. Verfassers üblich ist.
[Charles] Darwin   (Namenreg.: Charles Robert Darwin)
[Ludwig] Feuerbach   (Namenreg.: Ludwig Andreas Feuerbach)
[Jacob] Grimm   (Namenreg.: Jacob Ludwig Karl Grimm)

2.2.3. Griechische Autoren erscheinen in latinisierter Form. Falls erforderlich, kann die Herkunftsangabe hinzugefügt werden.
Plutarchus Chaeronensis
Ctesias Cuidius
Römische Autoren werden unter ihrem gebräuchlichen Namen eingeordnet, also entweder unter dem Cognomen:
Cicero, Marcus Tullius
oder unter dem Nomen:
Vergilius Maro, Publius

2.2.4. Antike Schriften, die unter einem falschen Namen überliefert sind und bei denen der wirkliche Verfasser nicht bekannt ist, werden am Schluß unter dem Namen des überlieferten Autors eingeordnet, der dann den Vorsatz "Pseudo-" erhält.
Xenophon: Cyropaedia
— Hellenica.
Pseudo-Xenophon: De re publica Atheniensium.

/111/

2.3. Fehlende Verfasserangaben werden nach Möglichkeit ergänzt.

2.3.1. Bei anonymen Publikationen wird der ermittelte Verfasser in eckigen Klammern hinzugesetzt, wobei für seine Schreibweise die Richtlinien für das Namenregister sinngemäß anzuwenden sind.
[Johann Jacoby]
[Louis-Adolphe Thiers]
Hinsichtlich der Wiedergabe von Vornamen ist wie unter 2.2.2. zu verfahren.
[Ludwig Feuerbach]   (nicht: [Ludwig Andreas Feuerbach])

2062.3.2. Ist die Verfasserangabe auf der Vorlage verschlüsselt, wird bei sicherer Identi-fizierung in gleicher Weise verfahren.

[François de Chabot:] Abrégé des commentaires de M. de Folard, sur l'histoire de Polybe. Par M^{xxx.} T. 3. Paris 1754.

[James Fenimore Cooper:] The last of the Mohicans. By the author of "The Spy". Vol. 1–4. Vol. 3. Zwickau 1827.

2.3.3. Ist der verschlüsselte Verfasser nicht mit ausreichender Sicherheit zu ermitteln, wird keine Verfasserangabe vorangesetzt, sondern folgendermaßen verzeichnet:

Political notes of the present situation of France and Paris. By a French positivist [d. i. vermutl. Jean-François-Eugène Robinet]. London [1871].

2.3.4. Ist der Verfasser einer anonymen Schrift nicht zu ermitteln, erscheint sie unter dem Sachtitel.

2.4. Falsche Verfasserangaben werden berichtigt.

/112/

2.5. Bei Werken bis zu drei Verfassern werden alle Verfassernamen in der Reihenfolge der Vorlage aufgeführt und sie unter den ersten gestellt. Bei mehr als drei Verfassern (Autorenkollektiv usw.) werden nur der (die) Haupt- bzw. leitende(n) Verfasser genannt und die Veröffentlichung verbleibt unter dem Sachtitel.

Vorlage: Manifest der Kommunistischen Partei.
             Von Karl Marx und Friedrich Engels.

Wiedergabe: Karl Marx, Friedrich Engels: Manifest der Kommunistischen Partei.

Vorlage: Chemische Tabellen und Rechentafeln. Von Prof. Dr. K. Rauscher, Dipl.-Chem.l. Voigt, Dr. I. Wilke und Dr. K. Th. Wilke. Leipzig 1881.

Wiedergabe: Chemische Tabellen und Rechentafeln. Von Karl Rauscher [u. a.] Leipzig 1881.

2.6. Weist der Verfassername auf dem Titelblatt infolge Übersetzung oder Beugung Veränderungen in der Schreibung auf, so wird zunächst die Normalform in eckigen Klammern vorangesetzt und danach folgt die Form des Titelblatts.

[Gottfried Wilhelm von Leibniz] Gothofredus Guillelmus Leibnitius: Opera omnia. T. 2. Genevae 1768.

3. <u>Sachtitel</u>

3.1. Die Wiedergabe des Sachtitels (Titel und Untertitel) erfolgt originalgetreu. Sprache, Schrift (lateinisch, kyrillisch) und Orthographie der Vorlage werden beibehalten. Ebenso wird die Interpunktion möglichst unverändert übernommen, jedoch können zur sinnvollen Gliederung des Textes und zur besseren Übersicht Interpunktionszeichen ohne besondere Kennzeichnung eingefügt bzw. verändert werden.

/113/

3.2. Das typographische Bild der Vorlage (z. B. Zeilenfall) wird nicht nachgeahmt, typographische Eigentümlichkeiten werden nicht übernommen. So tritt bei Wörtern, die ganz oder teilweise in Majuskeln oder Minuskeln gebracht sind, die in der Erscheinungszeit allgemein übliche Groß- und Kleinschreibung ein.

Vorlage: HANDLEXIKON DER MEDIZINISCHEN
             UND THERAPEUTISCHEN PRAXIS

Wiedergabe: Handlexikon der medizinischen und therapeutischen Praxis

3.3 Wenn der Sachtitel in Groß- und Kleinbuchstaben wiedergegeben ist, tritt ebenfalls die zur Zeit des Erscheinens allgemein übliche Groß- und Kleinschreibung ein. Sonderregeln für die Groß- und Kleinschreibung in Titeln, wie sie besonders im Englischen und Französischen vorliegen, finden keine Berücksichtigung.

/114/

Vorlage: PAPER AGAINST GOLD ; OR, The History and Mystery of the Bank of England, of the Debt, of the Stocks, of the Sinking Fund, and of all the other tricks and contrivances, carried on by the means of Paper Money.

Wiedergabe: Paper against gold; or, the history and mystery of the Bank of England, of the debt, of the stocks, of the sinking fund, and of all the other tricks and contrivances, carried on by the means of paper money.

(Im Englischen werden allgemein groß geschrieben: Der Anfang des Satzes, alle Eigennamen (einschließlich Namen von Organisationen, offiziellen Einrichtungen und Festen, geographische Namen, Völkernamen, feststehende geschichtliche Begriffe, religiöse Bezeichnungen, Monate, Wochentage, persönliche Titel sowie das Fürwort "I") und die davon abgeleiteten Wörter.)

Vorlage: Les Théoriciens du Socialisme en Allemagne.
Wiedergabe: Les théoriciens du socialisme en Allemagne.
Vorlage: Le Commerce et le Gouvernement.
Wiedergabe: Le commerce et le gouvernement.

(Im Französichen werden allgemein groß geschrieben: Der Anfang des Satzes und Eigennamen (einschließlich Namen von Organisationen und offiziellen Einrichtungen, geographische Namen, Völkernamen, feststehende geschichtliche und religiöse Begriffe, persönliche Titel), jedoch nicht davon abgeleitete Wörter. Der Anfangsbuchstabe beigeordneter Adjektive wird in der Regel klein geschrieben: l'Académie française, le Musée pédagogique, le Saint Empire romain germanique.)

3.4. Der Sachtitel wird in der Regel vollständig, d. h. ohne Abkürzungen und Weglassungen, wiedergegeben. Besonders weitschweifige Sachtitel, insbesondere Untertitel, können gekürzt werden, jedoch muß der Anfang und alles das erhalten bleiben, was für den Inhalt, die Identifizierung und Einordnung der Schrift wesentlich ist. Auslassungen werden durch drei Punkte gekennzeichnet.

Eine philologisch-historische Abhandlung von dem Alterthume des böhmischen Bergwerks, und von einigen daher stammenden begrenzenten Wörtern und Redarten ... Schneeberg 1758.
Treulicher Unterricht im General-Baß ... zum Nutzen aller Instrumentalisten und Vocalisten. Hamburg 1737.

/115/

3.5. Personennamen, die innerhalb des Sachtitels auftauchen, bleiben in der Form der Vorlage bestehen. Vornamen werden nicht ergänzt bzw. ausgeschrieben. Es bleibt also
Kritik der Leibnitz'schen Philosophie.
Die Ansichten D. Ricardos in kritischer Sicht.

3.6. Der Sachtitel kann, wenn dies zur genaueren Kennzeichnung des Inhalts erforderlich, durch einen redaktionellen Hinweis ergänzt werden, der in eckige Klammern zu setzen ist.
[Rezension zu:] Das Provinzial-Recht der Altmark ... Magdeburg 1836. In: Jahrbücher für wissenschaftliche Kritik. Berlin. Nr. 61, April 1837.
Vorwort [zu: Karl Marx: Die Klassenkämpfe in Frankreich 1848 bis 1850. Berlin 1895].

3.7. Griechische Sachtitel erscheinen in lateinischer Umschrift bzw. Übersetzung. Sind mehrere Übersetzungen üblich, können diese hinzugefügt werden.
Xenophon: Cyropaedia (Institutio Cyri).

3.8. Bei fehlendem Sachtitel kann mit einem fingierten, d. h. redaktionell gegebenen Titel gearbeitet werden, der in eckige Klammern zu setzen ist (siehe dazu II.3.3.4.)

Friedrich Wilhelm IV.: [Antwort an die Deputation der Berliner National-versammlung vom 15. Oktober 1848.] In: Berliner Zeitungs-Halle. Nr. 325, 18. Oktober 1848.

4. Zusätze

/116/

4.1. Zusätze wie Angaben über Herkunft, Veranlassung und Zweck, über den Über-setzer bzw. Herausgeber der Schrift sowie über textliche Beigaben, Anhänge usw. werden von der Vorlage übernommen, können jedoch verkürzt wieder-gegeben werden. Falls erforderlich, können Zusätze redaktionell ergänzt werden, wobei diese Ergänzungen in eckige Klammern zu setzen sind.

Samuel Taylor Coleridge: Liebeserinnerungen. [Übers. von Levin Schücking.] In: Blätter zur Kunde der Literatur des Auslands. Stuttgart, Augsburg. Nr. 68 und 69, 7. Juni 1840.

4.2. Ständig wiederkehrende bibliographische Termini innerhalb der Zusätze werden in einheitlicher Form abgekürzt, z. B.

bearb.	=	bearbeitet
ed.	=	ediert
erg.	=	ergänzt
erl.	=	erläutert
Hrsg.	=	Herausgeber
hrsg.	=	herausgegeben
ill.	=	illustriert
komm.	=	kommentiert
übers.	=	übersetzt

Vorlage: Bearbeitet und herausgegeben von Dr. Carl v. Rotteck.
Wiedergabe: Bearb. und hrsg. von Carl v. Rotteck.

4.3. Personennamen innerhalb der Zusätze werden in der Form der Vorlage über-nommen und nicht ergänzt bzw. ausgeschrieben. Es entfallen auch hier per-sönliche Titel, Amtsbezeichnungen usw.

Vorlage: Übersetzt und kommentiert von Dr. Joh. Conrad, Professor der Staatswissenschaften zu Halle.
Wiedergabe: Übers. und komm. von Joh. Conrad.
Vorlage: Edited by Prof. Dr. Henry St. Commager from the Columbia University.
Wiedergabe: Ed. by Henry St. Commager.

/117/

5. Ausgabe-Bezeichnung, Bandzählung, Erscheinungsvermerk

5.1. Diese außerhalb des Sachtitels stehenden bibliographischen Angaben werden bei ihrer Wiedergabe in eine einheitliche Form und Reihenfolge gebracht.

5.1.1. Ausgechriebene Zahlen, römische Ziffern und Zeichen mit Zahlenbedeutung werden einheitlich durch arabische Ziffern wiedergegeben.

Vorlage:	Wiedergabe:
Vierte Auflage	4. Aufl.
In three volumes	In 3 vol.
In zwei Bänden	In 2 Bd.
Tome premier	T. 1
V. Theil	Th. 5
Achtes Heft	H. 8
MDCCCXXIX	1829

5.1.2. Ordnungszahlen werden in allen Sprachen durch arabische Ziffern mit Punkt wiedergegeben.

Vorlage:	Wiedergabe:
Second edition	2. ed.
Seconda serie	2. ser.
3ᵉ édition	3. éd.
Zweite Auflage	2. Aufl.
9ᵉ année	année 9
Erste und zweite Lieferung	Lfg. 1/2
Erstes Heft , Zweites Heft	H. 1.2
Издание второе	Изд. 2

5.1.3. Für ständig wiederkehrende bibliographische Termini werden einheitliche Abkürzungen angewandt, wie z. B.

Auflage	=	Aufl.	Jahrgang	=	Jg.
Ausgabe	=	Ausg.	Theil	=	Th.
Band	=	Bd.	Tome	=	T.
Edition	=	Ed.	Volume	=	Vol.

/118/

5.2. Die Ausgabe-Bezeichnung wird entsprechend den unter 5.1.1.–3. angeführten Regeln der Vorlage entnommen (siehe dazu auch III.6.). In der Ausgabebezeichnung enthaltene Angaben über Herausgeber, Beilagen u. dgl. gelten als Teil der Ausgabebezeichnung.

Vorlage:	Wiedergabe:
Zweyte durchaus verbesserte Ausgabe	2., durchaus verb. Ausg.
Dritte umgearbeitete und vermehrte Auflage	3., umgearb. und verm. Aufl.
Second Edition, with Addition	2. ed., with add.
A new Edition	A new ed.
Dritte Auflage, neu durchgesehen und vermehrt von A. Peschier	3. Aufl., neu durchges. und verm. von A. Peschier
Vierte, um einen Notenanhang vermehrte Ausgabe	4., um einen Notenanh. verm. Ausg.

Nouv. éd., revue corr. et considérablement augm. par l'auteur.
The latest ed., rev. by the autor and print. with his authority.

5.2.1. Es ist stets eine Ausgabe in der Sprache anzuführen, in der die Schrift zitiert bzw. benutzt wurde (wenn nicht ein direkter Hinweis vorliegt, daß von einer anderssprachigen Ausgabe übersetzt wurde). Enthält der Text in dieser Hinsicht keinerlei Anhaltspunkte, ist eine Ausgabe in der jeweiligen Originalsprache, d. h. keine Übersetzung, heranzuziehen.

5.2.2. Bei literarischen Werken, vor allem der klassischen Literatur, sowie bei Schriftstellern der Antike kann auf die Angabe einer bestimmten Ausgabe verzichtet werden, wenn im Text selbst nicht direkt eine bestimmte Ausgabe genannt wird.

/119/

Johann Wolfgang von Goethe: Die Wahlverwandtschaften.
Heinrich Heine: Die Nordsee. 1. Zyklus. Frieden.
Iuvenalis: Satirae.
William Shakespeare: The merchant of Venice.
Sophokles: Antigone.

Die Titelangabe erfolgt entsprechend der von Marx/Engels bei der Zitierung oder Erwähnung im Text benutzten Sprache (Original oder Übersetzung). In Zweifelsfällen wird dem originalsprachigen Titel der Vorzug gegeben.

5.2.3. Die bibliographische Aufnahme der Bibel geschieht nach folgendem Prinzip:
Die Bibel. Das Alte Testament.　1. Buch Mose 2,8. Daniel.
Die Bibel. Das Neue Testament.　Apostelgeschichte des Lukas 17, 18.
2. Brief des Paulus an die Korinther.
Evangelium des Matthäus.
Offenbarung des Johannes.

5.3. Die <u>Bandbezeichnung</u> und <u>Bandzählung</u> wird entsprechend den unter 5.1.1.–3. angeführten Regeln der Vorlage entnommen. Dabei wird die Bandbezeichnung stets der Zählung vorangestellt. Jede Zählung wird durch einen Punkt abgeschlossen. Bei Zusammenfassungen von drei und mehr Zählungen wird die erste und letzte durch einen Bindestrich verbunden.

$$\text{Erster Band} = \text{Bd. 1.} \quad \left. \begin{array}{l} \text{Theil 1} \\ \text{Theil 2} \\ \text{Theil 3} \end{array} \right\} = \text{Th. 1–3.} \quad \left. \begin{array}{l} \text{Volume I} \\ \\ \text{Volume II} \end{array} \right\} = \text{Vol. 1.2.}$$

Wurden von einer mehrbändigen Ausgabe nicht alle Bände benutzt, so wird zunächst die Angabe über den Gesamtumfang der Ausgabe (ohne Erscheinungszeitraum) und danach der konkret benutzte Band angeführt.

A historical inquiry into the production. In 3 vols. Vol. 2. London 1831.

/120/

5.4. Beim <u>Erscheinungsvermerk</u> wird unabhängig von der Vorlage nur Erscheinungsort und Erscheinungsjahr angegeben. Verleger bzw. Drucker werden nicht genannt (ausgenommen die Zeugenbeschreibung bei autorisierten Drucken von Marx/Engels-Schriften im Apparatteil Entstehung und Überlieferung, siehe IV.3.). Der Erscheinungsort wird in der Sprache, in der Schreibung und im Beugungsfall der Vorlage gebracht. Hierbei werden davorstehende Präpositionen, soweit sie die Endung des Ortsnamens verändern, übernommen, ansonsten bleiben sie weg.

<u>Vorlage:</u>	<u>Wiedergabe:</u>
Berlin: Bei G. Reimer 1851	Berlin 1851
Milano. Anno 1806	Milano 1806
A Paris, MDCCCXXIX	Paris 1829
V Bratislave, 1890	V Bratislave 1890
In der Dietrich'schen Verlagsbuchhandlung zu Leipzig 1832	Leipzig 1832
Pan-Verlag Zürich/Stuttgart 1953	Zürich, Stuttgart 1953
Augner & Co., London	
G. Schirmer, New York 1840	London, New York 1840
Brunsvigae. Apud L. Schroeder 1730	Brunsvigae 1730

5.4.1. Auch wenn nachweisbar ist, daß der aufgedruckte Erscheinungsvermerk nicht richtig ist (z. B. bei Vor- oder Nachdatierungen des Verlegers bzw. bei fingierten Erscheinungsorten) wird keine Korrektur vorgenommen und der Erscheinungsvermerk wie auf der Vorlage wiedergegeben. Entsprechende Hinweise können in Erläuterungen gegeben werden.

/121/

5.4.2. Fehlt der Erscheinungsvermerk auf der Vorlage ganz oder teilweise und die fehlenden Angaben können nicht ermittelt werden, wird vermerkt
o. O.　　　= ohne Ort
o. J.　　　= ohne Jahr
o.O. u. J.　= ohne Ort und Jahr

6. <u>Übergeordneter Gesamttitel</u>

6.1. Übergeordnete Gesamttitel von Serien, Reihen usw. werden von der Vorlage übernommen und an das Ende der bibliographischen Verzeichnung gesetzt. Sie stehen immer in runden Klammern.

(Sozialdemokratische Bibliothek. 33.)
(Quellen und Studien zur Geschichte Europas. Bd. 11.)
(Socialistisk Bibliothek. Bd.1.)
(Bücherei des Marxismus-Leninismus.)
(Reclams Universal-Bibliothek. Nr. 7681.)
(Saggi e documentaziona. 10.)

6.2. Wenn die anzuführende Schrift in einzelnen Bänden von Gesamtausgaben, Sammelbänden u. dgl. enthalten ist, wird der Gesamttitel der Gesamtausgabe usw. nach dem Einleitungswort "In:" wiedergegeben, also wie bei Beiträgen in Periodica verfahren.

Karl Marx: Der Bürgerkrieg in Frankreich. In: Karl Marx, Friedrich Engels: Werke. Bd. 17. Berlin 1962.

Friedrich Engels: Die Lage der arbeitenden Klasse in England. In: Karl Marx, Friedrich Engels: Historisch-kritische Gesamtausgabe. Abt. 1. Bd. 4. Moskau, Leningrad 1933.

Geminiano Montanari: Della moneta. In: Scrittori classici italiani di economia politica. Parte antica. T. 3. Milano 1804.

Enthält ein Band einer Werkausgabe usw. nur eine einzige Schrift, so wird wie folgt verzeichnet:

Georg Wilhelm Friedrich Hegel: Vorlesungen über die Philosophie der Geschichte. Hrsg. von Eduard Gans. Berlin 1837. (Werke. Vollst. Ausg. durch einen Verein von Freunden des Verewigten ... Bd. 9.)

/122/

7. Sonstiges

7.1. Bibliographische Angaben, die nicht auf dem Titelblatt stehen, jedoch der Vorlage an anderer Stelle (z. B. Einleitung, Nachwort, Inhaltsverzeichnis) entnommen werden können, werden in runden Klammern wiedergegeben.

(Wolfgang) Lauterbach: Collegium theorico-practicum. (Hrsg. von Joh. Jacob Schütz.) Vol. 1–43. Tübingen (1690–1714).

Grundsätze des gemeinen deutschen peinlichen Rechts. (2. Ausg. Halle 1799.)

(Amtlicher Bericht über das Aufhören der "Rheinischen Zeitung".) In: Kölnische Zeitung. Nr. 26, 26. Januar 1843.

7.2. Zusätzliche Angaben und Kommentare der Redaktion, die der Vorlage nicht zu entnehmen sind, werden in eckigen Klammern eingefügt.

Cirkular [an sämtliche Königliche Oberpräsidien in Bezug auf die Handhabung der Zensur]. In: Allgemeine Preußische Staats-Zeitung. Berlin. Nr. 14, 14. Januar 1842.

[Gustav] Gaertner: [Rezension zu:] Das Provinzial-Recht der Altmark. [Nebst:] Dokumenten. Bearb. von A. W. Goetze. [Magdeburg 1836.] In: Jahrbücher für wissenschaftliche Kritik. Berlin. Nr. 61, April 1837.

7.2.1. Bei Druckfehlern oder falschen Schreibungen, die von der Vorlage übernommen werden, wird die ermittelte richtige Form in eckigen Klammern mit der einleitenden Formel "vielm." hinter der fehlerhaften Angabe eingefügt.

1050 [vielm. 1850]
1978 [vielm. 1789]
Hemburg [vielm. Hamburg]
Pankert [vielm. Paukert]
693 [vielm. 963] S.

/123/

7.3. Auf dem Titelblatt vorkommende Klammern jeder Art werden einheitlich durch Winkelklammern wiedergegeben.

The Commonweal. <Organ of the Socialist League.> Vol. 1. London 1885.
The insurrection of Paris. <From our special correspondent.> In: The Daily News. London.Nr. 7767, 21. März 1871.

Nähere Bestimmungen von Erscheinungsorten sollen, soweit möglich, mit
Schrägstrich angehängt werden.

Halle (Saale)   = Halle/Saale   (nicht: Halle <Saale>)
Frankfurt (Oder)   = Frankfurt/Oder
Freiburg (Schweiz)   = Freiburg/Schweiz

/124/

II.   Gestaltung des Literaturregisters

1.   Inhalt und Charakter

1.1.   Das Literaturregister stellt alle im Textteil einschließlich Anhang und in den
Textvarianten direkt oder indirekt zitierte sowie direkt oder indirekt erwähnte
gedruckte (einschließlich hektographierte) Literatur (Bücher, Broschüren,
Zeitschriften, Zeitungen, Zeitschriftenaufsätze, Zeitungsartikel, Flugblätter
usw.) mit den erforderlichen bibliographischen Angaben (siehe I.1.) und mit
Nennung der Seiten, auf denen sie zitiert bzw. erwähnt werden in alphabetischer Ordnung (mechanische Einordnung) zusammen.

1.2.   Die Erfassung erfolgt unabhängig davon, ob im Text ein Quellennachweis
erfolgt oder nicht, ob die Quelle vom Autor selbst oder in von ihnen wiedergegebenen Texten anderer Autoren (Quellen der Quellen) zitiert oder erwähnt
werden. Dazu erforderliche Hinweise sind in Erläuterungen zu geben (siehe
III.6.).

1.2.1. Sekundärquellen (Quellen der Quellen) werden, wenn notwendig, im Literaturregister mit Hinweis auf die benutzte Primärquelle angeführt (wobei letztere
verkürzt wiedergegeben werden kann). Zu den Sekundärquellen werden in der
Regel nur die in der Primärquelle vorhandenen Angaben angeführt.

Baines, Eduard: History of the cotton manufacture in Great Britain ...
Nach: Samuel Laing: National distress; its causes and remedies.
London 1844.

Martyr Anghiera, Pedro: De orbe novo. Nach: William Hickling Prescott :
History of the conquest of Mexico ... 5. ed. Vol. 1. London 1850.

/125/

Luther, Martin: Wider die reubischen und mordischen rotten der andern
bawren. Nach: Wilhelm Zimmermann: Allgemeine Geschichte des
großen Bauernkrieges. Th. 3. Stuttgart 1843.

1.2.2. Neben der Sekundärquelle wird im Literaturregister auch die vom Autor benutzte Primärquelle gesondert aufgeführt. Dies gilt auch dann, wenn im Text
nur die Sekundärquelle angegeben wird. Entsprechend den vorstehenden Bei-
spielen müssen also im Literaturregister auch erscheinen:

Laing, Samuel: National distress; its causes and remedies. London 1844.

Prescott, William Hickling: History of the conquest of Mexico, with a
preliminary view of the ancient Mexican civilisation, and the life of the
conqueror, Hernando Cortez. 5. ed. Vol. 1.2. Vol.1. London 1850.
Vol.1.

Zimmermann, Wilhelm: Allgemeine Geschichte des großen Bauernkrieges. Th. 1–3. Th. 3. Stuttgart 1843.

1.2.3. In den Literaturregistern zu den Bänden der Vierten Abteilung, wo die Sekundärquellen weitaus überwiegen, wird auf den Nachweis der Primärquellen
(Nach:) verzichtet, da dieselbe aus dem Text ohne weiteres ersichtlich ist. Die
Unterscheidung zwischen Primär- und Sekundärquelle geschieht hier durch
unterschiedliche Form der Seitenzahlangaben. Bei Primärquellen erscheinen
die betreffenden Seitenzahlen in halbfetter Schrift.

1.3.   Im Literaturregister wird nicht unterschieden zwischen nachweisbar oder nur
vermutlich vom Autor benutzten Ausgaben. Entsprechende Hinweise sind den
Erläuterungen vorbehalten (siehe III.6.).

/126/

1.4. Entsprechend dem Charakter des Literaturregisters werden außer den vorgesehenen bibliographischen Merkmalen keine weiteren Angaben (Seite, Spalte, Vers, Aufzug, Abschnitt, Hinweise auf weitere Auflagen usw.) aufgenommen. Sind solche zusätzlichen Angaben erforderlich, müssen sie in einer Erläuterung (siehe III.4.) mitgeteilt werden.

1.5. Im Literaturregister zu den Bänden der Ersten und Zweiten Abteilung kann in den Fällen, wo eine Quelle überwiegend auf Grund von Marx/ Engels-Exzerpten benutzt wurde, im Anschluß an die erforderlichen bibliographischen Angaben in eckigen Klammern auf diese Auszüge hingewiesen werden. Ansonsten erfolgen entsprechende Hinweise in den Erläuterungen (siehe III.6.)

> Rousseau, Jean-Jacques: Du contrat social, ou principes du droit politique. Londres 1782. [Auszüge in Heft II, Kreuznach 1843]
> Prince, Richard: An appeal to the public, on the subject of the national debt. 2. ed. London 1772. [Auszüge in Heft XVI, London 1851.]
> [Misselden, Edward:] Free trade. Or, the meanes to make trade florish. London 1622. [Auszüge in einem Heft, datiert "Manchester. Juli 1845".]

1.6. Gibt es zu der angeführten Literatur in einer bestimmten Erläuterung wichtige ergänzende Angaben (vgl. 1.2. bis 1.5.), so kann im Register auf diese Erläuterung ebenfalls verwiesen werden.

> His, Wilhelm: Über Entwicklungsverhältnisse des academischen Unterrichts. Leipzig (1882). 214 234 828 (Erl. 214.12)

1.7. Nicht verzeichnet werden: /127/

1.7.1. Zitierte bzw. erwähnte Quellen bzw. Quellenbelege in den redaktionellen Texten (Einleitung, Entstehung und Überlieferung usw.), ebenso Literatur, die von der Redaktion zur Feststellung bzw. Überprüfung von Fakten, Einschätzungen usw. herangezogen wurde.

1.7.2. Allgemeine Hinweise auf literarische Erzeugnisse einer ganzen Richtung oder Periode, auf das Gesamtwerk eines Schriftstellers, auf Presseorgane einer bestimmten Richtung u. ä.
- in den Werken der Utopisten von Moore bis Owen
- Schriften der tränenreichen Siegwart-Periode
- durch die Werke Hegels zieht sich der Gedanke
- die Organe der Partei der Ordnung
- die katholischen Blätter der Rheinprovinz

1.7.3. Allgemeine Hinweise auf Gesetze, Dokumente, Verträge u. ä., offizielle Materialien, z. B.
- die Auswirkungen des Sozialistengesetzes
- die verwirrende Vielzahl der englischen Fabrikgesetze
- die kurhessische Verfassung

2. Aufbau und Gliederung
Das Literaturregister wird in der Regel folgendermaßen unterteilt:
> I. Arbeiten von Marx und Engels
> II. Arbeiten anderer Autoren
> III. Periodica /128/

2.1. Arbeiten von Marx und Engels

2.1.1. Hier sind alle im Text zitierten bzw. erwähnten Arbeiten von Marx/ Engels zu erfassen. Es werden sowohl gedruckte als auch ungedruckte (abgeschlossene als auch zum Zeitpunkt ihrer Erwähnung noch im Entstehungsprozeß befindliche) Manuskripte aufgenommen, sofern diese Arbeiten überliefert sind.
Soweit erforderlich, wird folgende Unterteilung vorgenommen:
> 1. Drucke
> 2. Manuskripte
> 3. Dubiosa

2.1.2. In jeder Gruppe werden zunächst alle von Marx und von Marx/Engels verfaßten Titel, danach die von Engels und Engels/Marx stammenden Arbeiten — jeweils in alphabetischer Reihenfolge — angeführt.

>   Marx, Karl: Misère de la philosophie. Réponse à la philosophie de la misère de M. Proudhon. Paris, Bruxelles 1847.
>
>   [Marx, Karl:] Second address of the General Council of the International Working-Men's Association on the war. To the members of the International Working-Men's Association in Europe and the United States. (London 1870.)
>
>   [Marx, Karl, Friedrich Engels:] Manifest der Kommunistischen Partei. London [1848].
>
>   — To the Editor of the Times. In: The Times. London. Nr. 27088, 13. Juni 1871.
>
>   Engels, Friedrich: Die Lage Englands. Past and Present by Thomas Carlyle. London 1843. In: Deutsch-Französische Jahrbücher. Paris. 1844. Lfg. 1/2.
>
>   — Umrisse zu einer Kritik der Nationalökonomie. In: Deutsch-Französische Jahrbücher. Paris. 1844. Lfg. 1/2.
>
>   Engels, Friedrich, Karl Marx: Die heilige Familie, oder Kritik der kritischen Kritik. Gegen Bruno Bauer & Consorten. Frankfurt a. M. 1845.

/129/

2.1.3. Bei Arbeiten von Marx/Engels, die keinen Titel haben, ist bei der bibliographischen Beschreibung der in der MEGA gegebene Titel als fingierter Titel einzusetzen. Liegen die betreffenden Arbeiten in der MEGA noch nicht vor, ist die Bildung des fingierten Titels entsprechend den MEGA-Grundsätzen vorzunehmen.

2.1.4. Sind die Arbeiten von Marx und Engels unter einem Pseudonym erschienen, werden sie ebenfalls unter Marx/Engels eingereiht. Die Angabe des Pseudonyms erfolgt entsprechend der Vorlage, falls erforderlich mit einem Zusatz "[Gez.:]".

>   [Engels, Friedrich:] An den Stadtboten. [Gez.:] Theodor Hildebrand. In: Bremisches Unterhaltungsblatt. Nr. 34, 27. April 1839.
>
>   — Die deutschen Volksbücher. Von Friedrich Oswald. In: Telegraph für Deutschland. Hamburg. Nr.186, 188–191, November 1839.
>
>   — Herrn Dr. Runkel in Elberfeld. Der Verfasser der Briefe aus dem Wupperthal. In: Elberfelder Zeitung. Nr. 127, 9. Mai 1839.
>
>   — The state of Germany. Letter III. Your German correspondent. In: The Northern Star. London. Nr. 438, 4. April 1846.

2.1.5. In der Dritten Abteilung werden die in den Briefen erwähnten geplanten bzw. nicht überlieferten Arbeiten von Marx/Engels in einem gesonderten Verzeichnis im Anschluß an das Literaturregister aufgeführt.

>   Marx, Karl: Über die Romantiker.
>
>   — Über Religion und Kunst.
>
>   Engels, Friedrich: Eine Bremer Liebesgeschichte.
>
>   — Spanische Romanze.

/130/

2.2. Arbeiten anderer Autoren

2.2.1. Hier werden selbständig und unselbständig erschienene Publikationen von genannten und anonymen Verfassern in einer alphabetischen Reihe aufgenommen.

2.2.2. Die alphabetische Einordnung erfolgt zunächst nach dem Familiennamen des Verfassers, bei mehreren Autoren nach dem des Erstgenannten (siehe auch I.2.5.).

2.2.3. Ist bei anonymen Schriften der Verfasser bekannt, wird die Schrift unter dessen Namen, der in eckigen Klammern erscheint, in das Alphabet eingereiht.

2.2.4. Bei Pseudonymen erfolgt die Einordnung nach denselben Grundsätzen wie bei wirklichen Namen, z. B.

> Paul, Jean
> Philalethes Veronensis
> Stirner, Max

Eine Schrift wird unter das Pseudonym gestellt, wenn der wirkliche Name nicht zu ermitteln ist bzw. das Pseudonym gebräuchlicher ist als der wirkliche Name. Wenn es sich als zweckmäßig erweist, kann der wirkliche Name in eckigen Klammern dahinter vermerkt und auch mit Verweisen gearbeitet werden.

> Alexis, Willibald [d. i. Wilhelm Häring]: Der Roland von Berlin. Berlin 1894.
> Häring, Wilhelm siehe Alexis, Willibald

Ist ein Pseudonym ungebräuchlich, wird die Schrift unter den wirklichen Namen gestellt, aber das Pseudonym mit angeführt.

> [Bernstein, Eduard:] Die soziale Frage. Von Leo. Berlin 1893.

/131/

2.2.5. Alle Sachtitel werden nach der gegebenen Wortfolge alphabetisch eingeordnet, d. h. als Ordnungswort dient das erste Wort des Sachtitels, welches kein bestimmter oder unbestimmter Artikel ist.

2.2.6. Wenn es sich in einzelnen Bänden der MEGA als zweckmäßig erweist, können die Arbeiten anderer Autoren noch in bestimmte Gruppen unterteilt werden.

2.3. Periodica

2.3.1. Hier werden alle direkt oder indirekt erwähnten periodisch erscheinenden Druckerzeugnisse (Zeitungen, Zeitschriften, Jahrbücher usw.) aufgenommen, einschließlich jene, die nicht mit ihrem Periodica-Titel, sondern nur mit Verfasser und/oder Titel eines bestimmten Artikels auftreten und bereits in Teil I. oder II. entsprechend bibliographisch erfaßt sind.

> II. Arbeiten anderer Autoren:
> An Adventure in Paris. In: The Daily News. London. Nr. 7834, 8. Juni 1871. 11
> [Stirner, Max:] Recensenten Stirner's. In: Wigand's Vierteljahrsschrift. Bd. 3. Leipzig 1845. 12
>
> III. Periodica :
> **The Daily News** (London). 11
> **Wigand's Vierteljahrsschrift** (Leipzig). 12

/132/

2.3.2. Die Periodica erhalten in der Regel knappe Annotationen, die ihre eindeutige Identifizierung und das Verständnis der jeweiligen Textstellen ermöglichen. Dabei sollen folgende Angaben berücksichtigt werden:

- Titel, Untertitel (halbfett)
- Erscheinungsort (in runden Klammern), wenn nicht bereits im Titel enthalten
- Charakter, Erscheinungsweise
- Erscheinungszeitraum
- Herausgeber, Redakteure, evtl. berühmte Mitarbeiter
- politische Richtung bzw. Orientierung, Organ welcher Gruppierung, Partei oder Organisation
- Mitwirkung von Marx/Engels, ihre Beziehung zu dem betr. Blatt.

> **Almanach du Parti Ouvrier** (Lille) – sozialistisches Jahrbuch, erschien von 1892 bis 1894 und 1896 unter der Redaktion von Jules Guesde und Paul Lafargue.
> **The Evening Standard** (London) – Abendausgabe der konservativen Zeitung "The Standard", erschien von 1857 bis 1905.

Glühlichter. Humoristisch-satirisches Arbeiterblatt (Wien) – sozialdemokratische Zeitschrift, erschien zweimal monatlich von 1889 bis 1915.

L'Intransigeant (Paris) – Tageszeitung, erschien von 1880 bis 1948; Gründer und Chefredakteur (1880-1910) war Henri Rochefort; in den achtziger und neunziger Jahren vertrat sie einen radikalrepublikanischen Standpunkt.

Der Volksstaat. Organ der sozialdemokratischen Arbeiterpartei und der internationalen Gewerksgenossenschaften (Leipzig) – sozial-demokratische Zeitung, erschien vom 2. Oktober 1869 bis zum 29. September 1876, zunächst zweimal, ab Juli 1873 dreimal wöchentlich unter der Redaktion von Wilhelm Liebknecht; Leiter des Verlags "Volksstaat" war August Bebel; Marx und Engels waren Mitarbeiter des "Volksstaats" seit seiner Gründung.
/133/

2.4. Titel in kyrillischer oder griechischer Schrift werden in jedem der drei Teile des Literaturregisters im Anschluß an die alphabetische Folge der Titel in lateinischer Schrift in zwei gesondertenen Alphabeten angeordnet.

3. Zur Gestaltung der einzelnen Angaben

3.1. Die Form des bibliographischen Nachweises im Literaturregister ist generell folgende: Nach Verfasserangabe sowie nach dem In- und Nach-Vermerk folgt ein Doppelpunkt. Zwischen Namen und nachgestellten Vornamen des Verfassers, zwischen mehreren Erscheinungsorten sowie zwischen Zeitungsnummer und Zeitungsdatum steht ein Komma. Zwischen Ort und Jahr steht kein Interpunktionszeichen. Alle anderen bibliographischen Merkmale (Titelteile) werden durch Punkt voneinander getrennt. Redaktionelle Anführungszeichen werden nicht gesetzt.

Rochefort, Henri: Les mystères du Couvent de Picpus. In: Le Mot d'Ordre. Paris. Nr. 72, 6. Mai 1871.

Rousseau, Jean-Jacques: Du contrat social, ou principes du droit politique. Paris, Londres 1782.

Le sieur Picard. In: La Situation. Londres. Nr. 168, 4. April 1871.

Solger, Karl Wilhelm Ferdinand: Erwin. Vier Gespräche über das Schöne und die Kunst. Th. 1.2. Berlin 1815.

3.2. Sind mehrere Werke eines Verfassers zu verzeichnen, so wird der Verfasser beim ersten Titel mit vollem Namen angeführt, bei den folgenden Titeln folgt ein Kommandostrich. Die verschiedenen Titel des Verfassers werden in alphabetischer Reihenfolge angeordnet.

Befinden sich unter den verschiedenen Werken des betr. Verfassers auch anonym erschienene Publikationen, so ist jedoch der Verfassername in eckigen Klammern zu wiederholen.

/134/

Feuerbach, Ludwig: Pierre Bayle. Ein Beitrag zur Geschichte der Philosophie und Menschheit. Ansbach 1838.

[Feuerbach, Ludwig:] Ueber das "Wesen des Christenthums" in Beziehung auf den "Einzigen und sein Eigenthum". In: Wigand's Vierteljahrsschrift. Bd. 2. Leipzig 1845.

Feuerbach, Ludwig: Das Wesen des Christenthums. Leipzig 1841.

[Feuerbach, Ludwig:] Zur Kritik der "positiven Philosophie". In: Hallische Jahrbücher für deutsche Wissenschaft und Kunst. Leipzig. Jg. 1. 1838. Nr. 289–293.

3.3. Bei der Erfassung von Beiträgen in Periodica wird folgendermaßen verfahren:

3.3.1. Beiträge deren Verfasser angegeben ist bzw. bei Anonymität derselbe ermittelt werden konnte, werden unter dem Verfassernamen eingereiht.

Astrie, Théodore: L'homme rouge. In: La Situation. Londres. Nr. 76, 14. April 1871.

[Feuerbach, Ludwig:] Zur Kritik der "positiven Philosophie". In: Hallische Jahrbücher für deutsche Wissenschaft und Kunst. Leipzig. Jg. 1. 1838. Nr. 289–293.

3.3.2. Beiträge deren Verfasser nicht angegeben und nicht zu ermitteln ist, werden unter dem Sachtitel eingereiht.

Ça et là. In: Le Rappel. Paris. Nr. 673, 17. April 1871.

The end of the insurrection. In: The Standard. London. Nr. 14613, 2. Juni 1871.

3.3.3. Bei Beiträgen deren Titel nicht über dem Artikel selbst, sondern in einer Inhaltsübersicht des Blattes steht, wird der Titel aus der Inhaltsübersicht genommen und in runde Klammern gesetzt.

(Landtagsabgeordneten-Wahlen.) In: Rheinische Zeitung für Politik, Handel und Gewerbe. Köln. Nr. 62, 3. März 1843.

/135/

3.3.4. Beiträge, für die kein Titel vorhanden ist, aber genau fixierbare Dokumente (Programme, Deklarationen, Manifeste, Dekrete, Gesetze u. ä.) zum Inhalt haben, erhalten einen redaktionellen Titel in der betreffenden Sprache. Bei der Titelbildung ist möglichst auf Formulierungen in dem Beitrag selbst zurückzugreifen.

[Zirkular an sämtliche Königliche Oberpräsidenten in Bezug auf die Handhabung der Zensur.] In: Allgemeine Preußische Staats-Zeitung. Berlin. Nr.14, 14. Januar 1842.

[Décret sur la démolition de la colonne de la place Vendôme du 12 avril 1871.] In: Le Rappel. Paris. Nr. 670, 14. April 1871.

[Proclamation of the Commune to the inhabitants from April 5, 1871.] In: The Daily Telegraph. London. Nr. 4933, 6. April 1871.

Bringt der redaktionell gegebene Titel nur allgemeine Angaben zum Charakter des betreffenden Beitrags (z. B. bei Briefen oder Reden), so wird er in deutscher Sprache abgefaßt.

Blanc, Louis: [Brief an den Redakteur des "Siècle" vom 20. April 1871.] In: The Daily News. London. Nr. 7797, 26. April 1871.

Picard, Ernest: [Rede in der Nationalversammlung am 20. März 1871.] In: Journal officiel de la République française. Paris. Nr. 78, 19. März 1871.

3.3.5. Beiträge, für die auch die unter 3.3.3.–4. genannten Möglichkeiten nicht bestehen, werden nach den Anfangsworten des Beitrags (mit 3 Punkten am Schluß) eingeordnet. Vor dem Beginn des Beitrags stehende Angaben über Ort und Datum der Korrespondenz werden nachgestellt. (Das gilt nicht für Zeitungskorrespondenzen, die eine Überschrift haben bzw. in der Inhaltsübersicht betitelt sind.)

/136/

Am 5. (fünften) Oct. starb ... [Korrespondenz aus:] London, 5. Oct. In: Allgemeine Zeitung. Augsburg. Nr. 284, 11. Oktober 1842.

"Bettina" hat durch einen ... [Korrespondenz:] +Dresden. In: Staats und Gelehrte Zeitung des Hamburgischen unpartheiischen Correspondenten. Nr. 124, 27. Mai 1841.

Das Verbot der Leipziger Allgemeinen Zeitung ... [Korrespondenz:] Vom Rhein, den 4. Januar. In: Rhein- und Moselzeitung. Koblenz. Nr. 6, 6. Januar 1843.

Dieses Verfahren wird auch angewandt, wenn zwar der Verfasser bekannt, aber kein Titel vorhanden ist.

[Bettziech, Heinrich:] Ueber das neue Gesetz ... [Korrespondenz aus:] Berlin, 20. Febr. In: Trier'sche Zeitung. Nr. 56, 26. Februar 1843.

H[ermes, Karl Heinrich]: Im Allgemeinen scheint uns ... [Korrespondenz aus:] Köln, 27. Juni. In: Kölnische Zeitung. Nr. 179, 28. Juni 1842.

4. <u>Beziehungen zwischen Literatur- und Namenregister</u>

4.1. Entsprechend den Erfassungsgrundsätzen beider Register müssen die im Literaturregister erscheinenden Verfasser von im Text zitierten oder erwähnten Quellen auch im Namenregister erscheinen, und zwar auch dann, wenn an der entsprechenden Textstelle nicht ihr Name, sondern nur ihre Schrift erscheint.

Text:	Es sei nur an das bekannte Buch "The history of Ireland" erinnert.
Lit.-Reg.:	Moore, Thomas: The history of Ireland. Vol. 1–3. Paris 1835.
Namenreg.:	Moore
Text:	Wer kennt nicht das berühmte Philosophenwort: " ...."
Lit.- Reg.:	Hegel, Georg Wilhelm Friedrich: Vorlesungen über die Geschichte der Philosophie ....
Namenreg.:	Hegel

/137/

4.2. Bei schöngeistiger Literatur erscheint ein Werk auch dann im Literatur- und der Verfasser im Namenregister, wenn im Text Vorgänge oder Gestalten aus dem betr. Werk geschildert sind.

Text:	Palmerston besteht wie Shylok auf seinem Pfund Fleisch.
Lit.-Reg.:	Shakespeare, William: The merchant of Venice
Namenreg.:	Palmerston
	Shakespeare
	Shylok
Text:	Für Proudhon bleibt Hegel ebenso unbegreifbar wie die Ideen Fausts für Wagner.
Lit.-Reg.:	Goethe, Johann Wolfgang von: Faust. Th. 1.
Namenreg.:	Faust
	Goethe
	Hegel
	Proudhon
	Wagner

/138/

III. <u>Besonderheiten der bibliographischen Angaben in den Erläuterungen</u>

1. Alle direkten und indirekten Zitate und Erwähnungen von Literatur in den edierten Texten werden in Erläuterungen nachgewiesen, soweit dieser Nachweis nicht bereits im Text in solcher Weise geführt wurde, daß die Titelaufnahme im Literaturregister ausreichend ist und der betr. Titel dort ohne Schwierigkeiten aufgefunden werden kann.

2. Für den Quellenbeleg in Erläuterungen genügt eine knappe Form der bibliographischen Angaben (Wegfall von Zusätzen, Verkürzung langer Sachtitel u. ä.), da der ausführliche bibliographische Nachweis im Literaturregister geführt wird. Besonders bei Wiederholungen der gleichen Quellenangabe in den Erläuterungen zu einer Arbeit können die bibliographischen Angaben beim wiederholten Auftreten weitgehend verkürzt werden.

[Johann Jacoby:] Vier Fragen beantwortet von einem Ostpreußen. Mannheim 1841.

Johann Jacoby: Urtheil des Ober-Appellations-Senats in der wider den Dr. Johann Jacoby geführten Untersuchung wegen Hochverraths, Majestaetsbeleidigung und frechen, unerbietigen Tadels der Landesgesetze. In: Deutsch-Französische Jahrbücher. Paris. 1844. Lfg. 1/2. S. 52.

[Johann Jacoby:] Vier Fragen ... S. 8–10.

Ebenda. S. 10.

Johann Jacoby: Meine weitere Vertheidigung wider die gegen mich erhobene Beschuldigung der Majestätsbeleidigung und des frechen, unehrbietigen Tadels der Landesgesetze. Zürich, Winterthur 1842.

Johann Jacoby: Urtheil des Ober-Apellations-Senats... A. a. O. S. 54 und 56.

Ebenda. S. 56.

Johann Jacoby: Meine weitere Vertheidigung ... S. 13.

/139/

3. Die Form der Darbietung der bibliographischen Angaben in den Erläuterungen unterscheidet sich, je nachdem, ob dieselben allein bzw. gesondert stehen oder ob sie in den fortlaufenden Text einbezogen sind.

Im ersten Fall gelten für die Darbietung die gleichen Regeln wie für das Literaturregister (siehe II.3.) mit dem Unterschied, daß bei der Verfasserangabe die Vornamen nicht nachgestellt werden. Dieses Verfahren gilt auch, wenn noch ein Einleitungswort vorangesetzt wird (z. B. siehe, siehe auch, zitiert nach).

Entwurf eines Gesetzes, betreffend Aenderungen und Ergänzungen des Strafgesetzbuchs, des Militärstrafgesetzbuchs und des Gesetzes über die Presse. In: Stenographische Berichte über die Verhandlungen des Reichstages. 9. Legislaturperiode. 3. Session 1894/95. 1. Anlagebd. Berlin 1895. S. 224/225.

Siehe George Opdyke: A treatise on political economy. New York 1851. S. 267.

Im zweiten Fall treten an Stelle der Punkte Kommas, und der Titel wird in Anführungszeichen gesetzt.

Das "Cirkular an sämmtliche Königliche Ober-Präsidien in Bezug auf die Handhabung der Censur" vom 24. Dezember 1841 wurde in der "Allgemeinen Preußischen Staats-Zeitung", Berlin, Nr. 14 vom 14. Januar 1842, unter der Rubrik "Inland" veröffentlicht.

4. Angaben zu den Quellen, die über die unter I.1. genannten bibliographischen Merkmale hinausgehen (Angaben über Kapitel, Abschnitte, Seitenzahlen usw.), müssen in einer Erläuterung mitgeteilt werden. Im Literaturregister erscheinen solche zusätzlichen Angaben nicht.

William Shakespeare: Was ihr wollt. 3. Aufzug, 2. Szene.

The Times. London. Nr. 27028, 4. April 1871. S. 8, Sp. 3.

/140/

Dabei werden zwischen Angaben gleicher Ordnung und beim Übergang von niederer zu höherer Ordnung Punkte gesetzt, beim Übergang von höherer zu niederer Ordnung Kommas.

Die Bibel. Das Alte Testament. Jeremia 11, 3–5. 18. 33–35.

Die Bibel. Das Neue Testament. Offenbarung 20, 1. 5. 12–14.

Bei antiken Autoren erfolgt die Angabe des Buches in lateinischen, die übrigen Angaben in arabischen Ziffern. Zwischen Titel und Stellenangabe wird kein Punkt gesetzt. Bei Aufzählungen verschiedener Stellen erfolgt ihre Trennung durch Semikolon.

Herodotus: Historiae II, 38, 3; 113, 2.

Oracula Sibyllina III, 82; VIII, 233. 413.

Livius: Ab urbe condita XXII, 1, 8–10

5. In Fällen, wo der Autor selbst die benutzte Ausgabe nennt und in der Erläuterung nur die genaue Seitenzahl für das Zitat ergänzend genannt werden soll, brauchen die betreffenden bibliographischen Angaben in der Erläuterung nicht wiederholt werden.

Carl Friedrich Köppen: Friedrich der Große ... S. 39.

Henry Porter: Progress of the nation ... S. 20, Fußnote.

6. In den Erläuterungen (nicht im Literaturregister) werden erforderliche Hinweise gegeben, ob eine Quelle bzw. Ausgabe nachweisbar oder nur vermutlich vom Autor benutzt wurde.

Vermutlich benutzt: Le Rappel. Paris. Nr. 692. 6. Mai 1871. S. 2, Sp. 2: Le Moniteur des communes contient ... Dort wird die betreffende Passage aus einem Artikel des "Moniteur des Communes", des Organs Ernest Picards, zitiert.

/141/

6.1. In Fällen, wo der Autor selbst auf die benutzte Quelle bzw. Ausgabe hinweist oder wo diese benutzte Quelle bzw. Ausgabe zwar nicht genannt wird, aber mit Sicherheit ermittelt werden kann (durch Nennung an andrer Stelle der Arbeit bzw. in andren Arbeiten des Autors aus dieser Zeit; Hinweise in Briefen, Notizen, Entwürfen, Tagebüchern; Vorhandensein von Exzerpten; Bestandteil der Marx/Engels-Bibliothek; charakteristische Merkmale des Zitates u. a.), erfolgt der Quellennachweis in der Erläuterung ohne Einleitungsworte.

Jacob Grimm: Geschichte der deutschen Sprache. Bd. 1. Leipzig 1848. S. 13.

[William Petty:] A treatise of taxes and contributions. London 1667. S. 47: "Labour is the father ... of wealth, as lands are the mother."

[Karl Marx, Friedrich Engels:] To the Editor of the Times. In: The Times. London. Nr. 27088, 13. Juni 1871. S. 12, Sp. 5.

6.2. In Fällen, wo die vom Autor benutzte Quelle bzw. Ausgabe nicht mit völliger Sicherheit, jedoch mit ausreichender Wahrscheinlichkeit bestimmt werden kann, beginnt der Quellennachweis in der Erläuterung mit den Worten "Vermutlich benutzt:". Die vermutlich benutzte Quelle bzw. Ausgabe findet im Literaturregister Aufnahme.

Vermutlich benutzt: [Jean-Baptiste] Millière: Le faussaire. In: Le Vengeur. Paris. Nr. 6, 8. Februar 1871. S. 1/2.

Vermutlich benutzt: Médiation des municipalités de la Seine. In: Le Rappel. Paris. Nr. 684, 28. April 1871. S. 1.

/142/

6.3. In Fällen, wo der Autor eine andre Quelle bzw. Ausgabe angibt als die von ihm benutzte, wird in der Erläuterung (soweit nicht bereits im Text erfolgt) zuerst die angegebene Quelle und anschließend mit den Worten "zitiert nach" die wirklich benutzte Quelle angeführt. Im Literaturregister werden beide aufgeführt (siehe II.1.2.).

Marx zitiert "De Orbe novo" nach William Prescott: History of the conquest of Mexico. 5. ed. Vol. 1. London 1850. S. 123.

Marx zitiert Strabo nach Dureau de La Malle: Économie politique des Romains. T. 1. Paris 1840. S. 52. Auszüge aus diesem Buch befinden sich in einem Exzerptheft, das von Marx als Heft XIV bezeichnet wurde und August/September 1851 in London entstanden ist.

Marx zitiert Thiers' Rede in der Deputiertenkammer vom 31. Januar 1848 nach Le Rappel. Paris. Nr. 673, 17. April 1871. S. 2: Ça est là; den letzten Absatz nach Le Vengeur. Paris. Série 2. Nr. 21, 19. April 1871. S. 1: Discours de M. Thiers prononcé à la chambre des députés le 31 janvier 1848.

6.4. In Fällen, wo die vom Autor benutzte Quelle bzw. Ausgabe bekannt ist, aber nicht zur Verfügung steht, wird in der Erläuterung zuerst die benutzte Quelle angeführt (nach Bibliographien) und dann eine andere zeitgenössische Quelle bzw. Ausgabe, die zur Zitatüberprüfung usw. vorlag. Die letztere erscheint nicht im Literaturregister, muß also bibliographisch vollständig geboten werden.

Die von Engels angeführte Erstausgabe von 1835 stand nicht zur Verfügung. In der 3. Auflage, erschienen Leipzig 1846, findet sich das angeführte Zitat auf S. 58.

> Die von Marx zitierte "Indian Times" vom 13. Oktober 1856 stand nicht zur Verfügung. In einer zusammenfassenden Wiedergabe des Artikels im Londoner "Economist", Nr. 4158, 1. November 1856, S. 2, lautet die angeführte Stelle: "............"

6.5. In Fällen, wo die vom Autor benutzte Quelle bzw. Ausgabe auch nicht mit Wahrscheinlichkeit zu ermitteln ist, wird in der Erläuterung auf diese Tatsache hingewiesen. Wenn möglich, wird anschließend eine andere, möglichst authentische zeitgenössische Quelle dafür angeführt. Dabei kann in Ausnahmefällen auch auf eine zeitlich später liegende Veröffentlichung zurückgegriffen werden. Diese angeführte authentische Quelle wird im Literaturregister verzeichnet.

/143/

> Die von Marx benutzte Quelle konnte nicht ermittelt werden. – Aus der Rede von Ernest Picard in der Nationalversammlung am 20. März 1871. In: Journal officiel de la République française. Versailles. Nr. 80, 21. März 1871. S. 194.

6.6. Ist die benutzte Ausgabe einer Quelle nicht zu ermitteln, wird je nach Sachlage entweder der Erstausgabe oder der letzten vor Abfassung der Arbeit erschienenen Ausgabe der Vorzug gegeben. Die genannte Ausgabe erscheint im Literaturregister.

6.7. In Fällen, wo der Autor offizielle Dokumente, Gesetze, Beschlüsse, Parlamentsreden u. ä. nach einer sekundären, unzuverlässigen oder übersetzten Quelle zitiert, kann als Hilfe für den Benutzer die offizielle bzw. originale Quelle zusätzlich mit den Einleitungsworten "Vgl. auch" angeführt werden. Diese zusätzliche Literaturangabe erscheint nicht im Literaturregister, die bibliographischen Angaben müssen also vollständig (bei mehrmaliger Wiederholung verkürzt) gegeben werden.

> The Daily News. London. Nr. 7768, 23. März 1871. S. 3: The State of Paris. – Vgl. auch Journal officiel de la République française. Paris. Nr. 81, 22. März 1871. S. 193.
> Declaration of M. Thiers. In: The Irishman. Dublin. Vol. 13. Nr. 39, 1. April 1871. S. 628. – Vgl. auch Journal officiel de la République française. Versailles. Nr. 87, 28. März 1871. S. 301: "Nous avons trouvé la République établie comme un fait ..."

Bei häufigen Auftreten solcher zusätzlicher Hinweise sollte in der Textgeschichte bzw. in den Editorischen Hinweisen das Verfahren erläutert werden.

/144/

7. Bei Quellennachweisen in den Erläuterungen ist auf die Anwendung des Einleitungswortes "siehe" in der Regel zu verzichten. Die Wendungen "siehe" oder "siehe auch" sollen Verweisungen auf weiterführende oder zusätzliche Materialien vorbehalten bleiben.

/145/

IV. **Besonderheiten der bibliographischen Angaben im Apparatteil Entstehung und Überlieferung**

1. Im Apparatteil Entstehung und Überlieferung erscheinen bibliographische Angaben als
    – Nennung bibliographischer Fakten und quellenmäßige Belegungen von Angaben über Datierung, Autorschaft und neuen Forschungsergebnissen (vgl. Editionsrichtlinien D.II.1.2.) sowie als
    – Beschreibung der autorisierten Textzeugen.

2. Die bibliographischen Fakten und Quellenbelege werden nicht in Fußnoten gebracht, sondern in den laufenden Text eingefügt und dementsprechend in knapper Form gehalten.
Als Quellenbeleg werden in der Regel nur Originalquellen bzw. zuverlässige Quellenpublikationen herangezogen. Sekundärliteratur (Darstellungen) wird nur in Ausnahmefällen vermerkt.

Etwa zum gleichen Zeitpunkt wie die Separatausgabe wurde der erste Teil der Einleitung in Nr. 27 der "Neuen Zeit" veröffentlicht. Im "Vorwärts" war der Eingang dieser Nummer am 7. April angezeigt. Der zweite Teil erschien in Nr. 28, deren Auslieferung Mitte April erfolgte (vgl. "Vorwärts" vom 19. April 1895). Der Abdruck in der "Neuen Zeit" (J^4) mußte in zwei Teilen erfolgen, "da die Zeit zur Fertigstellung des Satzes nicht langte und es auch mit dem Raum haperte" (Karl Kautsky an Engels, 25. März 1895). Die gestrichenen bzw. veränderten Passagen der Einleitung wurden erstmalig nach H^1 mitgeteilt in: Архив К. Маркса и Ф. Энгельса. Институт К. Маркса и Ф. Энгельса. Т. 1. Москва 1924. S. 257–261.

/146/

2.1. Sind die bibliographischen Mitteilungen direkt in den fortlaufenden Text einbezogen, werden die Titel in Anführungen gesetzt und die einzelnen Angaben durch Kommas getrennt.

Am frühesten kann die Niederschrift nach dem Erscheinen des dritten Bandes von "Wigand's Vierteljahrsschrift", Jg. 1845, begonnen worden sein. Dieser Band ist angezeigt im "Börsenblatt für den Deutschen Buchhandel", Nr. 92, 21. Oktober 1845, unter der allgemeinen Bemerkung "Angekommen in Leipzig am 16.–18. Octbr. 1845". Die Ankündigung einer "Kritik der heiligen Männer" durch Heß im "Gesellschaftsspiegel", Jg. 1845, H. 6, erschienen spätestens am 24. November 1845, könnte sich schon auf das von Marx, Engels und Heß gemeinsam geplante Vorhaben beziehen.

2.2. Sind die bibliographischen Angaben vom laufenden Text durch Klammern, Doppelpunkt u. ä. abgesondert, unterbleibt das Setzen von Anführungen, und zwischen den einzelnen Angaben stehen in der Regel Punkte wie im Literaturregister.

Erstveröffentlichung durch Friedrich Engels in deutscher Übersetzung in: Friedrich Engels: Zum Tode von Karl Marx. In: Der Sozialdemokrat. Zürich. Nr. 21, 17. Mai 1883.

Heft I der Zeitungsexzerpte über die Pariser Kommune wurde erstmals veröffentlicht in: Архив Маркса и Энгельса. Институт Маркса-Энгельса-Ленина при ЦК ВКП (Б). Т. 5 <8> Москва 1934. S. 89–239. Die Herausgeber publizierten das Manuskript parallel in der Originalsprache und in russischer Übersetzung.

Erstveröffentlichung.– Karl Marx, Friedrich Engels: I. Feuerbach. Gegensatz von materialistischer und idealistischer Anschauung. In: Marx-Engels-Archiv. Zeitschrift des Marx-Engels-Instituts in Moskau. Hrsg. von D. Rjazanow. Bd. 1. Frankfurt a. M. [1926]. S. 233–306. (Der Erstveröffentlichung in der Originalsprache ging 1924 die Erstveröffentlichung in russischer Sprache voraus.)

2.3. Für häufig wiederkehrende Quellen sind Sigel anzuwenden, die im Sigelverzeichnis des Bandes bzw. bei ihrem ersten Auftreten in einer Textgeschichte entschlüsselt werden.

Ein Exemplar wurde nach Hamburg gesandt (Schreiben der Zentralbehörde des Bundes der Kommunisten an die Gemeinde in Hamburg vom 24. Juni 1847. In: BdK 1. S. 488/489).

Marx verwendet die drei ersten Absätze (siehe АМЭ 3. S. 434–436).

Marx ließ Anfang Juni 1871 auf eigene Kosten Inserate veröffentlichen (Minutes. S. 212).

/147/

2.4. Die frühere und die jetzige MEGA werden folgendermaßen unterschieden:

Karl Marx, Friedrich Engels: Historisch-kritische Gesamtausgabe. Abt. 1. Bd. 1.1. Frankfurt a. M. 1927 (Sigel: MEGA[1] I/1.1.).

Karl Marx, Friedrich Engels: Gesamtausgabe (MEGA). (Sigel: MEGA[2] I/1).

Der Artikel trägt das Korrespondenzzeichen "x". Er wurde Engels zugeschrieben von Gustav Mayer in: Friedrich Engels. Eine Biographie. Bd. 1. Berlin 1920. S. 116, und erstmals veröffentlicht in: MEGA[1] I/2. S. 308/309.

Darüber gibt der Brief von Marx an Moses Heß vom 10. März 1844 (MEGA[2] III/1. S. 425) Auskunft.

3. In der Zeugenbeschreibung wird für die autorisierten Drucke der Arbeiten von Marx/Engels die ausführlichste Beschreibung gegeben. Dabei werden die unter I.1. formulierten Richtlinien mit folgenden Ergänzungen und Modifikationen angewandt:

3.1. Die Verfasserangaben werden strikt der Vorlage entsprechend wiedergegeben.

3.1.1. Zusätze zur Verfasserangabe werden aufgenommen. Unvollständige oder fehlende Verfasserangaben werden nicht ergänzt. Verschlüsselte Verfasserangaben werden entsprechend der Vorlage wiedergegeben. Falsche Verfasserangaben werden nicht berichtigt.

/148/

3.1.2. Der Verfassername wird an der gleichen Stelle wiedergegeben wie in der Vorlage, gegebenenfalls also nach dem Sachtitel. Wenn der Verfassername am Ende eines Artikels steht, wird das in folgender Form im Anschluß an die Wiedergabe des Titels gekennzeichnet:

[Unterzeichnet:] Friedrich Engels.

3.1.3. Von Marx/Engels verfaßte Aufrufe, Erklärungen u. ä., die von mehreren Personen oder von Institutionen unterzeichnet wurden, erhalten im Anschluß an die Wiedergabe des Titels eine Kennzeichnung in folgender Form:

[Unterzeichnet:] Marx, Engels, Willich.
[Unterzeichnet:] Das Comitee.

3.2. Die Sachtitel und Zusätze werden strikt der Vorlage entsprechend wiedergegeben. Veränderungen der Interpunktion sowie der Groß- und Kleinschreibung, Verkürzung oder Entschlüsselungen von Abkürzungen erfolgen nicht. Typographische Eigenarten werden jedoch nicht berücksichtigt (z. B. Auflösung von Versalien).

3.3.1. Ausgabe-Bezeichnung, Bandzählung und Erscheinungsvermerk werden für unselbständige Veröffentlichungen, wie unter I.5. festgelegt, wiedergegeben, jedoch wird zusätzlich die Seiten- und Spaltenzahl angegeben.

3.3.2. Für selbständige Veröffentlichungen werden Ausgabe-Bezeichnung, Bandzählung und Erscheinungsvermerk ebenso originalgetreu beschrieben wie die Sachtitel. Form und Reihenfolge der Angaben folgen dem Original. Abkürzungen oder Modernisierungen der Ausgabe-Bezeichnung erfolgen nicht. Ausgeschriebene Zahlen, römische Ziffern und Zeichen mit Zahlenbedeutung werden der Vorlage entsprechend wiedergegeben, eine Vereinheitlichung und Modernisierung erfolgt nicht. Außer Erscheinungsort und Jahr werden auch Verleger und Drucker mitgeteilt. Angaben, die nicht der Titelseite, aber der jeweiligen Ausgabe zu entnehmen sind, werden in runden Klammern gesetzt.

/149/

3.4. Bei selbständigen Drucken folgt dem Erscheinungsvermerk die Angabe der Seitenzahl, der Einbandart (gebunden, broschürt), des Formats sowie die Kennzeichnung als Erstdruck, Doppeldruck, Vorabdruck, Teilabdruck usw.

3.5. Für dasjenige Druckexemplar, das dem Edierten Text zugrunde liegt, erfolgt im Anschluß an die bibliographische Beschreibung außerdem die Standort- und Signaturangabe.

/150/

V. Besonderheiten der bibliographischen Angaben in den Einleitungen

1. Bibliographische Nachweise werden in den Einleitungen in runden Klammern direkt in den Text eingefügt, also nicht in Form von Fußnoten gebracht.

2. Bibliographische Nachweise erfolgen in der Regel nur bei Zitaten oder wichtigen Verweisen auf Arbeiten von Marx, Engels und Lenin, sowie bei grundsätzlichen Festlegungen, die in vorangegangenen Ausgaben der Werke von Marx/Engels oder anderen bedeutenden wissenschaftlichen Publikationen getroffen wurden.

3. Bei Arbeiten von Marx und Engels wird, soweit möglich, auf die MEGA selbst verwiesen, ansonsten auf die Erstausgabe oder die Handschrift bzw. in besonderen Fällen auf die alte MEGA.

3.1. Verweis auf gleichen MEGA-Band
... "....." (S. 455).
"......... ." (S. 57.)

3.2. Verweis auf andere MEGA-Bände
... "....." (Marx an Arnold Ruge, 20. März 1842. In: MEGA^2 III/1. S. 25).
"............ ." (MEGA^2 IV/1. S. 59–61 und 151/152.)
[Titel der Arbeit bereits im Einleitungstext angeführt.]

/151/

3.3. Verweis auf die alte MEGA
......."......" (Luther als Schiedsrichter zwischen Strauß und Feuerbach. In: MEGA^1 I/1.1. S. 175).

3.4. Verweis auf Erstausgaben bzw. Manuskripte
".... ." Karl Marx: Zur Kritik der politischen Oekonomie. H.1. Berlin 1859. Vorwort. S. IV.)
... "....." (Engels an Richard Fischer, 15. April 1895).

4. Bei Arbeiten von Lenin wird auf die Ausgabe der Lenin-Werke des IML Berlin in deutscher Sprache verwiesen und auch nach dieser Ausgabe zitiert.
"......... ." (W. I. Lenin: Der Briefwechsel zwischen Marx und Engels. In: Werke. Bd. 19. Berlin 1973. S. 550.)
... "....." (W. I. Lenin: Karl Marx. In: Werke. Bd. 21. Berlin 1974. S. 69).

5. Hinweise auf andere Marx-Engels-Ausgaben bzw. wissenschaftliche Publikationen sind mit allen erforderlichen bibliographischen Angaben zu versehen.
Bereits Franz Mehring hatte darauf verwiesen. (Aus dem literarischen Nachlass von Karl Marx, Friedrich Engels und Ferdinand Lassalle. Hrsg. von Franz Mehring. I. Ges. Schriften von Karl Marx und Friedrich Engels. März 1841 bis März 1844. Stuttgart 1902. S. 27.)

/152/

Richtlinien
für das Namenregister

I.   Allgemeine Grundsätze

1.   Das Namenregister stellt alle im Edierten Text einschließlich Anhang und in den Textvarianten direkt oder indirekt genannten Namen von Personen sowie von literarischen und mythologischen Gestalten mit einer kurzen Annotation und mit Nennung der Textseiten, auf denen sie auftauchen, in alphabetischer Ordnung zusammen.

2.   Die Namen, die in redaktionellen Texten (Einleitungen, Textgeschichten, Erläuterungen usw.) enthalten sind, werden nicht im Namenregister erfaßt.

3.   Das Namenregister hat die Aufgabe, dem Leser zu ermöglichen,
   - ausgehend vom Text zu einem dort erwähnten Namen nähere Angaben zu erhalten,
   - ausgehend vom Namenregister festzustellen, ob und an welcher Stelle im Text ein bestimmter Name erwähnt wird.

   Diese zweifache Aufgabenstellung bestimmt die Grundsätze der Erfassung, Einordnung und Verzeichnisform der Namen im Register.

/153/

II.   Erfassung der Namen

1.   Ein Name gilt als ein im Text genannt und wird im Register erfaßt, wenn
   - der Name oder ein Teil des Namens direkt angeführt wird,
   - im weiteren nur ein Personal- oder Possessivpronomen gebraucht wird,
   - der Titel, die Amtsstellung oder Funktion, eine hervorragende Leistung der betreffenden Person, der Spitz-, Bei- oder Deckname bzw. das Pseudonym einer Person erwähnt wird (z. B. der Herzog von Braunschweig, der Verteidiger von Sewastopol, der Erfinder der Dampfmaschine, Old-Dan, Library, Boz),
   - eine Person durch Angabe von Verwandschaftsbeziehungen bezeichnet wird (z. B. die Gemahlin Richards III., der kleine Neffe des großen Onkels),
   - das Werk eines Autors bzw. Vorgänge daraus zitiert oder erwähnt werden (siehe II.2.).

2.   Wenn das Werk eines Autors im Text zitiert oder erwähnt wird, ohne daß der Autorname selbst erscheint, wird für diese Textstelle der Autorname im Register verzeichnet.

Text	NR
in der "Göttlichen Komödie"	Dante
in einem bekannten Werk über Irland lesen wir : "..."	Moore

2.1. Dieses Verfahren gilt auch, wenn der Verfasser zweifelhaft ist. Wenn der Autor einer Schrift nicht zu ermitteln ist, erfolgt auch keine Verzeichnung im Namenregister.

/154/

2.2. Nicht aufgenommen werden die (meist legendären) Autoren von Teilen der Bibel (z. B. Matthäus, Johannes, Paulus), wenn sie im Text nicht namentlich genannt werden.

2.3. Bei im Text genannten Opern erscheint im Register in der Regel der Komponist. Wenn aus inhaltlichen Erwägungen erforderlich, kann auch der Name des Textdichters aufgenommen werden. Der Hinweis auf diese Namen erfolgt in Erläuterungen. In gleicher Weise können, wenn es zweckmäßig erscheint, auch Namen von Vertretern anderer Kunstgattungen ins Register aufgenommen werden, wenn im Text nur ihr Werk erwähnt wird (z. B. die "Sixtinische Madonna", die Neunte Sinfonie u. ä.).

2.4. Wenn im Text der Autor eines Werkes genannt ist, aber inzwischen hinsichtlich der Autorschaft neue Erkenntnisse gewonnen wurden, wird dies in einer Erläuterung mitgeteilt. Im Namenregister erscheint sowohl der im Text genannte als auch der tatsächliche Verfasser.

2.5. Wenn Gestalten und Vorgänge aus literarischen Werken im Text geschildert werden, ohne daß Verfasser und Titel des betr. Werkes erscheinen, wird neben namentlich genannten literarischen Gestalten für diese Stelle auch der Autorname im Register verzeichnet (analog zum Werktitel im Literaturregister), wenn konkret auf ein bestimmtes Werk eines Autors Bezug genommen wird.

Text: Ihre Emissäre zogen wie Don Quichote und Sancho Pansa von Ort zu Ort und kämpften vergebens gegen die Windmühlenflügel träger Gleichgültigkeit.

NR: Don Quichote, Sancho Pansa, Cervantes

/155/

3. Bei Darstellungen, die schöngeistiger oder mythologischer Literatur entnommen sind, werden in der Regel nur namentlich genannte Gestalten ins Register aufgenommen. Eine Entschlüsselung und Verzeichnung nicht namentlich erwähnter Gestalten erfolgt nur dann, wenn es für das Textverständnis erforderlich ist.

Text: Es geht ihr wie dem armen Sancho Pansa, dem sein Hofarzt alle Speisen vor seinem Auge entzogen, damit kein verdorbener Magen ihn zur Erfüllung der vom Herzog auferlegten Pflicht untüchtig mache.

NR: Sancho Pansa, Cervantes

Nicht Hofarzt, Herzog (auch wenn ihr Name zu ermitteln ist).

4. Alle im Literaturregister auftretenden Autornamen müssen sich im Namenregister befinden.

5. Namen, die im Text als Bestandteil von Titeln erscheinen, werden nicht aufgenommen, weil hier nicht der Name, sondern das literarische Werk im Vordergrund steht.

Text	NR
Köppens Buch "Friedrich der Große und seine Widersacher"	Köppen
Im Buch "Das Leben Jesu Christi"	Strauß
Shakespeares "Romeo und Julia"	Shakespeare

6. Namen von Dynastien und Familien werden in das Register aufgenommen (z. B. Bourbonen, Fugger, Hohenzollern).

7. Verlags- und Firmenbezeichnungen (z. B. Hoffmann & Campe, Ermen & Engels) werden in das Register aufgenommen.

Leske Verlagsbuchhandlung in Darmstadt

Wenn im Text jedoch auf eine konkrete Person als Vertreter der Firma Bezug genommen wird, ist diese Person (evtl. auch noch die Firma) anzuführen.

Leske, Carl Wilhelm Buchhändler und Verleger in Darmstadt.

/156/

8.   Namen nichtmenschlicher Gestalten werden in das Register aufgenommen (z. B. Cerberus, Minotaurus, Sphinx).

9.   Bei Zusammensetzungen mit Personennamen werden die Namen in der Regel verzeichnet, wobei zugleich eine Klärung des Gesamtbegriffs erfolgen kann (z. B. Augiasstall, Prokrustesbett, Pecksniff-Stil).

10.   Im Namenregister werden auch Namen erfaßt, zu denen keine über die Fakten an der betr. Textstelle hinausgehende Angaben ermittelt und mitgeteilt werden können.

11.   Die einzelnen Mitglieder von im Text summarisch genannten, aber zahlenmäßig eng begrenzten und namentlich bekannten Personengruppen (z. B. die Geranten der "Rheinischen Zeitung", die drei Zensurminister) werden nur dann ins Namenregister aufgenommen, wenn sie von besonderer Bedeutung für das Textverständnis sind. Sie müssen in solchen Fällen in einer Erläuterung namentlich entschlüsselt werden.

12.   Nicht erfaßt werden Ableitungen von Personennamen, bei denen nicht mehr die Person, sondern die Sache im Vordergrund steht (z. B. Junghegelianer, Bakunismus, homerisches Gelächter, archimedisches Prinzip).

/157/

13.   Das Auftauchen der Namen Karl Marx und Friedrich Engels in den Texten wird im Namenregister nicht registriert. Sind damit biographische Aussagen verbunden, werden diese Textstellen mit dem entsprechenden Schlagwort im Sachregister ausgewiesen.

/158/

III.   Schreibweise und Verzeichnung der Namen

1.   Die Verzeichnung der Namen erfolgt — unabhängig von der Schreibweise im Text — nach ihrer authentischen Schreibweise. Als authentisch gilt in der Regel die wissenschaftlich gesicherte originalsprachige Form in lateinischen Buchstaben.

2.   Bei Namen, deren authentische Schreibweise aus Sprachen mit anderer Schrift (z. B. kyrillisch, griechisch, arabisch, chinesisch) stammt, wird diese authentische Schreibung in transkribierter Form gegeben (z. B. Homeros, Lawrow).

Die Originalschreibweise erscheint bei Namen in kyrillischer Schrift stets in Klammern dahinter, bei anderen Schriften (arabisch, chinesisch, griechisch usw.) nur dann, wenn dieselbe auch im Text vorkommt.

2.1.   Für die kyrillische Schrift wird die Steinitzsche Transkription in ihrer letzten, vom Ministerium für Volksbildung der DDR als verbindliche erklärte Fassung von 1950 (siehe Duden) verwendet, wie dies in allen redaktionellen Texten einheitlich gehandhabt wird.

Bakunin, Michail Alexandrowitsch
Lawrow, Pjotr Lawrowitsch
Netschajew, Sergej Gennadijewitsch

2.2.   Bei griechischen Namen wird die griechische Form in lateinischen Buchstaben angeführt, nicht eine latinisierte oder andere nationale Form.

Theokritos (nicht: **Theocritus, Theokrit**)
Lykurgos (nicht: **Lycurgus, Lykurg, Lycourgus, Licurgo**)

/159/

2.3.   Bei lateinischen Namen, die mit i oder j geschrieben werden können, wird als
        authentische Form die Schreibweise mit i verwendet. Alle Vornamen werden
        ausgeschrieben.
        Caesar, Gaius Iulius
        Iulianus, Flavius Claudius (aber: **Julian**)
        Iupiter
        Iuvenalis, Decimus Iunius (aber: **Juvenal**)

3.   Alle von der authentischen Form abweichenden Schreibweisen des Textes wer-
        den hinter der authentischen Form in runden Klammern aufgeführt. Ihre Reihen-
        folge richtet sich nach dem Alphabet.
        Kopernikus (Copernicus, Copernikus), Nikolaus
        Louis-Philippe (Ludwig-Philipp), duc d'Orléans
        Mary I (Maria I., Maria die Katholische)
        Formen in anderen Alphabeten werden am Schluß aufgeführt.
        Epikuros (Epicur, Epicure, Epikur, Ἐπίκουροσ)

3.1.   Bestehen zwischen der authentischen Form und der Schreibweise des Textes
        nur geringe Abweichungen, so daß beide Fassungen in der alphabetischen
        Einordnung hintereinander zu stehen kämen, wird auf einen gesonderten
        Verweis verzichtet.
        Aischylos (Aeschylus)
        Köttgen (Koettgen)
        Märcker (Märker)
        Leibniz (Leibnitz)

3.2.   Bestehen zwischen der authentischen Form und der Schreibweise des Textes
        größere Abweichungen, die eine alphabetische Einordnung an anderer Stelle
        bedingen, so werden diese Formen des Textes gesondert als Stichwort ins
        Register aufgenommen und von ihnen auf die authentische Form verwiesen.
        Copernicus siehe **Kopernikus, Nikolaus**
        Ludwig Philipp siehe **Louis-Philippe**
        Philipp II. siehe **Felipe II**
        Rizzio siehe **Riccio, David**

/160/

4.   Das Prinzip der Einordnung nach der authentischen originalsprachigen Form
        gilt auch für literarische und mythologische Gestalten, unabhängig von der
        konkreten Schreibweise im Text.

Text	NR
Dorchen Lakenreisser	**Dorchen Lakenreisser** siehe **Doll Tearsheet**
	Doll Tearsheet (Dorchen Lakenreisser)
Falstaff	**Falstaffe (Falstaff)**
Hurtig	**Hurtig** siehe **Quickly**
	Quickly (Hurtig)

5.   Personen, die im Text unter ihrem Pseudonym erscheinen, werden in der Regel im
        Namenregister unter ihrem richtigen Namen eingeordnet und annotiert. Vom Pseu-
        donym wird auf den richtigen Namen verwiesen.
        Boz siehe **Dickens, Charles**
        Dickens, Charles (Pseudonym **Boz**)
        Haide, Ernst von der siehe **Grün, Karl**
        Grün, Karl (Pseudonym **Ernst von der Haide**)

5.1.   Wenn eine Person jedoch fast ausschließlich unter dem im Text genannten
        Pseudonym bekannt ist, kann im Ausnahmefall die Einordnung unter dem
        Pseudonym erfolgen und in Klammern der eigentliche Name zugefügt werden.
        Clauren, Heinrich (eigtl. **Gottlob Samuel Carl Heun**)
        Jean Paul (eigtl. **Jean Paul Friedrich Richter**)
        Stirner, Max (eigtl. **Johannes Caspar Schmidt**)

/161/

Die Formulierung "eigtl." wird nur für Pseudonyme, <u>nicht</u> aber für veränderte Vornamen verwendet [also nicht: Arnim, Bettina (eigtl. Elisabeth) von]

5.2.   Ist nur das Pseudonym bekannt, wird dies in Klammern vermerkt.

Marcus (Pseudonym) englischer Ökonom.

6.   Wenn im Zeitraum des Bandes eine Person den Namen wechselt (durch Heirat, Erhebung in den Adelsstand, Annahme eines Herrschernamens u. ä.) und beide Namen im Text auftreten, wird die betr. Person unter dem neuen Namen verzeichnet, der frühere Name dahinter in Klammern angeführt und von ihm nur verwiesen.

Herwegh, Emma (geb. **Siegmund**)
Siegmund, Emma siehe **Herwegh, Emma**
Marx, Jenny (geb. **von Westphalen**)
Westphalen, Jenny von siehe **Marx, Jenny**

6.1.   Erfolgt der Namenwechsel vor bzw. nach dem Zeitraum des Bandes, wird nur der Name erfaßt, der jeweils im Text auftaucht. Z. B. wird dann bei verheirateten Frauen der Mädchenname und bei ledigen Frauen der spätere Familienname nicht angeführt, außer in besonderen Ausnahmefällen, wo dies für das Textverständnis von Bedeutung ist.

7.   Die Bedeutung von aus anderen Sprachen abgeleiteten Namen wird nur in solchen Ausnahmefällen durch eine Übersetzung ins Deutsche erklärt, wenn dies für das Verständnis der Textstelle erforderlich und eine gesonderte Erläuterung nicht zweckmäßig ist (z. B. Christophorus ("Christusträger")).

/162/

8.   Entsprechend diesen Verzeichnungsregeln können Verweisungen folgender Art innerhalb des Namenregisters auftreten:

8.1.   Von abweichenden Schreibweisen des Namens im Text auf die authentische Schreibung, wenn die Abweichung eine andere alphabetische Einordnung erforderlich macht (vgl. III.3. und 4.).

Armodius siehe **Harmodius**
Christus siehe **Jesus Christus**
Karl V. siehe **Charles V, le Sage**
Villiamson siehe **Williamson, Hugh**

8.2.   Von Pseudonymen oder häufig verwendeten Beinamen auf den authentischen Namen (vgl. II.5.).

Alter Fritz siehe **Friedrich II.**
Barbarossa siehe **Friedrich I.**
Beta siehe **Bettziech, Heinrich**
D'Alviella siehe **Coblet, Louis, comte d'Alviella**
Lupus siehe **Wolff, Wilhelm**

8.3.   Von häufig verwendeter Nennung des Vornamens auf den Familiennamen.

Bettina siehe **Arnim, Bettina von**
Edgar siehe **Bauer, Edgar**
Lizzie siehe **Burns, Lydia**
Rahel siehe **Varnhagen von Ense, Rahel**

8.4.   Bei Namenwechsel vom ursprünglichen auf den neuen Namen (vgl. III.6.).

Cameron, Mary siehe **Harney, Mary**
Engels, Marie siehe **Blank, Marie**
Ganganelli siehe **Klemens XIV.**
Marx, Laura siehe **Lafargue, Laura**

/163/

9.   Verweisungen von anderen Bezeichnungen (Funktionen, Titel, Verwandtschaftsangaben, Berufsangaben, Scherz- und Schimpfnamen u. ä.) erfolgen in der Regel nicht innerhalb des Namenregisters, sondern in Form von Erläuterungen. Verweise folgender Art sind also im Register zu vermeiden:

Innenminister von Frankreich siehe Dufaure, Charles-Henri
König von Preußen siehe Friedrich Wilhelm III.
Zar von Rußland siehe Alexander I.
Sohn des Ministerpräsidenten siehe Auerswald, Wilhelm
Großvater siehe Engels, Caspar
Kaiser von China siehe Marx, Jenny
Ibrahim Gescheit siehe Lassalle, Ferdinand

/164/

IV.   Reihenfolge der Namen im Register

1.   Die Reihenfolge der Namen im Register folgt den Festlegungen des DDR-
Standards (TGL 0-5007). Die Buchstabenfolge ist die des ABC der deutschen
Sprache. Akzente und ähnliche Unterscheidungszeichen (z. B. à, ç, ë, ñ) bleiben unberücksichtigt. Sie werden wie die gleichen Buchstaben ohne Zeichen
behandelt.

2.   Für die Einordnung sind maßgebend
        a) die Anfangsbuchstaben der Wörter,
        b) die Reihenfolge der weiteren Buchstaben innerhalb der einzelnen Wörter.

2.1.   Die Umlaute ä, ö und ü werden wie ae, oe und ue behandelt.
        Hader, Fritz
        Haecker, August
        Haecker, Wilhelm
        Häcker, Wilhelm
        Haecker, Wolfram
        Hafeld, Erwin

2.2.   Die Mitlautverbindungen ch, ck, sp, st werden wie zwei, sch wie drei Buchstaben behandelt, ß wird ss gleichgeachtet.

Scamoni	**Maßen, A.**
Schulz	**Maßen, B.**
Scuderi	**Massen, O.**
Sroka	**Mast, B.**
Starke	**Masyorni, A.**
Sutter	**Maszyk, A.**

/165/

3.   Das erste Ordnungswort ist der Familienname. Vorsatzwörter zum Familiennamen (von, van, de, de la, du usw.) werden, auch wenn sie großgeschrieben
sind, beim Einordnen nicht berücksichtigt, ausgenommen die Fälle, wo sie mit
dem Namen zu einem Wort verschmolzen sind.

Bois, Enrico du	Aber:	**Dubois, Enrico**
Berg, August van den		**Vandenberg, August**
Hodde, Lucien de la		**Delahodde, Lucien**
		O'Connor
		D'Ester
		MacCulloch

3.1.   Historische Namenszusätze (z. B. Adelsbezeichnungen) werden beim Einordnen nicht berücksichtigt, sondern den Vornamen nachgestellt.
        Disraeli, Benjamin, (seit 1876) Earl of Beaconsfield
        Falloux, Alfred-Frédéric-Pierre, comte de

4.   Das zweite Ordnungswort ist der Vorname. Familiennamen ohne Vornamen
werden vor den gleichen Familiennamen mit Vornamen, Familiennamen mit
einem Vornamen vor den gleichen Familiennamen, die außer dem ersten gleichen Vornamen noch weitere Vornamen haben, eingeordnet.

Meier
Meier,   G.
Meier,   G. Erwin
Meier,   G. W.
Meier,   Gerhard
Meier,   Gerhard H.
Meier,   Gerhard Hans
Meier,   Gerhard Hans Walter

/166/

4.1.   Sind nur Vornamen vorhanden und diese sind gleich, entscheidet die zeitliche Aufeinanderfolge bzw. bei Herrschern die Reihenfolge ihrer Numerierung.

Friedrich (1408–1480)
Friedrich (1608–1659)
Friedrich II. (1712–1786)
Friedrich III. (1463–1525)
Friedrich August II. (1225–1381)
Friedrich Wilhelm (1480–1561)
Friedrich Wilhelm I. (1802–1875)
Friedrich Wilhelm IV. (1795–1861)

4.2.   Erscheinen gleiche Namen einmal mit Verweis und einmal mit Annotation, wird die Verweisung vorangesetzt.

Mars siehe **Ares**
Mars römischer Kriegsgott

/167/

V.   Angaben zu den einzelnen Namen

1.   Zu allen im Register erfaßten Namen werden im Prinzip folgende Angaben mitgeteilt:
   – Familienname
   – Vorname und evtl. Beinamen
   – Titel, die unmittelbarer Teil des Namens sind
   – Geburts- und Todesjahr
   – Nationalität
   – Beruf, Tätigkeit
   – Zugehörigkeit zu bestimmten Richtungen, Parteien oder Organisationen; Teilnahme an wichtigen Ereignissen
   – Regierungsfunktionen, Ausübung anderer politischer oder beruflicher Funktionen und Ämter, ihre Dauer; besondere politische, wissenschaftliche, künstlerische, militärische u. ä. Leistungen oder Aktivitäten
   – Bestimmte verwandtschaftliche Beziehungen (wenn erforderlich), Beziehungen zu Marx und Engels
   – Seitenzahlen des Textes, auf denen der Name vorkommt.

2.   Zur Form der Verzeichnung des Familiennamens siehe Abschnitt III.

2.1.   Es werden alle Vornamen in der authentischen Form angeführt. Alle Vornamen werden ausgeschrieben, also auch bei Römern und bei Angabe des Vatersnamens. Eine Hervorhebung des Rufnamens erfolgt nicht.

2.2.   Beinamen werden aufgeführt, wenn ihre Hinzufügung als fester Bestandteil des Namens wissenschaftlich üblich und der genauen Bestimmung der Person dienlich ist.

Anselm of Canterbury
Charles IV, le Bien-Aimé
Seneca, Lucius Annaeus, der Jüngere

/168/

Beinamen, die im politischen Kampf erworben und unter denen die Personen häufig erwähnt werden, werden in Klammern mit dem einleitenden Wort "genannt" hinzugefügt.

Babeuf, François-Noël (genannt **Gracchus**)
Böheim, Hans (genannt **Pauker** und **Pfeiferhänslein**)

Beinamen, die nicht diesen Charakter tragen (z. B. "Kartätschenprinz", "Apostel der Deutschen", "König Bomba"), sind nicht als Teil des Namens zu behandeln, sondern können im weiteren Verlauf der Annotation angeführt werden.

2.3. Es werden bei Namen nur solche Titel angeführt, die als unmittelbarer Teil des Namens anzusehen sind (z. B. Adelsprädikate) (vgl. auch IV.3.).

Aberdeen, George Hamilton Gordon, Earl of
Arrivabene, Giovanni, conte
Augereau, Pierre-François-Charles, duc de Castiglione
Disraeli, Benjamin, (seit 1876) **Earl of Beaconsfield**
Willisen, Friedrich Adolf Freiherr von

2.4. Akademische Grade (Dr., Prof. usw.), berufliche Rangbezeichnungen (Geheimer Rat, Medizinalrat usw.) oder allgemeine Betitelungen bzw. Anreden anderer Art (Exzellenz, Hoheit usw.) werden an dieser Stelle nicht angeführt. Soweit notwendig, können sie im weiteren Verlauf der Annotation mitgeteilt werden.

Ammon, Christoph Friedrich von (1766–1850) deutscher protestantischer Theologe; zunächst Vertreter des Rationalismus, nach seiner Berufung als Oberhofprediger und Oberkonsistorialrat nach Dresden (1813) dessen Gegner.

Xylander (eigtl. **Holtzmann**)**, Wilhelm** (1532–1576) Professor der griechischen Sprache in Heidelberg.

/169/

2.5. Die unter Punkt 2 angeführten Angaben erscheinen im Register in halbfetter Schrift (im Manuskript durch Unterstreichung gekennzeichnet), alle weiteren Angaben in normaler Schrift.

3. Das Geburts- und Todesjahr erscheint in runden Klammern.

(1809–1890)
(63 v. u. Z. bis 14 u. Z.)

3.1. Ist nur eines der beiden Daten zu ermitteln, so wird vor die Jahreszahl geb. bzw. gest. gesetzt.

(geb. 1819)
(gest. 1905)

3.2. Ist das Jahr nicht genau festzustellen, wird folgendermaßen verfahren:
 – Hinzufügungen von etwa bei Vorhandensein beider Daten

(etwa 63 bis etwa 12 v. u. Z.)

 – Hinzufügung von vor oder nach, wenn dieser Fakt gesichert ist.

(etwa 435 bis nach 366 v. u. Z.)
(vor 1780–1863)
(gest. nach 480 v. u. Z.)

 – Hinzufügung von etwa, wenn nur ein Datum vorhanden oder die Angabe sehr pauschal ist.

(geb. etwa 1890)
(etwa 1000 v. u. Z.)

 – Hinzufügung von wahrscheinlich in besonders unklaren Fällen.

(wahrsch. Ende des 3. Jh. v. u. Z.)

 – Pauschale Angaben des Jahrhunderts bzw. Anfang oder Ende eines Jahrhunderts.

(1. Jh. v. u. Z.)   (Anfang des 5. Jh.)
(2.–3. Jh.)

/170/

3.3.   Bei differierenden Angaben können beide angeführt und durch <u>oder</u> verbunden werden.
(1810 oder 1811–1872)
(gest. 566 oder 567)

4.   Den unter 2. und 3. genannten Angaben schließt sich bei allen Namen eine kurzgefaßte <u>Annotation</u> an, die eine eindeutige Identifizierung der betr. Person oder Gestalt und das volle Verständnis der jeweiligen Textstellen gewährleistet.

4.1.   Die Annotationen teilen die wichtigsten Angaben zum Gesamtleben mit, die für den Zeitraum des Bandes etwas detaillierter gehalten sein sollen. Neue biographische Forschungsergebnisse sind einzuarbeiten, soweit dies in knapper Form möglich ist (sonst in Erläuterungen, vgl. V.12.).

4.2.   Der Umfang der Annotationen kann differenziert sein. Er richtet sich nicht nach der allgemeinen Bedeutung einer Person, sondern geht aus von der Rolle der jeweiligen Person innerhalb der Texte des Bandes und innerhalb der betreffenden Zeit, von den für das Textverständnis notwendigen Informationen und dem Umfang der dazu ermittelten Angaben.

4.3.   Auf allgemeine Wertungen und Einschätzungen (hervorragender Führer, bedeutender Vertreter usw.) wird in der Regel verzichtet. Es ist anzustreben, politische oder geistige Leistungen und Haltungen durch konkrete Sachangaben über Parteizugehörigkeit, Funktionen, Stellung zu bestimmten Ereignissen, Strömungen oder Anschauungen erkennbar zu machen.

/171/

4.4.   Die Form der Annotationen ist stichwortartig, die einzelnen Angaben werden durch Komma bzw. Semikolon getrennt. Datenangaben können in runde Klammern gesetzt werden. Vor der Aufführung der Seitenzahlen des Textes wird stets ein Punkt gesetzt.

5.   Aus der Annotation soll die <u>Nationalität</u> einer Person zu ersehen sein. Sie wird in der Regel durch ein entsprechendes Adjektiv ausgedrückt, kann aber auch in anderer Form zum Ausdruck gebracht werden.
deutcher Philosoph
Vertreter der französischen Aufklärung
Bischof von Alexandria
Buchhändler in Leipzig
Assessor am Kölner Landgericht

5.1.   Ist eine konkrete Bestimmung zweckmäßig, wird ihr vor der allgemeineren der Vorzug gegeben, also z. B. statt deutsch (bes. bis 1871) preußisch, sächsisch, württembergisch usw.
preußischer Offizier
burgundischer Weinhändler
sizilianischer Grundbesitzer

5.2.   Hielt sich eine Person überwiegend in anderen Ländern auf, so kann auch ihre nationale Herkunft bzw. Abstammung mitgeteilt werden.
russischer Feldherr französischer Herkunft
italienischer Seefahrer in spanischen Diensten
persischer Dichter, gebürtiger Tadshike
österreichischer General tschechischer Nationalität

/172/

6.   Bei der <u>Berufsangabe</u> werden nur die wichtigsten Berufe bzw. Tätigkeiten angeführt, nicht alle ausgeübten. Dabei ist zu beachten, auf welche Tätigkeit im Text Bezug genommen wird. Bei den Berufsbezeichnungen werden in der Regel die zur betr. Zeit üblichen verwendet (z. B. Generalprokurator, Advokat, Kronanwalt).

französischer Astronom, Physiker und Mathematiker
deutscher Publizist, Philologe und Historiker
protestantischer Theologe, Orientalist, historisch-kritischer Bibelforscher
Die Berufsangabe erfolgt stets in deutscher Sprache. In komplizierten Fällen kann die Originalbezeichnung in Klammern hinzugefügt werden.

7.   Die politisch-ideologische Einstellung ist durch wissenschaftlich-exakte Begriffe, die eine klassenmäßige Bestimmung beinhalten, bzw. durch die Angabe der Zugehörigkeit zu bestimmten Richtungen, Gruppierungen, Parteien oder Organisationen zu kennzeichnen.

kleinbürgerlicher Demokrat
Repräsentant der rheinischen Bourgeoisie
Liberaler, Anhänger des Freihandels
reformistischer Gewerkschaftsführer
utopischer Sozialist
Mitglied des Bundes der Kommunisten
stand der Social Democratic Federation nahe

7.1. Wissenschaftler, Schriftsteller und Künstler werden auf ihrem Gebiet in ähnlicher Weise eingeschätzt.

deistischer Philosoph
spätromantischer Dichter
Vertreter der revolutionären Romantik
Anhänger Darwins
Scholastiker

/173/

8.   Bei der Angabe der wichtigsten Regierungs- und anderen politischen Funktionen in Parlamenten, Verwaltungen usw. ist möglichst auch der Zeitpunkt bzw. Dauer derselben anzuführen. Dabei sind vor allem die Funktionen zu berücksichtigen, auf die im Text Bezug genommen wird.

mehrfacher Minister (1832–1834), 1836 und 1840 Ministerpräsident, Präsident der Dritten Republik (1871–1873)
1848/1849 Mitglied der Frankfurter Nationalversammlung linkes Zentrum)
seit 1834 Unterstaatssekretär im Innenministerium
Mitglied des Generalrats der IAA (1864–1869), dessen Schatzmeister (1867/1868), Korrespondierender Sekretär für Amerika (1867–1869)
seit 1649 Oberbefehlshaber der irischen Armee und Lord-Statthalter von Irland, Lord-Protektor von England, Schottland und Irland (1653–1658)

8.1. Bei Herrschern wird angegeben, in welchem Zeitraum sie die Herrschaftsgewalt über welches Gebiet (Herrschaftsbereich) ausübten. Änderte sich ihre Herrscherbezeichnung oder ihr Herrschaftsbereich, so ist das zu vermerken.
Napoléon III (1808–1873) Präsident der zweiten Republik (1848–1852), Kaiser der Franzosen (1852–1870).

8.2. Fällt das Ende der Regierungszeit mit dem Sterbedatum zusammen, wird wie folgt verfahren:
Friedrich Wilhelm III. (1770–1840) König von Preußen seit 1797.
Henry VIII (1491–1547) König von England seit 1509.

/174/

Das gleiche Verfahren wird auch für die Angaben anderer Regierungs- und Amtsfunktionen angewandt.
Riccio, David (etwa 1533–1566) savoyischer Gesandtschaftssekretär, seit 1564 Sekretär Mary Stuarts.

9. Bei Politikern, Militärs, Wissenschaftlern, Schriftstellern und Künstlern sollen, soweit es zur Charakterisierung beiträgt, auch ihre bedeutendsten Leistungen, wodurch sie bekannt geworden und auf die historisch-gesellschaftliche Entwicklung Einfluß genommen haben, ebenfalls kurz angeführt werden.

Begründer des Frankenreiches
Erfinder der Dampfmaschine
Begründer der wissenschaftlichen Archäologie
Verteidiger von Sewastopol
Herausgeber der "Neuen Jahrbücher für Philosophie und Pädagogik"
Verfasser der "Bibliothecae historicae"

9.1. Werden in der Annotation auch literarische Werke angeführt, die das Schaffen einer Persönlichkeit charakterisieren, so werden die Titel dieser Werke in der Originalsprache (ohne deutsche Übersetzung) gebracht. Dabei sind Verkürzungen des Titels zulässig. Auf Übereinstimmung mit anderen Apparatteilen (Literaturregister, Erläuterungen) ist zu achten. Die Titel werden in Anführungen gesetzt.

Autor des Buches "Ireland, industrial, political, and social", verfaßte das Werk "Journals, conversations and essays relating to Ireland"

/175/

10 Verwandtschaftliche oder freundschaftliche Beziehungen einer Person werden nur dann angeführt, wenn dies im Hinblick auf die betr. Textstelle von klärender Bedeutung ist.

Neffe von Napoléon Ier
Bruder des preußischen Innenministers
Lebensgefährtin von ...
in zweiter Ehe verheiratet mit ...
Freund von Ludwig Feuerbach

10.1. Verwandtschaftliche, freundschaftliche, politische u. a. Beziehungen der betr. Person zu Marx und Engels werden stets in der Annotation vermerkt und kurz charakterisiert

Bekannter von Engels in Bremen
Cousine von Marx
enger Freund und Kampfgefährte von Marx und Engels
Hausgehilfin und treue Freundin der Familie Marx
seit 1847 erbitterter Gegner von Marx und Engels

11. Die Annotationen zu literarischen Gestalten verzichten in der Regel auf eine Charakterisierung, sondern geben nur an, aus welchem Werk welches Autors dieselben entnommen sind. Die betr. Werktitel werden ebenfalls in der Originalsprache gebracht.

Ajax Gestalt aus "Troilus and Cressida" von William Shakespeare.
Bileam Gestalt aus der Bibel.
Falstaffe Gestalt aus "King Henry IV" und "The merry wives of Windsor" von William Shakespeare.
Faust Gestalt aus der gleichnamigen Tragödie von Johann Wolfgang von Goethe.
Papageno Gestalt aus der Oper "Die Zauberflöte" von Wolfgang Amadeus Mozart.

/176/

12. Die Annotationen zu mythologischen Gestalten sind knapp zu halten und beschränken sich in der Regel auf eine allgemeine Charakteristik.

Argos in der griechischen Sage hundertäugiger Wächter der Io, der Geliebten des Zeus.
Athene (Pallas Athene) griechische Göttin der Weisheit und der Künste.

> **Atlas** in der griechischen Sage ein Titanensohn, der auf seinen Schultern das Himmelsgewölbe trägt.
> **Venus** römische Göttin der Liebe und Schönheit.

13.   Wenn zu einer Person oder Gestalt ein anderer Teil des Apparats (Erläuterungen, Textgeschichten) weitere wichtige Aussagen enthält, die in den knapp zu haltenden Annotationen des Namenregisters keinen Platz finden können, besteht in begründeten Fällen die Möglichkeit, in der Annotation des Registers darauf zu verweisen.

> **Achilleus** in der griechischen Sage tapferster griechischer Held im Trojanischen Krieg (siehe Erl. 635.9–10).
> **Dolleschal, Laurenz** (geb. 1790) Polizeibeamter in Köln (1819–1847); Zensor der "Rheinischen Zeitung" (siehe S. 1312). [= Hinweis auf die Textgeschichte]

14.   Die <u>Angaben der Textseiten,</u> auf denen der Name erwähnt wird, erfolgt fortlaufend und für jede Seite gesondert. Eine Zusammenziehung von Seitenzahlen erfolgt nur, wenn ein Name auf mehr als zwei Seiten hintereinander vorkommt.

> z. B. 12 13 15 16 18–20 22–27

Bei Übergang des Namens von einer Seite zur anderen wird nicht verzeichnet :

> 12/13 15/16, sondern 12 13 15 16

/177/

14.1. Bei Texten aus alten Sprachen wird auch die Seitenzahl des Apparates mit aufgenommen, wo sich der Übersetzungstext befindet, wenn die Übersetzung einen selbständigen Teil der Erläuterungen bildet. Diese Angabe erfolgt hinter der Seitenzahl des altsprachigen Textes in runden Klammern.

> 15 (1012) 17 (1015) 24 (1020)

/178/

Richtlinien
für die Sachregister

/179/

I.   Allgemeine Grundsätze

1.   Die Sachregister zu den einzelnen Bänden der MEGA sind ein wichtiges Hilfs-
     mittel für die inhaltlich-sachliche Erschließung des literarischen Erbes von
     Marx und Engels.
     Ungeachtet dessen, daß später Gesamtsachregister für jede Abteilung der
     MEGA bzw. für die Ausgabe als Ganzes erarbeitet werden, wird jeder Band mit
     einem Sachregister ausgestattet. Bände die aus mehreren Textbüchern be-
     stehen, erhalten ein gemeinsames Sachregister für den gesamten Band.

2.   In den Sachregistern werden alle von Marx und Engels stammenden Texte,
     sowohl der Edierte Text als auch die Varianten erfaßt.
     Das gilt auch für den Anhang zum Textteil der Bände der Ersten Abteilung;
     unberücksichtigt bleiben können dabei jedoch in einzelnen Fällen Dokumente,
     die Marx und Engels nur mit unterzeichneten, und Arbeiten Dritter, an denen
     Marx und Engels nur geringfügig mitarbeiten.
     Auch die im Anhang der Bände der Dritten Abteilung der MEGA veröffentlichten
     Briefe dritter Personen werden vollständig (vor allem Angaben über das Leben
     und Werk von Marx und Engels und über die Entwicklung der Arbeiterbe-
     wegung) erfaßt; die entsprechenden Seitenangaben werden typographisch
     (kursiv) von den Angaben zu den Marx-Engels-Texten abgehoben.
     Redaktionelle Texte (Einleitungen, Textgeschichten, Erläuterungen usw.)
     werden im Sachregister nicht berücksichtigt.

/180/

3.   In den Sachregistern wird die Erfassung aller relevanten Aussagen angestrebt.
     In ihnen soll sich die Universalität des Schaffens von Marx und Engels um-
     fassend widerspiegeln.
     Nicht erfaßt werden umgangssprachliche Ausdrücke.

4.   Die Sachregister zu den Bänden der Ersten, Zweiten und Dritten Abteilung der
     MEGA sind ihrem Charakter nach Schlagwortregister. Der wesentliche Inhalt
     der Bände der Vierten Abteilung der MEGA wird in der Regel durch thematische
     Register erschlossen (siehe unter III).
     Ein Schlagwort ist der jeweils genaue, vollständige und kürzestmögliche Aus-
     druck eines bestimmten Gedankens oder Fakts, der in einem Satz, Abschnitt
     oder Kapitel abgehandelt wird. Im Unterschied zu einem Stichwortregister, das
     ausschließlich Worte aus dem Text selbst verwendet und jeweils nur die Seiten
     verzeichnet, wo das betreffende Wort vorkommt, ist das Schlagwortregister
     ein verallgemeinerndes Register. Es verwendet Begriffe, welche die Bearbeiter
     in Anlehnung an den Text gebildet haben, und verzeichnet alle Stellen, die zu
     dem jeweiligen Schlagwort relevante Aussagen enthalten, unabhängig davon,
     ob das Schlagwort selbst im Text vorkommt oder nicht.

5.   Die Sachregister zu den MEGA-Bänden haben den Prozeß der Herausbildung
     und Entwicklung der marxistischen Theorie einschließlich ihrer Terminologie
     möglichst konkret widerzuspiegeln. Die Begriffe, die in den Schlagwortre-
     gistern verwandt werden, müssen daher dem in den Arbeiten des betreffenden
     Bandes erreichten Entwicklungsstand des Marxismus und seiner Terminologie
     entsprechen.

/181/

6.   Die Sachregister werden im Prinzip in der Registersprache, in Deutsch, und in
     moderner Orthographie abgefaßt. In deutscher Sprache werden auch die Sach-
     register zu Bänden mit Texten in mehreren Sprachen gehalten.
     In der Originalsprache werden gebracht
     – Begriffe aus anderen Sprachen, für die es keine adäquaten deutschen
        Ausdrücke gibt, z. B. middle class, shopocracy,

- Bezeichnung von Organisationen und Institutionen, sofern es keine eingebürgerten deutschen Ausdrücke für sie gibt.

Dem deutschen Ausdruck eines Schlagwortes können in Klammern die in den Autortexten vorkommenden Ausdrücke aus anderen Sprachen hinzugefügt werden, wenn das für die Identifizierung der Textstelle erforderlich ist oder wichtige Begriffe im Text vorwiegend in fremder Sprache vorkommen.

/182/

II. Gestaltung der Sachregister zu den Bänden der Ersten, Zweiten und Dritten Abteilung (Schlagwortregister)

1. Zum Inhalt der Sachregister

In die Sachregister werden vor allem folgende Schlagwortgruppen aufgenommen:

1.1. Kategorien und Begriffe aller Bestandteile des Marxismus:
   a) des dialektischen und historischen Materialismus, wie Materie, Bewegung, Widerspruch, ökonomische Gesellschaftsformation;
   b) der politischen Ökonomie, wie Wert, Geld, Kapital, Mehrwert;
   c) des wissenschaftlichen Kommunismus, wie Diktatur des Proletariats, Klassenkampf, Streik, Bewaffneter Aufstand.

1.2. Begriffe aller Wissenschaftsbereiche (Gesellschaftswissenschaften, Naturwissenschaften).

1.3. Politische, ökonomische, philosophische, literarische, religiöse Schulen und Richtungen, wie Bakunismus, Physiokraten, Junghegelianer, Hussitenbewegung.

1.4. Historische Ereignisse (Revolutionen, Kriege, Bündnisse), Organisationen, Parteien.

1.5. Termini aus verschiedenen Bereichen, z. B.
   a) der Wirtschaft und Technik, wie Wirtschafts- und Industriezweige, Erfindungen, Produktionsinstrumente;
   b) des Staats- und Rechtswesens, wie Staatsformen, staatliche Institutionen, einzelne Gesetze;

/183/

   c) des Militärwesens, wie allgemeine Wehrpflicht, stehendes Heer;
   d) der Kunst und Literatur, wie Malerei, Drama;
   e) des Presse- und Zeitungswesens, wie Polemik, Zensur, Pressefreiheit, einzelne Presseorgane, in denen Marx und Engels mitarbeiteten;
   f) der Bildung und Erziehung, wie Bildungsmonopol, polytechnischer Unterricht.

2. Erfassungsprinzipien der Schlagworte und Belegstellen

2.1. Das Schlagwortregister basiert auf dem doppelten Auswahlprinzip, und zwar
   a) bezüglich der aufzunehmenden Schlagworte;
   b) bezüglich der aufzunehmenden Belegstellen.

2.2. Zu gewährleisten ist, daß der Inhalt der Darlegungen von Marx und Engels durch die Wahl entsprechender Schlagworte möglichst umfassend, detailliert und lückenlos erschlossen wird.

Von Marx und Engels zitierte Textstellen werden in dem Maße berücksichtigt, wie sie für das Verständnis der Ausführungen von Marx und Engels notwendig sind.

2.3. Unter den aufgenommenen Schlagworten werden stets nur die Seiten erfaßt, auf denen es inhaltliche Aussagen gibt. Bloße Erwähnungen, z. B. in einfachen Aufzählungen, werden nicht berücksichtigt.

/184/

2.4. Zur Erfassung des jeweiligen Sachinhaltes werden Schlagworte gewählt, die der begrifflichen Weite nach entsprechen, also weder zu weit noch zu eng sind. So sind zum Beispiel Aussagen zu einem Streik nicht unter Klassenkampf, sondern unter Streikbewegung aufzunehmen.

2.5. Zur Erfassung des Sachinhaltes werden so weit wie möglich Schlagworte ausgewählt, die Marx und Engels innerhalb eines bestimmten Bandes, einer bestimmten Arbeit oder eines bestimmten Abschnittes einer Arbeit selbst benutzten. Dies schließt auch die Aufnahme von Termini, die Marx oder Engels in ihren frühen Schriften benutzten, als Schlagworte ein, wie Wert der Arbeit, Verkehrsverhältnisse (im Sinne von Produktionsverhältnissen) usw.

2.6. Die Seitenangaben erfolgen so, daß der Gesamtzusammenhang, in dem ein Gedanke oder Fakt abgehandelt ist, erfaßt wird.

3. Prinzipien des Aufbaus und der Gliederung

Das Sachregister jedes Bandes enthält:
1. Schlagworte
2. Unterschlagworte
3. Verweisungen
4. Angaben der Seiten

3.1. Anordnung und Formulierung der Schlagworte

3.1.1. Es gibt unterteilte und nichtunterteilte Schlagworte. Alle Schlagworte werden alphabetisch angeordnet.

/185/

3.1.2. Die im Sachregister erfaßten Schlagworte treten in folgenden grammatikalischen Formen auf:
   a) Einzelne Substantive, wie Eigentum, Geschichte, Literatur, bzw. substantivierte Adjektive, wie Besonderes, Allgemeines, und Komposita, wie Bewußtseinsformen, Naturreligion.
   b) Substantivverbindungen, wie Diktatur des Proletariats; Recht auf Arbeit; Stadt und Land.
   c) Adjektiv-Substantiv-Verbindungen, wie Deutscher Bund; Hegels Philosophie; Industrielle Revolution; Partei, proletarische; Wahlrecht, allgemeines.
   d) Aufzählung verschiedener Worte, die durch Komma voneinander getrennt sind, wie
      Allgemeines, Allgemeinheit
      Mystisches, Mysterium
      Empirie, empirisch

3.1.3. Gleiche Sachinhalte werden im jeweiligen Register durch das gleiche Schlagwort wiedergegeben, unabhängig von den verschiedenen Formulierungen im Text. Dies trifft besonders auf historische Ereignisse zu.
   Für die einzelnen historischen Ereignisse wird die kürzestmögliche sprachliche Formulierung gewählt, z. B.
      nicht: Große bürgerliche französische Revolution von 1789–1794
      sondern: Revolution, französische (1789–1794).

3.1.4. Eigennamen von Organisationen, Parteien u. ä. werden in der Regel in der Originalsprache gebracht. Von der deutschen Bezeichnung kann auf den Originaltitel verwiesen werden.

/186/

3.1.5. Feststehende Begriffe, historische Ereignisse (Revolutionen, Kriege), Organisationen, Parteien u. ä. werden als selbständige Schlagworte gebracht und nicht einem übergeordneten Schlagwort untergeordnet.
   Beispiele: Gegensatz zwischen Stadt und Land
               Bauernkrieg, deutscher (1525/1526)
               Revolution, französische (1830)
               Whigs

3.1.6. Um die Doppelaufnahme gleicher oder ähnlicher Sachinhalte unter mehreren Schlagworten zu reduzieren, werden verschiedene von Marx und Engels benutzte Ausdrücke zu einem Schlagwort zusammengefaßt.
Beispiele: Öffentlichkeit (öffentliche Meinung, öffentlicher Geist)
Vaterland (Vaterlandsliebe, vaterländische Interessen)

3.1.7. Um Schlagworte eindeutig zu bestimmen und Mehrdeutigkeiten auszuschalten, werden einzelne Schlagworte durch Modifikatoren ergänzt. Diese folgen dem Schlagwort unmittelbar und können in Klammern gesetzt werden. Verwendet werden Modifikatoren
   a) der Art und Weise, z. B. Bewegung (phil.), Gesetz (jur.);
   b) des Ortes, z. B. Kommunalreform (in der Rheinprovinz), Korngesetze (in England);
   c) der Zeit, z. B. Griechenland (altes), Deutsch-Französischer Krieg (1870/71).

/187/

3.2.   Anordnung und Formulierung der Unterschlagworte

3.2.1. Unterschlagworte werden gebildet
   a) wenn wesentliche Aussagen besonders hervorgehoben werden sollen;
   b) wenn dadurch das Sachregister an Aussagekraft gewinnt und die Benutzbarkeit des Registers erleichtert wird;
   c) wenn es zu einem Schlagwort viele Belegstellen gibt.

3.2.2. Unterschlagworte können unter anderem sein:
   a) Konkretisierung eines Schlagwortes, z. B.
       Krisen, ökonomische
       – Agrarkrisen
       – Geldkrisen
       – Handelskrisen
       Interessen
       – allgemeine
       – besondere
   b) Relationen zwischen verschiedenen Begriffen, wie Abhängigkeit, Gegensatz, Unterschied, Wechselverhältnis; sie werden durch die Formulierung "und" ausgedrückt.
   c) Historische und geographische Aspekte eines Schlagwortes;
   d) Auffassungen einzelner Schulen und Richtungen.

3.2.3. Die Unterschlagworte werden nach systematischen oder historisch-geographischen Gesichtspunkten angeordnet. Ist das nicht möglich, erfolgt eine alphabetische Anordnung.

/188/

3.3.   Verweisungen

3.3.1. Verweisungen werden innerhalb des Sachregisters vorgenommen
   a) von allgemeinen Schlagworten auf konkrete Schlagworte, z. B. von Christentum auf Katholizismus und Protestantismus;
   b) zwischen miteinander zusammenhängenden bzw. sich überschneidenden Begriffen, z. B. von Individuum auf Persönlichkeit, von Gegensatz auf Widerspruch und umgekehrt.

3.3.2. Verweisungen kann es geben
   a) von einem Schlagwort mit Seitenangaben auf ein anderes oder mehrere andere Schlagworte mit Seitenangaben;
   b) von einem Schlagwort ohne Seitenangaben auf ein Schlagwort mit Seitenangaben, z. B. von Verfassung auf Staatsverfassung;
   c) von einem Unterschlagwort ohne Seitenangaben auf ein Schlagwort, z. B.
       Bewegung
       — der Atome → Atomistik

3.3.3. Verwiesen wird nur, wenn der Benutzer unter dem Verwiesenen weitere Belegstellen findet.
Verwiesen wird nicht, wenn das Schlagwort unmittelbar nach der Verweisung
steht.

3.3.4. Als Verweisungszeichen dient ein Pfeil; er hat die Bedeutung von "siehe" bzw.
"siehe auch".

3.4. Seitenangaben gibt es zu nichtunterteilten Schlagworten, zu unterteilten
Schlagworten und zu Unterschlagworten.

/189/

Folgen einem unterteilten Schlagwort unmittelbar Seitenangaben, so beziehen
sich diese auf das Schlagwort als Ganzes. Beziehen sich die Angaben ausschließlich auf Unterschlagworte, so folgen dem unterteilten Schlagwort unmittelbar keine Seitenangaben.

4. Abgrenzung der Sachregister von anderen MEGA-Registern

4.1. Die Aufgabe der Sachregister, möglichst umfassend den Sachinhalt der Texte
von Marx und Engels zu erschließen, bedingt, daß in ihnen auch Schulen,
Richtungen und Theorien, die sich von Personennamen ableiten, bestimmte
Publikationen, wie Werke von Marx und Engels, Zeitungen und Zeitschriften,
einzelne Gesetzentwürfe, sowie geographische Begriffe, z. B. Länder und
Städte, als Schlagworte oder Unterschlagworte aufgenommen werden. Im Unterschied zu den Namen-, Literatur- und anderen Spezialregistern erfaßt das
Sachregister diese Begriffe jedoch nur dann, wenn es zu ihnen relevante
sachliche Aussagen gibt. Während den anderen Registern das Prinzip der Voll-
ständigkeit zugrunde liegt, erfolgt im Sachregister ihre Erfassung entsprechend dem doppelten Auswahlprinzip (siehe 2.1.).

4.2. Im Sachregister werden Marx und Engels als Schlagworte aufgenommen, unter
denen hauptsächlich biographische Angaben erfaßt werden.

/190/

Andere Personen werden nur in unmittelbarer Verbindung mit der Schule, Richtung, Theorie, Auffassungen usw. erfaßt, die sie verkörpern oder deren
Vertreter sie sind, z. B. Demokritische Philosophie, Hegels Philosophie, Koper-
nikanisches Weltsystem, Proudhonismus.

4.3. Von dem Sachregister wird nicht auf andere Register verwiesen.

/191/

III. Besonderheiten der Sachregister zu den Bänden der Vierten Abteilung

1. Die Bände der Vierten Abteilung werden in der Regel mit thematischen Registern ausgestattet.
Je nach Charakter des Bandes können die thematischen Register in ihrer An-
lage entweder der Anordnung des Stoffes in den einzelnen Exzerpten (in
Annäherung an ein sehr detailliertes Inhaltsverzeichnis) folgen oder nach einer
von der Redaktion gebildeten logisch-chronologischen bzw. geographisch-
historischen Systematik angelegt sein.

2. Für Exzerpte mit größeren kommentierenden Ausführungen von Marx und
Engels kann ein Schlagwortregister angefertigt oder das thematische Register
mit einem Schlagwortregister kombiniert werden.

3. Die Aussagen von Marx und Engels werden durch typographische Hervorhebungen der entsprechenden Seitenangaben kenntlich gemacht.

/192/

Richtlinien
für die Manuskriptgestaltung

/193/

1. Allgemeines (für Text- und Apparat-Manuskripte)

1.1. Das Manuskript muß mit der Schreibmaschine mit schwarzem Farbband auf weißem Papier einseitig geschrieben sein. Ormigabzüge oder Durchschläge sind nicht gestattet.
Fotokopien oder Xeroxabzüge sind nur dann als Manuskript akzeptabel, wenn sie das Schriftbild scharf und dunkel wiedergeben. Dasselbe gilt für aufgeklebte gedruckte Vorlagen, wenn deren Schriftgrad nicht kleiner als 9 p (vgl. die Schrift der Anhang-Texte der MEGA) ist.

1.2. Das Manuskript muß das Format A 4 (= 21 x 29,7 cm) haben. Jede Manuskriptseite ist zweizeilig mit 30 Zeilen pro Seite und durchschittlich 60 Anschlägen pro Zeile sowie einem Rand von 3 – 4 cm zu schreiben. Über Manuskripte mit Zeilenparallelisierung siehe 3.3.
Überschriften und Untertitel sind auf Mitte zu schreiben und vom Grundtext durch einen doppelten Zeilenzwischenraum abzutrennen.
Fußnoten werden ebenfalls durch eine leere Zeile vom Text getrennt (nicht durch Linie!) und sind ohne Einzug (d. h. stumpf) am linken Rand zu beginnen.

1.3. Absätze werden in der Regel mit einem Einzug von 3 Anschlägen geschrieben. In folgenden Fällen sind Absätze ohne Einzug (stumpf) zu beginnen:
– nach Überschriften aller Art
– nach Leerzeilen
– nach auf Mitte stehenden Schlußstrichen
Absätze dürfen nicht durch zusätzlichen Raum zwischen den Zeilen kenntlich gemacht werden.

/194/

1.4. Verbesserungen und Änderungen im Manuskript werden in Druckschrift mit Tinte oder Kugelschreiber (schwarz oder blau) deutlich zwischen den Zeilen eingefügt. Einfügungen über 6 Wörter werden am linken Rand mit eindeutiger Zuordnung vermerkt. Größere Einfügungen (mehrere Sätze) sind mit Maschine zu schreiben und einzukleben.
Die Anzahl der Korrekturen darf ca. 10 pro Manuskriptseite nicht übersteigen. (Handschriftlich eingetragene Winkelklammern, diakritische Zeichen u. a. Zeichen, die auf der Schreibmaschine nicht vorhanden sind, zählen nicht als Korrekturen.)
Das Übertippen von Buchstaben und Wörtern zum Zwecke der Korrektur ist unzulässig.

1.5. Gedruckte Vorlagen, die als Manuskript verwendet werden sollen, sind auf Blätter im Format A 4 zu kleben. Notwendige Korrekturen (ebenfalls nicht mehr als ca. 10 pro Seite) werden — soweit das eindeutig möglich ist — ohne Korrekturzeichen im Text markiert (Streichungen von Interpunktionszeichen, Wörtern und Zeilen, Ergänzungen von Interpunktionszeichen) oder deutlich mit Korrekturzeichen eingetragen.

1.6. Alle Fußnoten eines Bandes sind zusätzlich hintereinander als separates Sondermanuskript zu liefern; dabei ist vor jeder Fußnote zu vermerken, zu welcher Seite des Gesamtmanuskripts sie gehört.

/195/

1.7. Sondermanuskripte sind auch anzufertigen für
- alle im Band vorkommenden Sonderzeichen (z. B. Zeichen für Münzen, Korrespondenzzeichen, Zuordnungszeichen)
- Textstellen in anderen Schriftzeichen außer Griechisch und Kyrillisch (also Hebräisch, Persisch, Japanisch usw.).

2. Manuskripte der Textbände

2.1. Hervorhebungen im laufenden Text

2.1.1 Hervorhebungen handschriftlicher und gedruckter Textzeugen werden einheitlich wiedergegeben, unabhängig von der konkreten Auszeichnungsform des Drucks. Die Bearbeiter entscheiden bei jeder gedruckten Textgrundlage, welche der darin verwendeten Hervorhebungsformen als Hervorhebung ersten, zweiten oder dritten Grades gilt.

/196/

Hervor-hebung	In der Handschrift	Im Druck des 19. Jh.	Im MEGA-Maschinenms.	Im MEGA-Druck
1. Grades	einmal unter-strichen	Fraktur: gesperrt))) Antiqua: Kursiv oder gesperrt))))	)) einmal) unter-strichen)	kursiv
2. Grades	zweimal unter-strichen	Fraktur: (meist) halbfett Antiqua: gesperrt oder halbfett)))))))	)) zweimal) unter-strichen	gesperrt
3. Grades	dreimal unter-strichen	fett oder halbfett gesperrt	dreimal unter-strichen	kursiv und gesperrt
4. Grades	viermal unter-strichen	(?)	durch unter-brochene Linie unter-strichen	halbfett

Die in der 4. Spalte abgegebenen Hervorhebungsarten im MEGA-Manuskript sind unbedingt einzuhalten, sie gelten jedoch nicht für Überschriften (vgl. 2.1.3.).
Werden Drucke als Manuskript verwendet, so ist auf dem Rand der ersten Seite mit Bleistift zu informieren, welche Hervorhebungsformen als Hervorhebungen 1., 2., 3. Grades gelten.

2.1.2. VERSALIEN im laufenden Text sind nach Möglichkeit in das System der Hervorhebungsstufen einzuordnen und dann im Ms. auch gewöhnlich mit Unterstreichungen zu tippen. Müssen Versalien beibehalten werden, so sind sie im
Manuskript als VERSALIEN zu schreiben. Wird die Wiedergabe in KAPITÄLCHEN
gewünscht (kleine Versalien mit großem Anfangsversal), so sollten (bei engl.,
frz., ital. Texten) die größeren Anfangsversalien mit Rotstift unterstrichen werden, z. B.:

MANIFESTO OF THE COMMUNIST PARTY

/197/

2.1.3. Überschriften aller Art und Rangfolge werden ohne jegliche Unterstreichung auf
Mitte geschrieben und durch Leerzeilen vom laufenden Text abgehoben. Wenn
Teile einer Überschrift (einzelne Worte) hervorgehoben werden müssen, sind
diese einmal zu unterstreichen.

Die Rangfolge (Unterordnung) der Überschriften innerhalb eines Werks muß
von den Bearbeitern auf dem linken Rand des Manuskripts mit Bleistift durch
die Großbuchstaben A B C D E usw. gekennzeichnet werden.

Werden Überschriften (u. U. auch Unterschriften) in Versalien oder Kapitälchen
gewünscht, so gilt das unter 2.1.2. Gesagte.

2.2. Zur Auszeichnung (d. h. Hervorhebung) von Satzzeichen, Klammern etc. in
Verbindung mit hervorgehobenem Text:

2.2.1. Inerhalb durchgehend hervorgehobener Wortfolgen bzw. Sätze stehende Satzzeichen (auch Klammern und Anführungszeichen) werden ebenfalls hervorgehoben.

Beispiele:

... Wasserscheide, die durch einen Fluß läuft!

... ist es sonnenklar, daß Preußens Heil allein in der Theorie, der Wissenschaft, der Entwickelung aus dem Geiste liegt:

... Welche "Freiheiten" hatten sie?

/198/

2.2.2. Stehen hervorgehobene Wörter, Wortgruppen oder Sätze in Klammern oder
Anführungszeichen, so werden diese umschließenden Zeichen mithervorgeho-
ben. Klammern und Anführungszeichen bleiben jedoch gewöhnlich, sobald der
eingeschlossene Text unterschiedlich beginnt und endet (kursiv/gewöhnlich)
oder wenn innerhalb der Klammern der gewöhnliche Text überwiegt.

Beispiele:

... und antwortete "erneut" ablehnend ...

... versuchte zu beweisen (was noch nie seine Stärke war), daß ...

... läßt einige Worte (jawohl, Worte!) der Entrüstung fallen ...

Aber:

... (obwohl er nicht das Wesen, sondern nur den Schein der Sache sah),

...

... der "leitende Kopf" des Ganzen ...

... und erklärte (ungeachtet seiner in mehreren Artikeln und Reden
geäußerten und begründeten Bedenken) sein Einverständnis ...

2.3. [fehlt]

2.4. Redaktionelle Ergänzungen von Wörtern, Ziffern oder Überschriften, die im
Edierten Text in der Herausgeberschrift (Maxima) gedruckt werden sollen,
müssen im Manuskript in eckige Klammern gesetzt und durch _____ unterstrichen werden. Das gilt nicht für solche redaktionelle Ergänzungen von
Wortteilen oder Wörtern, die in der Textgrundlage durch Papierverluste oder
andere Schäden fehlen, die also auf Grund einer Rekonstruktion ergänzt
werden; sie erscheinen zwar in eckigen Klammern, aber in der Autorschrift
(Times).

/199/

2.5. Wird innerhalb des Edierten Textes auf andere Textstellen verwiesen, so sind im Manuskript im Umfang der etwa zu erwartenden Zahlenkette Blockaden zu setzen, also

[Siehe S. 000.00–00]

(Die vorläufigen, auf das Manuskript bezogenen Seitenzahlen werden nur im Arbeitsexemplar der Bearbeiter handschriftlich vermerkt.)

2.6. Die Zeilen der redaktionellen Köpfe sind auf Mitte und keinesfalls in Versalien zu schreiben. Sollen innerhalb der Kopfleiste zwei verschiedene Schriftgrößen verwendet werden, so ist dies am Rand durch A, B zu kennzeichnen.

2.7. Bei Ordnungszahlen und Abkürzungen, die mit hochgestellten Buchstaben (Exponenten) enden, z. B.

5th, 3rd, 4ter, 3^{ieme}, Mlle u. a.

dürfen die Exponenten nicht unterstrichen oder unterpunktet werden. Dies ist eine handschriftliche Gepflogenheit, die im Druck nicht beibehalten werden kann (und auch im 19. Jh. nie beibehalten wurde).

Einzige Ausnahme bildet die Abkürzung N^{o}, die in dieser Form zu einem Standardzeichen erstarrt ist.

/200/

2.8. In fremdsprachigen Texten (englisch, russisch, italienisch usw.) müssen im Schreibmaschinenmanuskript drei Arten von Strichen unterschieden werden, und zwar in folgender Form:

a) Bindestrich: mail-steamer

b) Silbentrennungsstrich: when=
ever

c) Gedankenstrich: of a single — even the smallest

2.9. Besondere, von der Normalform abweichende Wünsche für die typographische Wiedergabe bestimmter Textteile (wie z. B. stellenweise Kleindruck, erhöhter Durchschuß, Unterlegen von Linien unter einzelne Wörter, besonders starker Einzug u. a.) sind am linken Manuskriptrand mit Bleistift zu notieren.

Bei besonders schwierigen Gestaltungsproblemen ist vor dem Abschreiben des Manuskripts der Sektor Redaktion zu konsultieren, damit die Textanordnung des Manuskripts von vornherein den Wiedergabemöglichkeiten des Lichtsatzes entsprechend gestaltet wird.

2.10. Nicht mit Sicherheit zu entziffernde Buchstaben oder Wörter, die in kleinerem Druck erscheinen sollen, werden im Manuskript durch xxxxx unter der betr. Wörter oder Wortteilen gekennzeichnet

(z. B.: konnte).
xxxxxxxxxx

Bei Wortteilen oder Wörtern, die nicht entziffert werden konnten, wird — entsprechend der Anzahl der nicht lesbaren Buchstaben — eine Reihe xxxx gesetzt, die im Manuskript wie andere Wörter auf der Schriftlinie zu tippen sind

(z. B.: wexxxxx).

/201/

2.11. Ligaturen

Da auf der Schreibmaschine keine Ligaturen vorhanden sind, werden sie im Manuskript folgendermaßen mit der Hand gekennzeichnet:

manoeuvre

OEuvres complètes

Es kommen in der Regel nur die Ligaturen æ Æ oder œ Œ in französischen Texten vor, seltener in englischen Wörtern französischer Abstammung.

In lateinischen Wörtern werden (laut Duden, 16. Aufl., S. 682, 1.4.2.1.) die Ligaturen ae und oe nicht angewendet, auch wenn sie in der Textgrundlage als Ligatur stehen.

2.12. Zur Wiedergabe von vier- und mehrstelligen Zahlen, von Brüchen und von Randanstreichungen, Randzeichnungen, Merkzeichen und farbigen Unterstreichungen der Marx-Engels-Handschriften im Manuskript siehe "Redaktionsrichtlinien", II.4.–7.
Über Kolumnentitel siehe ebenda, I.5.

2.13. In allen Manuskripten ist die Abkürzung l. (= Livre, im Englischen ein Münzpfund, Pfund Sterling) grundsätzlich zu unterstreichen, da sie kursiv gesetzt wird, also

l.

2.14. Manuskripte von Tabellen sind — wenn es der Umfang erfordert — auf Breitwagenmaschinen zu schreiben.
Die Anordnung der Angaben innerhalb der einzelnen Spalten muß sehr präzis sein. Bei den Tabellenköpfen muß klar ersichtlich sein, wo es sich um Unterstreichung der Kopfbeschriftung handelt (d. h. "kursiv" bedeutet) und wo eine durchgehende Kopflinie gefordert wird, die Beschriftung im Kopf also nicht kursiv zu setzen ist.

/202/

2.15. Besonderheiten bei Textmanuskripten der Dritten Abteilung

2.15.1. Die Anrede ist in jedem Falle ohne Einzug zu schreiben ("linksbündig"), unter der Anrede folgt eine halbe Leerzeile, und der erste Absatz des Briefes beginnt dementsprechend auch ohne Einzug.

2.15.2. Stehen Ort und Datum am Kopf des Briefes, so werden diese Angaben eine Zeile höher als die Anrede so geschrieben, daß sie mit dem rechten Rand enden ("rechtsbündig").
Stehen Ort und Datum am Ende des Briefes, so sind diese Angaben linksbündig und 1 Zeile tiefer als die Unterschrift des Autors zu schreiben. (Dies geschieht auch dann, wenn in der Handschrift Ort und Datum links neben der Unterschrift oder sogar etwas höher als die Unterschrift stehen. Der Seitenschlußstrich wird dementsprechend hinter die Datumszeile gesetzt.)

/203/

Beispiel:
In der Handschrift: leben Sie wohl und denken Sie meiner dann und wann.
    Berlin 26/7 42   Der Ihrige
                   F. Engels

Im MEGA-Manuskript: leben Sie wohl und denken Sie meiner dann und wann.
                 Der Ihrige
                   F. Engels
Berlin 26/7 42 |

2.15.3. Nachschriften werden von der vorhergehenden Zeile (Datum bzw. Unterschrift) immer durch eine Leerzeile getrennt.

2.15.4. Die Beschriftung der Adreßseite wird von der vorhergehenden Zeile durch eine Leerzeile getrennt. Sie bleibt zwar zeilengetreu (wie in der Handschrift) aber alle Zeilen werden linksbündig geschrieben.
Beispiel

             ganz ergebenster
             C. W. Leske |

|Monsieur
Ch. Marx, docteur pp.
à
Bruxelles
7, Rue de l'alliance, hors de
la porte Louvain
Affranchi |

/204/

2.16. Besonderheiten des Text-Manuskripts der Vierten Abteilung
Die eigenen Stellungnahmen von Marx und Engels, die im Druck durch halbfette Schrift von den exzerpierten Texten abgehoben werden sollen, werden im Manuskript durch rechteckige rote Umrahmungen kenntlich gemacht.

3. <u>Manuskripte der Apparatbände</u>

3.1. Die unter 2.1.–2.16. genannten Regeln gelten sinngemäß auch für den wissenschatlichen Apparat.

3.2. Die textkritischen Bemerkungen im Varianten- und im Korrekturenverzeichnis sind grundsätzlich mit 5 Anschlägen Einzug zu schreiben. Sie werden — mit Ausnahme der aus dem Marx/Engels-Text stammenden Wörter — durch .... unterstrichen.
Außerdem werden folgende Elemente in Herausgeberschrift gebracht, also mit ...... unterstrichen:
- die Worte <u>bis</u> (bei verkürzter Variantenwiedergabe) sowie <u>SV</u> und <u>SpV</u>
- redaktionell ergänzte Worte, die in [ ] stehen und keine Rekonstruktion von Textverlusten sind (vgl. 2.4.)

Zeugensiglen (H, D, J, K u. a.) sowie die Schichtzähler (1, 2, 3) bzw. Bezeichnung der Gabelungen (a, b, c, d), die im Druck in halbfetter Herausgeberschrift erscheinen, werden im Manuskript <u>nicht</u> unterstrichen.

/205/

3.3. Besondere Sorgfalt und Genauigkeit erfordert die Darbietung parallelisierter Partien im Variantenverzeichnis sowie solcher Tilgungen oder Einfügungen, die gelegentliche Gabelungen enthalten.
Diese Stellen müssen im Manuskript in der Zeilenlänge geschrieben werden, wie sie gedruckt werden, d. h. die parallelisierten Zeilen dürfen — beginnnend mit dem Schichtzähler — nicht länger sein als <u>maximal 60 Schreibmaschinenanschläge</u>. Eine Überschreitung um 1–2 Anschläge ist in einzelnen Fällen zulässig.
Die Zwischenräume sind bei parallelisierten Zeilen so zu gestalten, daß die Zusammengehörigkeit der einzelnen Gruppen von Zeilen eindeutig erkennbar ist, wie in folgendem Beispiel:

```
1 Diese    Unterbrechungen über   die        Bewegungen

         a Darstellung
2 Die                      "       diese    "
         b Frage


         a Niveaus
1 des                        des Arbeitsvermögens,  ebenso
         b Werthniveaus
2 "        Niveaus          "     Arbeiterbedürfniß,  "


1 wie das Steigen  und Fallen  seiner  Marktpreise
2 "   "    "         "    "       der    "


1 ————————————————
2 des Arbeitsvermögens
```

/206/

3.4. Absätze innerhalb einer Erläuterung bzw. innerhalb der Zeugenbeschreibung zu einem Textzeugen sind ebenfalls mit 3 Anschlägen Einzug zu schreiben.

3.5. Im Literatur- und Namenregister wird die erste Zeile jedes Titels bzw. jedes Namens linksbündig geschrieben, alle umlaufenden Zeilen werden 3 Anschläge eingerückt.

3.6. Im Abschnitt Periodica des Literaturregisters werden die Titel der Periodica, die halbfett zu setzen sind, durch _ _ _ _ _ unterstrichen; das gleiche gilt für die Namen im Namenregister und für die Hauptschlagworte im Sachregister.

3.7. In allen Registerteilen ist die alphabetische Ordnung der Verfasser, Namen, Schlagworte dadurch zu verdeutlichen, daß vor dem Wechsel zu einem neuen Anfangsbuchstaben eine Leerzeile geschaltet wird.

Nachträge (1982–1984)

<u>Nachtrag Nr. 1 zu den Redaktionsrichtlinien der MEGA</u>   Mai 1982
<u>Betr.:</u>   <u>Wiedergabe der Auslassungspunkte der Autoren im Edierten Text</u>
Vermerk auf S. 19 (III.1.1.) sowie im Register unter "Textdarbietung – Allgemeine Grundsätze"

1.   Anzahl der Auslassungspunkte:
Bei unterschiedlicher Handhabung der Zahl der Auslassungspunkte in der Textgrundlage wird eine Analyse des betr. Textes (evtl. unter Einbeziehung weiterer Arbeiten des Bandes) über erkennbare Bedeutungen dieser Unterschiede durchgeführt. Im Ergebnis dieser Analyse wird das editorische Verfahren in dieser Frage festgelegt und in den Editorischen Hinweisen erläutert.

1.1.   Sind keine Gründe für auftretende Unterschiede erkennbar, wird einheitlich verfahren (in der Regel drei Punkte).

1.2.   Läßt sich eine unterschiedliche Bedeutung der verschiedenen Anzahl der Auslassungspunkte ermitteln, werden entsprechende Gruppen gebildet und dann innerhalb dieser Gruppen einheitlich verfahren (z. B. eine Gruppe drei Punkte, eine andere Gruppe fünf Punkte).

1.3.   In komplizierten Fällen, wo die Analyse keine entsprechenden Schlußfolgerungen über die Bedeutung der verschiedenen Anzahl von Punkten ergibt, folgt der Edierte Text der Textgrundlage.

2.   Typographische Wiedergabe der Auslassungspunkte:

2.1.   Endet die Textstelle vor den Auslassungspunkten nicht mit einem satzschliessenden Punkt, wird vor und nach der Punktreihe einheitlich je ein Wortzwischenraum gesetzt.
Beispiele: Die Schuld der letzteren ... besteht in ihrer Ignoranz.
Er lehnte ab, da er das Haus alle zwei Jahre mit Kalk weißte ... Im wesentlichen

2.2.   Endet die Textpassage vor den Auslassungspunkten mit einem satzschließenden Punkt, schließt dieser an das letzte Wort an. Hinter ihm und nach dem letzten Auslassungspunkt wird ein Wortzwischenraum gesetzt.
Beispiel: Dieser Gegensatz ist ein historisch gewordener. ... Es gilt nicht, diesen Gegensatz
Im Druckereimanuskript (gilt vor allem für Xeroxprint-Vorlagen) ist daher eindeutig zu kennzeichnen, ob der erste Punkt aus einer Reihe als satzschließender Punkt gesetzt werden soll.

<u>Nachtrag Nr. 2 zu den Redaktionsrichtlinien der MEGA</u>   Mai 1982
<u>Betr.:</u>   <u>Angabe des Periodikums vor Beginn eines Artikeltextes</u>
Vermerk auf S. 23 (III.1.12.) sowie im Sachregister unter "Periodica"

1.   Die "Periodica-Köpfe" im Edierten Text rechtsbündig oberhalb der ersten Zeile des Artikeltextes sind im Zeilenfall folgendermaßen einheitlich zu gestalten:
1. Zeile: Titel der Zeitung, Zeitschrift o.ä.
2. Zeile: Nummer und Datum.
Beispiel: The Eastern Post.
Nr. 163, 11. November 1871
Lange Titel können auch in zwei Zeilen angeordnet werden.
Beispiel: Neue Rheinische Zeitung.
Politisch-ökonomische Revue.
H. 1, Januar 1850

2. Der Erscheinungsort wird nur dann hinzugefügt, wenn Verwechslungen möglich sind (z. B. zwei Zeitungen mit gleichem Titel, aber verschiedenen Erscheinungsorten).

Beispiel:
Die Reform. New York.
Nr. 69, 29. Oktober 1853
Die Reform. Hamburg.
Nr. 139, 19. November 1859

Nachtrag Nr. 3 zu den Redaktionsrichtlinien der MEGA   Mai 1982
Betr.: Einheitliche Anwendung deutscher Anführungsstriche in den kommentierenden Apparatteilen
Vermerk auf S. 22 (III.1.11.) sowie im Register unter "Anführungszeichen"

1. Die Anwendung fremdsprachiger An- und Abführungszeichen bei fremdsprachigen Texten oder Zitaten (gemäß Duden, 17. Aufl., S. 718, Punkt 3.1.) gilt nur für den Edierten Text und die fremdsprachigen redaktionellen Kopfleisten.

2. In Einleitungen, Textgeschichten und Erläuterungen werden einheitlich nur „deutsche" An- und Abführungsstriche angewendet, auch wenn fremdsprachige Passagen (unabhängig davon, ob vollständige Sätze oder Satzteile) eingestreut sind.

3. Fremdsprachige Anführungszeichen können in Apparatbänden nur auftreten in
   – fremdsprachigen redaktionellen Kopfleisten
   – Variantenverzeichnissen
   – Korrekturenverzeichnissen
   – Lemmata in Erläuterungen
   – Inhaltsverzeichnissen
   – Kolumnentiteln
   – Innerhalb fremdsprachiger Zitate

Nachtrag Nr. 4 zu den Redaktionsrichtlinien der MEGA   Mai 1982
Betr.: Angabe des Seitenwechsels der Textgrundlage
Vermerk auf S. 26 (III.2.7.) und im Sachregister unter "Seitenwechsel"

1. Kennzeichnung des Seitenwechsels der Textgrundlage im Edierten Text bezieht sich generell nur auf den fortlaufenden Grundtext und nicht auf die Fußnoten. Fußnoten werden stets der Textseite der Vorlage zugeordnet, wo sich die Fußnotenziffer bzw. das Fußnotensternchen im Grundtext befindet, auch wenn die Fußnote aus umbruchtechnischen bzw. platzmäßigen Gründen umläuft.
   Beispiele: Druck   [MEGA²] II/2. S. 103 ff.
               Handschrift [MEGA²] II/3.1. S. 62

2. Für gedruckte Textgrundlagen gilt diese Regelung ohne Ausnahme. Bei Handschriften können in besonders komplizierten Fällen, wo die Zuordnung nicht eindeutig ist, auch fußnotenähnliche Textstücke mit Seitenwechsel-strichen dargeboten werden.

Nachtrag Nr. 5 zu den Redaktionsrichtlinien der MEGA   Mai 1982
Betr.: Wiedergabe aufeinanderfolgender Zahlen in den redaktionellen Texten
Vermerk auf S. 36 (I.1.), 38 (II.1.4.), 69 (V.2.6.) und 150 (V.2.) sowie im Register unter "Seitenbezüge" und "Zahlen"

1. In Einleitungen, redaktionellen Kopfleisten, Textgeschichten und Erläuterungen sind nacheinanderfolgende Seitenzahlen (bei Quellennachweisen u.ä.) einheitlich mit Schrägstrich zu verbinden.
   Beispiele: ... S. 126/127, S. 133/134, (aber) S. 128–130
               Nicht S. 126–127

2.　Für die Belegstellenangabe in allen Registern gilt weiterhin, daß zwei aufeinan-
derfolgende Seitenzahlen unverbunden bleiben, Folgen von drei und mehr
Zahlen durch Bis-Strich verbunden werden.
Beispiele:　160 161 165–168 170 171 173–175
Nicht　160/161 oder 160–161

3.　In Apparatteilen mit Bezugszahlen zum Edierten Text (Variantenverzeichnis,
Erläuterungen usw.) werden auch aufeinanderfolgende Zeilenzahlen stets mit
Bis-Strich verbunden.
Beispiele:　124.11–12
125.3–4

4.　Aufeinanderfolgende Jahreszahlen werden mit Schrägstrich verbunden. Die
zweite Jahreszahl wird dabei voll ausgeschrieben (ausgenommen: Revolution
von 1848/49 und Krieg von 1870/71).
Beispiel:　1839/1840, (aber) 1839–1841

Nachtrag Nr. 6 zu den Redaktionsrichtlinien der MEGA　　Mai 1982
Betr.:　Übersetzungen in Erläuterungen
Vermerk auf S. 70 (V.2.6.2.) sowie im Sachregister unter
"Übersetzungen – von toten Sprachen"

1.　Erläuterungen mit Übersetzungen von toten Sprachen (lateinisch, griechisch,
hebräisch u.ä.) werden in einheitlicher Form nach folgendem Schema
dargeboten:
Lemma]　Übersetzung
Neuer Absatz mit Quellenangaben sowie anderem Kommentar.
Beispiel:　[MEGA^2] IV/1. S. 854 und 855

2.　Die im Edierten Text hervorgehobenen Worte oder Wortgruppen (kursiv usw.)
innerhalb von Passagen in toten Sprachen erscheinen auch in der Übersetzung in entsprechender Hervorhebung. Wenn die Passagen im Edierten Text in
Anführungen erscheinen, werden sie auch in der Übersetzung gesetzt, fehlen
sie im Edierten Text, so entfallen sie auch in der Übersetzung. Notwendige
Vervollständigungen des Übersetzungstextes sind in eckige Klammern zu
setzen.
Beispiele:　[MEGA^2] IV/1. S. 833 und 834

3.　Soweit es sich bei den Passagen in toten Sprachen um Teile eines Satzes
handelt, ist diese Übersetzung so zu formulieren, daß sie sich syntaktisch und
grammatikalisch in den Kontext einpaßt, soweit dies ohne Beeinträchtigung der
terminologischen Exaktheit der Übersetzung möglich.

4.　Gebräuchliche lateinische Ausdrücke und Wendungen, die im Duden verzeichnet sind (z. B. ad hoc, in nuce, post festum, salto mortale, status quo)
werden nicht in Erläuterungen übersetzt.

5.　Entsprechend diesen Regeln wird erforderlichenfalls auch bei der Übersetzung
von seltenen Dialekten und unverständlichen mundartlichen Ausdrücken
verfahren.

Nachtrag Nr. 7 zu den Redaktionsrichtlinien der MEGA　　Mai 1982
Betr.:　Titelei der Bände
Vermerk auf S. 77 (I.1.) sowie unter "Titelei" im Sachregister

1.　Alle Bände der Ersten Abteilung erhalten auf dem rechten Titelblatt (Bandtitel)
(S. 3) den Titel

WERKE • ARTIKEL
ENTWÜRFE

unabhängig davon, ob dieser Band alle diese Materialgruppen enthält oder
nicht. Eine Ausnahme bilden lediglich Bände, die nur ein Werk enthalten (z. B.

"Herrn Eugen Dührings Umwälzung der Wissenschaft", "Dialektik der Natur", "Mathematische Manuskripte").

2. In der Angabe des Zeitraums auf dem rechten Titelblatt (Bandtitel) folgen die Bände der Ersten Abteilung — ebenso wie in der Dritten Abteilung — chronologisch lückenlos aufeinander, unabhängig davon, ob zwischen dem Datum der letzten Arbeit des vorangehenden und dem Datum der ersten Arbeit im folgenden Band ein gewisser zeitlicher Abstand besteht. Die thematischen Bände bleiben dabei unberücksichtigt.

    Beispiel: Januar 1854 bis Mai 1854
    September 1854 bis Mai 1855
    Juni 1855 bis Dezember 1856

    Fällt der Bandwechsel mitten in einen Monat, erscheint dieser Monat auf beiden Titelblättern.

    Beispiel: September 1868 bis März 1871
    März 1871 bis November 1871

3. Lücken bzw. Überlappungen in der chronologischen Abgrenzung der Bände sind nur bei Exzerptbänden der Vierten Abteilung in begründeten Ausnahmefällen zulässig.

    Beispiele: Bd. 5 Juli 1845 bis Oktober 1846
    Bd. 6 September 1846 bis Dezember 1847
    Bd. 7 August 1849 bis März 1851

Nachtrag Nr. 8 zu den Redaktionsrichtlinien in der MEGA   Mai 1982

Betr.:   Zur Schreibung von Karl Marx/Friedrich Engels

Vermerk auf S. 112 (I.2.5.) und 128 (II.2.1.2.) sowie im Register unter "Verfasserangaben"

1. Die Schreibung: Karl Marx/Friedrich Engels als Doppelautoren wird angewandt in den redaktionellen Kopfleisten, Kolumnentiteln und im Inhaltsverzeichnis. In allen anderen Fällen ist folgendermaßen zu verfahren:

    – In Einleitungen, Textgeschichten, Erläuterungen, Siglenverzeichnis:
    Karl Marx, Friedrich Engels: Manifest ...
    Karl Marx, Friedrich Engels: Historisch-kritische Gesamtausgabe
    Karl Marx, Friedrich Engels: Gesamtausgabe (MEGA)
    – Im Literaturregister:
    Marx, Karl, Friedrich Engels : Manifest ...
    bzw.
    Engels, Friedrich, Karl Marx: Die heilige Familie ...

2. Koppelwörter wie Marx-Engels-Nachlaß, Marx-Engels-Edition, Marx-Engels-Fonds sind stets mit Divis zu verbinden, also Marx-Engels-Ausgaben (nicht Marx/Engels-Ausgaben).

Nachtrag Nr. 9 zu den Redaktionsrichtlinien der MEGA   Mai 1982

Betr.:   Schreibweise der Personennamen in den redaktionellen Texten

Vermerk auf S. 158/159 (III.1.–2.3.) sowie im Register unter "Namen – ihre Schreibweise"

1. In redaktionellen Texten sind die Personennamen in ihrer authentischen, originalsprachigen Fassung wiederzugeben, entsprechend den Regeln für das Namenregister auf S. 158/159 (III.1.–2.3.). Dies gilt auch für Herrschernamen.

    Beispiele: die Regierungszeit von Charles II
    Ausspruch von Louis XIV
    Neffe von Napoléon Ier

2. Bei bibliographischen Nachweisen sind jedoch die für Verfasserangaben geltenden Festlegungen anzuwenden. Siehe dazu S. 109–112 (I.2.1.–2.6.).

Nachtrag Nr. 10 zu den Redaktionsrichtlinien der MEGA   Mai 1982
Betr.: Transkription von Eigennamen aus kyrillischer Schrift in den redaktionellen
Texten
Vermerk auf S. 158 (III.2.1.) sowie im Register unter "Transkription"

1.   Zusätzlich zu den Transkriptionsrichtlinien im Duden (17. Aufl., S. 27–31) sind
zu beachten die speziellen "Richtlinien zur einheitlichen deutschen Wiedergabe russischer Eigennamen in der DDR (Transkriptionsrichtlinien)" AdW der
DDR, Zentralinstitut für Sprachwissenschaft, Berlin 1972 (als Manuskript
vervielfältigt). Danach wird z. B. richtig Alexander (nicht Aleksandr) und Pjotr
(nicht Petr) transkribiert.

2.   Alle russischen Vornamen, die mit kyrillischem В beginnen, werden nach
diesen Regeln mit W transkribiert (also Wera, Wiktor, Walentin, Witali u.a.).

Nachtrag Nr. 11 zu den Redaktionsrichtlinien der MEGA   Mai 1982
Betr.: Alphabetische Anordnung von Herrschernamen im Namenregister
Vermerk auf S. 165/166 (IV.4.1.) sowie im Register unter "Namen – ihre
Einordnung"

Bei gleichlautenden Herrschernamen (Vornamen) ist für die Reihenfolge im
Namenregister folgendes Prinzip anzuwenden:

1.   Gleiche Namen ohne Numerierung und ohne Zusätze, in chronologischer Folge.

2.   Gleiche Namen mit Numerierung (in Reihenfolge der Numerierung bzw. bei
gleicher Nummer chronologisch), zunächst jene ohne weitere Zusätze,
anschließend jene mit weiteren Zusätzen (alphabetisch nach den Zusätzen).

3.   Gleiche Namen ohne Numerierung mit Zusätzen, alphabetisch nach den Zusätzen.
Beispiele: Charles   (810–863)
              Charles   (1107–1189)
              Charles   Ier (953–993)
              Charles   Ier (1600–1649)
              Charles   Ier de France (1270–1325)
              Charles   II (1248–1309)
              Charles   II, le Chauve (823–877)
              Charles   II, le Mauvais (1332–1387)
              Charles   III (1490–1527)
              Charles   III, le Simple (879–929)
              Charles   VII (1403–1461)
              Charles   de Châtillon–Blois (1319–1364)
              Charles   de Valois (1467–1496)
              Charles   le Bon (1083–1127)
Weitere Beispiele bietet Namenregister [MEGA²] IV/2.

Nachtrag Nr. 12 zu den Redaktionsrichtlinien der MEGA   Mai 1982
Betr.: Verwendung von Bis-Strichen in den redaktionellen Texten
Vermerk auf S. 200 (2.8.) sowie im Register unter "Striche"

1.   Bis-Striche werden nur gesetzt
      – zwischen ein- und mehrgliedrigen Grund- und Ordnungszahlen.
              Beispiele: S. 123–125
                            Londoner Konferenz (17.–23. September 1871)
                            1805–1860

2. Bis-Striche werden nicht gesetzt
    − wenn die mit "bis" zu verbindenden Ausdrücke ganz oder teilweise aus
    Buchstaben bestehen
    − in der Verbindung von (vom) — bis
    Beispiele: 9. März bis 4. April 1839
    Anfang Mai bis Ende Juni 1850
    10. bis etwa 15. August
    von 1812 bis 1815
    vom 2. bis 5. September

3. Diese Regeln gelten nicht für den Edierten Text. Hier wird entsprechend der
    Textgrundlage verfahren. In den Marx-Engels-Texten bleiben die Bis-Striche
    auch dann im Satz erhalten, wenn sie am Zeilenende oder -beginn stehen. In
    den redaktionellen Texten (z. B. bei Zitierung solcher Passagen) werden diese
    Bis-Striche in das Wort "bis" umgewandelt.

Nachtrag Nr. 13 zu den Redaktionsrichtlinien der MEGA   Februar 1983
Betr.:   Bibliographische Wiedergabe von Sachtiteln in den redaktionellen Texten
    Dieser Nachtrag präzisiert auf S. 112–114 die Punkte I.3.1.–3. Vermerk im
    Register unter "Sachtitel (bibl.)" und "Groß- und Kleinschreibung (bibl.)"

3.1.   Bei der Wiedergabe des Sachtitels (Haupttitel, Untertitel, Zwischentitel) in den
    redaktionellen Texten (Einleitungen, Inhaltsverzeichnissen, Kopfleisten,
    Kolumnentitel, Textgeschichten, Erläuterungen, Literaturregister) werden
    Sprache, Schrift (lateinisch, kyrillisch, griechisch) und Orthographie der Vor-
    lage beibehalten. Ebenso wird die Interpunktion möglichst unverändert
    übernommen, jedoch können zur sinnvollen Gliederung des Textes und zur
    besseren Übersicht Interpunktionszeichen ohne besondere Kennzeichnung
    eingefügt bzw. verändert werden.

3.2.   Das typographische Bild der Vorlage (z. B. Zeilenfall, verschiedene Schrift-
    größen) wird nicht nachgeahmt, typographische Eigentümlichkeiten (Versalien,
    Kapitälchen usw.) werden nicht übernommen.

3.3.   Für die Groß- und Kleinschreibung gelten, unabhängig von der Typographie der
    Vorlage, die — in der Regel zeitgenössischen — allgemeinen Rechtschreib-
    regeln der betreffenden Sprache, also nicht Sonderregelungen für Titel, wie sie
    besonders im Englischen auftreten. In Zweifels- und Sonderfällen (z. B. Groß-
    schreibung in mittelalterlichen Drucken oder als nachweislich gewolltes
    Hervorhebungsmittel) sowie bei Titeln von handschriftlichen Manuskripten
    richtet man sich nach der Vorlage. (Siehe TGL 20972 vom Juli 1979.) Dabei gilt
    für alle Sprachen, daß mit großen Anfangsbuchstaben geschrieben wird: das
    erste Wort eines Sachtitels; alle Wörter, die nach Punkt, Ausrufezeichen,
    Fragezeichen stehen; außerdem in Eigennamen, Körperschaftsnamen und
    geographischen Namen alle Wörter außer Artikeln, Präpositionen und Kon-
    junktionen innerhalb der Bezeichnungen, sofern diese nicht mit dem folgenden
    Namenbestandteil ein Wort bilden.
    Beispiele :
        Troisième Congrès de l'Association Internationale des Travailleurs
        Rules of the International Working Men's Association
        L'Alliance Internationale de la Démocratie Socialiste
        Le Conseil Général au Conseil Fédéral de la Suisse Romande
    In Versalien gedruckte Titel oder Teile von Titeln werden entsprechend dieser
    Regel durchgängig in Groß- und Kleinbuchstaben umgewandelt. Aus Anfangs-
    worten des Textes gebildete Titel werden hinsichtlich der Groß- und Klein-
    schreibung in gleicher Weise behandelt.

Titel von Zeitungen und Zeitschriften werden hinsichtlich der Groß- und Kleinschreibung wie im Original bzw. (z. B. bei Versalien) so, wie sich die Zeitung
selbst im gewöhnlichen Text schreibt, oder wie Eigennamen behandelt.

> Le Moniteur universel. Journal officiel de la République française
> De Werker. Orgaan der Vlaamsche Afdeelingen van de Internationale
> Werkersvereeniging
> The Pall Mall Gazette. An Evening Newspaper and Review
> La Tribune de Bordeaux. Journal quotidien, politique, commercial et
> littéraire

In den Zeugenbeschreibungen wird bei der Titelwiedergabe die Groß- und Kleinschreibung des Originals beibehalten, Versalien jedoch auch hier entsprechend den obigen Regeln umgewandelt. Es gelten hier also die gleichen Regeln
wie für den Edierten Text.

Nachtrag Nr. 14 zu den Redaktionsrichtlinien der MEGA   Mai 1984
Betr.:   Gestaltung der Zeugenbeschreibung
          Vermerk auf S. 43/44 (D. II.3.) und im Register unter "Zeugenbeschreibung"

1.   Alle Zeugenbeschreibungen von Handschriften enthalten in der Regel eine
      Stichpunktuntergliederung (Beschreibstoff, Zustand, Schreiber, Schreibma-
      terial, Beschriftung, Paginierung, gegebenenfalls auch Textschichten, Ma-
      nuskriptverluste, Vermerke von fremder Hand). Die Stichpunkte werden kursiv
      gesetzt und enden mit Doppelpunkt.
      Bei umfangreichen Zeugenbeschreibungen beginnt mit jedem Stichpunkt ein
      neuer Absatz, ansonsten werden sie entweder durchgängig oder in bestimmten
      Gruppen fortlaufend angeordnet.
      Die Zeugenbeschreibung von Manuskripten, die aus mehreren Teilen (Hefte,
      Lagen usw.) bestehen, enthalten einen allgemeinen Teil und eine konkrete Be-
      schreibung der einzelnen Hefte, Lagen usw. Letztere enthält die oben ange-
      führten Stichpunkte, soweit sie nicht als für alle Teile zutreffend im allgemeinen
      Teil behandelt worden sind.
      In der Dritten Abteilung gilt weiterhin die bestehende Sonderregelung.

2.   Es wird streng unterschieden zwischen Beschreibung des Zeugen und dem da-
      raus abgeleiteten editorischen Verfahren. Letzteres gehört immer in die Hin-
      weise zur Edition. Diese stehen nach der Zeugenbeschreibung und werden von
      dieser entweder durch eine Leerzeile ohne Überschrift oder durch den Zwi-
      schentitel "Hinweise zur Edition" abgehoben. Der Zwischentitel wird nur dann
      angewandt, wenn die Hinweise umfangreicher als etwa 10 Druckzeilen sind.
      Werden die "Hinweise zur Edition" für eine Gruppe von Texten in einer allge-
      meinen oder Sammeltextgeschichte mitgeteilt (siehe S. 45), dann erfolgt in der
      Regel nach jeder Zeugenbeschreibung zu den einzelnen Texten ein Verweis
      auf die betreffenden Seiten der allgemeinen oder Sammeltextgeschichte.

3.   Ist nur ein Zeuge, und zwar als Originalhandschrift oder Erstdruck überliefert
      und entfällt die Aufnahme von X-Zeugen, dann wird nur auf die Form des über-
      lieferten Zeugen (Originalhandschrift bzw. Erstdruck) verwiesen:
      H^1 Originalhandschrift: IISG ...
      J^1 Zur Judenfrage. In: Deutsch-Französische Jahrbücher ... Erstdruck. –
              Exemplar des IML Berlin, Bibliothek, Sign. R 50/681.

4.   Sind mehrere Zeugen überliefert bzw. erfolgt die Aufnahme von X-Zeugen,
      dann enthält die Zeugenbeschreibung als erste Mitteilung die Charakteri-
      sierung des überlieferten und des X-Zeugen innerhalb der Textentwicklung
      (Entwurf, überarbeiteter Entwurf, Reinschrift, Abschrift, Druckvorlage, Autor-
      korrektur, Erstdruck, zweite Ausgabe usw.) sowie das Abhängigkeitsverhält-

nis zum vor- und nachstehenden Zeugen. Als zweite Information wird die Form der Überlieferung mitgeteilt, bei X-Zeugen die Form, in der der Zeuge vorhanden war (Handschrift, Druck, korrigiertes Exemplar eines Druckes, Korrekturfahnen, Korrekturbögen usw.).

a) Die Mitteilung erfolgt in Form von Kurzbezeichnungen, die einheitlich für die gesamte Ausgabe benutzt werden (Druckvorlage zu D^3, Entwurf zu D^3, Autorkorrektur von D^4, Abschrift von H^1, überarbeitete Fassung von J^1 usw.)

b) Originalhandschrift wird sowohl für überlieferte Handschriften von Marx und Engels wie auch von Dritten verwandt, bei handschriftlichen X-Zeugen wird nur die Bezeichnung "Handschrift" benutzt.

c) Bei Drucken erfolgt die Charakterisierung des Zeugen nach dem Titel. Ist diese Information bereits im Titel enthalten (z. B. 2. verb. Aufl.), dann entfällt eine Wiederholung.

d) Ist der Standort der Originalhandschrift z. Z. nicht bekannt und muß nach einer Fotokopie ediert werden, dann wird dies ebenfalls mit Kurzbezeichnungen mitgeteilt.

e) X oder x wird im Siglenverzeichnis als "nicht überliefert" ausgewiesen, eine Wiederholung dieser Erklärung in der Zeugenbeschreibung entfällt.

Fingiertes Beispiel ohne X-Zeugen

H^1 Entwurf zu D^3.– Originalhandschrift: IISG, Marx-Engels-Nachlaß, Sign. ... Schreiber: Marx.

H^2 Überarbeitete Fassung von H^1, Druckvorlage zu D^3. – Originalhandschrift: Standort z. Z. nicht bekannt. Fotokopie: IML/ZPA Moskau, Sign. ... Schreiber Marx.

D^3 [Titel]. – Erstdruck: Exemplar der Deutschen Staatsbibliothek Berlin, Sign. ...

K^4 Überarbeitete Fassung von D^3, Druckvorlage zu D^6. – Korrigiertes Exemplar von D^3 : IISG, Marx-Engels-Nachlaß, Sign. ... Schreiber: Engels.

K^5 Autorkorrektur von D^6. – Korrekturfahnen: IISG, Marx–Engels–Nachlaß, Sign. ... Schreiber: Engels

D^6 [Titel, mit Angabe, daß es sich um die 2., von Engels besorgte Ausgabe handelt]

Fingiertes Beispiel mit X-Zeugen

X^1 Entwurf zu X^2. – Handschrift. – Schreiber: Marx.

X^2 Überarbeitete Fassung von X^1, Vorlage zu H^1.–Handschrift. –Schreiber: Marx.

H^1 Abschrift von X^2, Druckvorlage zu J^2. – Originalhandschrift: IML/ZPA Moskau, Sign. ... Schreiber: Johann Georg Eccarius.

J^2 [Titel]. – Erstdruck: Exemplar des IML Moskau, Sign. ...

X^3 Überarbeitete Fassung von J^2, Entwurf der Druckvorlage zu D^4. – Vermutlich korrigiertes Exemplar von J^2. – Schreiber: Marx.

H^3 Abschrift von X^3, Druckvorlage zu D^4. – Originalhandschrift: IISG, Marx-Engels-Nachlaß, Sign. ...Schreiber: Jenny Marx.

X^4 Autorkorrektur von D^4. – Korrekturfahnen. – Schreiber: Wahrscheinlich Marx oder Jenny Marx.

D^4 [Titel]. – Wiederabdruck als Broschüre.

5.   Werden Textzeugen beschrieben, die Teil einer umfassenderen Texteinheit (Notizbücher, Exzerpthefte, Protokolle, Briefe usw.) sind, dann wird wie folgt verfahren:

a) Ist die übergeordnete Texteinheit im selben Band (z. B. Generalrats-protokolle) oder in einem bereits erschienenen bzw. bearbeiteten MEGA-Band (z. B. Bonner Exzerptheft) vollständig ediert, dann erfolgt nur ein Verweis auf die entsprechenden Seiten des Edierten Textes und der Zeugenbeschreibung der übergeordneten Texteinheit und keine Wiederholung der Zeugenbeschreibung.

b) Ist die übergeordnete Texteinheit (z. B. Brief von Marx an Paul Lafargue) noch nicht in einem MEGA-Band erschienen, dann erfolgt eine Beschreibung der Textzeugen.

Beispiel (Band I/22):

X^1 Entwurf zu J^2 . – Handschrift. – Schreiber: Marx.

H^1 Abschrift von X^1. The minutes ... (S. 521/522 des Edierten Textes und S. 1351). – Schreiber: Johann Georg Eccarius.

X^2 Abschrift von X^1 oder H^1, Druckvorlage zu J^2. Handschrift. Schreiber: Marx oder Johann Georg Eccarius.

J^2 The Anti–German–League of Paris ... – Erstdruck.

H^3 Abschrift, vermutlich von J^2 oder X^2 . In: Marx an Paul Lafargue, ... – Originalhandschrift: IML/ZPA Moskau, Sign. ...

6.   Müssen für die Textdarbietung Ersatzzeugen herangezogen werden, dann sind sie in der Zeugenbeschreibung als solche zu benennen.

Fingiertes Beispiel:

X^1 Druckvorlage zu J^2 . Handschrift. – Schreiber: Engels.

h^1 Polizeiabschrift von X^1. Ersatzzeuge. – Originalhandschrift: ZStA Merseburg, Sign ... Schreiber: unbekannt.

J^2 [Titel]. – Erstdruck, unvollständige Fassung von h^1.

Der Edierte Text folgt J^2 und h^1.

Nachtrag Nr. 15 zu den Redaktionsrichtlinien der MEGA   Mai 1984

Betr.:   Angabe von Archivsignaturen in den redaktionellen Texten

Vermerke auf S. 43 (II.3.1.1.) und S. 98 (III. 2.12.) sowie im Register unter "Signaturen – von Archiven"

1.   Für alle im Textteil veröffentlichten Materialien ist in der Zeugenbeschreibung der Standort des Originals und die dortige Signatur anzugeben.

Ist dieser Standort das IISG, so wird erst die neue Signatur (wie im Inventarverzeichnis Marx-Engels-Nachlaß, nach der die Kopien abgelegt sind) und danach die alte Signatur (nach der die Originale abgelegt sind) angeführt. Dieses Verfahren ist in den "Editorischen Hinweisen" mitzuteilen.

Beispiele: Originalhandschrift: IML/ZPA Moskau, Sign. f. 20. op. 1, d. 48.

Originalhandschrift: IISG, Marx-Engels-Nachlaß, Sign. L 3875/ L VI 6.

Originalhandschrift: IML/ZPA Berlin, Sign. ME 11.

Originalhandschrift : Stadtarchiv Frankfurt (Main), Sign. Criminalia 1848, A II, Nr. XI, Karl Bruhn.

Bei edierten Dokumenten, die nur teilweise und an verschiedenen Standorten im Original erhalten sind, wird der Nachweis entsprechend aufgegliedert.

Beispiel: Originalhandschrift: IISG, Marx-Engels-Nachlaß,Sign. B 43/B 45 (Umschlag).

Originalhandschrift: IML/ZPA Berlin, Sign. ME 12 P (S. 30 und 31), ME 13 (S. 34 und 35).

Fotokopie: IML/ZPA Moskau, Sign. f. 1, op. 1, d. 367 (gesamtes Heft).

Wenn das Original verschollen oder nicht erreichbar ist, wird die Signatur der Kopie im IML/ZPA Moskau angeführt (siehe auch Nachtrag Nr. 14).

2.   Soweit archivalische Quellennachweise im kommentierenden Apparattext
        (Textgeschichten, Erläuterungen, Einleitung) erforderlich sind (im wesent-
        lichen bei Zitierungen und bei Mitteilung neuer Forschungsergebnisse), ist
        nach Möglichkeit Standort und Signatur des Originals anzuführen.

Beispiele: Schoelcher stellte dafür seine "ausgezeichnete Bibliothek" zur
             Verfügung (Arnold Ruge an Hermann Köchly, 24. März 1844.
             IML/ZPA Moskau, Sign. f. 172, op. 1, d. 47).
             ... wie die Polizeiakten belegen (Staatsarchiv Potsdam, Sign. Rep.
             30 Berlin C, Tit. 94, Lit. R, Nr. 2086).

        Wenn es sich dabei um Entwürfe, Abschriften o.ä. handelt, ist dies ebenfalls
        mit anzuführen.

Beispiel: Der Zeitpunkt ist dem Brief von Heinrich Börnstein an Adalbert von
             Bornstedt, 4. Juli 1844, zu entnehmen (Abschrift: Zentrales
             Staatsarchiv Merseburg, Sign. Ministerium der auswärtigen Ange-
             legenheiten, 2.4.1. Abt. I, Nr. 8990, Bl. 14–15).

        Falls nicht auf das Original zurückgegriffen werden kann, ist die Standort-
        signatur einer Kopie anzugeben. Dabei wird stets, wenn eine Kopie im IML/ZPA
        Moskau befindlich, die dortige Signatur verwendet. Ist das nicht der Fall, dann
        wird die Signatur des jeweiligen anderen Standortes der Kopie vermerkt. In
        jedem Fall muß aus der Annotation hervorgehen, daß sich die Standort- und
        Signaturangabe auf eine Kopie bezieht.

Beispiel: Engels habe einen Wink bekommen, sich aus Preußen zu ent-
             fernen (Wilhelmine Weerth an Wilhelm Weerth, 24. Februar 1846.)
             Fotokopie: IML/ZPA Moskau, Sign. f. 1, op. 1, d. 35/7.

        Wenn solche Quellen in wissenschaftlichen Ausgaben (Dokumentensammlun-
        gen, Werkausgaben u.ä.) im Originalwortlaut publiziert sind, wird auf diese
        Ausgabe verwiesen.

Beispiel: Das Dokument wurde auch als Plakat verbreitet (Carl Otto an
             Alexander Wolle, 17. November 1850. In: BdK 2. S. 315).

3.   Beziehen sich die Quellenangaben im kommentierenden Apparat auf Materia-
        lien, die in der MEGA enthalten sind oder laut Allgemeinen Prospekten ent-
        halten sein werden, erfolgt keine Standort- und Signaturangabe.

Nachtrag Nr. 16 zu den Redaktionsrichtlinien der MEGA   Mai 1984
Betr.:   Wiedergabe von Versalien der Textgrundlage in Unterschriften am Textbeginn
         Vermerk auf S. 21/22 (III.1.10.) und S. 196/197 (2.1.2.–3.) sowie im Register
         unter "Versalien" und "Unterzeichnete Dokumente"

1.   Analog zu der Lösung bei Versal-Überschriften (siehe III.1.10.) wird auch bei
        Unterschriften weitestgehend der Hervorhebungsgrad bestimmt. Gibt es im
        Unterschriftenpassus nur eine Hervorhebungsstufe (wie z. B. Bd. I/10, S. 5,
        S. 654; I/22, S. 4 u. a.), so ist die erste Hervorhebungsstufe der MEGA (Groß-
        und Kleinbuchstaben, kursiv) anzuwenden. Bei sicherer Rangfolge mehrerer
        Hervorhebungsstufen sind gleichfalls die unter III.1.10. genannten Aus-
        zeichnungen anzuwenden. Nur wenn im Unterschriftenkomplex drei und mehr
        verschiedene Auszeichnungsschriften vorkommen, die nicht in sichere
        Reihenfolge zu bringen sind (z. B. Bd. I/22, S. 252: Kapitälchen, gewöhnlich,
        kursiv, Versalien), ist im Prinzip der Typografie der Textgrundlage zu folgen.

2.   Das vor allem in englischen Drucken oft in Versalien gedruckte erste Wort
        eines Textes oder Textabschnittes wird, wenn es nur graphischer Gestaltung
        geschuldet und keinen Hervorhebungscharakter hat, gewöhnlich wieder-
        gegeben (z. B. Bd. I/22, S. 124.4: On the 4th ... [Textgrundlage: ON]). Wenn
        das Versal-Wort am Textbeginn jedoch als Hervorhebung zu werten ist, dann
        wird es kursiv dargeboten (z. B. Bd. I/22, S. 243.3: Sir, – In your number ...
        [Textgrundlage: SIR, –]).

Nachtrag Nr. 17 zu den Redaktionsrichtlinien der MEGA   Mai 1984

Betr.:   Wiedergabe von Überschriften im Varianten- und Korrekturenverzeichnis
Vermerk auf S. 22 (III.1.10.), 53 (III.1.4.) und 66 (IV.3.) sowie im Register unter "Überschriften"

1.   Wenn eine Überschrift oder Teile derselben innerhalb des Varianten- oder Korrekturenverzeichnisses auftreten, bleibt die Schriftgröße, die die Überschrift im Edierten Text erhalten hat, unberücksichtigt. In der Frage kursiv oder gradstehend richtet sich die Wiedergabe jedoch nach der entsprechenden typographischen Realisierung der Überschrift im Edierten Text.

2.   Sind eine Überschrift oder Teile derselben im lemmatisierten Varianten- bzw. Korrekturenverzeichnis wiederzugeben, so werden sie nicht auf gesonderte Zeilen und auch nicht auf Mitte gesetzt, sondern das gleiche Verfahren wie bei Absätzen (S. 66 – IV.3.) angewandt.
Beispiele:

H^2 "Volksstaats". $\int$ < Die Unterzeichneten erklären >/
[= Abbrechung im Satz unmittelbar nach der Überschrift: An die Redaktion des "Volksstaats".]

Nachfrage. $\int$ Im 16. Jh.] H Nachfrage. Im 16. Jh.
[= Überschrift redaktionell auf eigene Zeile gesetzt, in H unterstrichen]

3.   Im nicht lemmatisierten Variantenverzeichnis werden die Absätze optisch wiedergegeben, Überschriften jedoch nicht auf Mitte, sondern linksbündig mit drei Anschlägen Einzug.
Beispiel:
Geldcirkulation.
< Die Waarenproduktion > [= getilgte Zwischenüberschrift]
Es ist davon auszugehen ...

4.   Sind in Textzeugen, die als Variante im Variantenverzeichnis erscheinen, gegenüber dem Edierten Text zusätzliche Überschriften enthalten, wird ebenso verfahren wie unter 1. und 2. angeführt. Es wird lediglich kursiv und grad-stehend unterschieden, die Schriftart oder Schriftgröße bleibt unberücksichtigt.
Beispiele:
Textzeuge j^2:

FROM THE CONTINENT.
An interesting article, under the above title, appeared in the New Moral World of November 4th.
INTRODUCTORY.
It is ...

Variantenverzeichnis:

J^1 Continent. $\int$ It] j^2 Continent. $\int$ An interesting article, under the above

title, appeared in the New Moral World of November 4th. $\int$ Introductory. $\int$ It

Textzeuge j^2:
... France,
the Communists.   [= kursiv und auf Mitte]
I said ...

Variantenverzeichnis:

J^1 France, the Communists. $\int$ I said] j^2 France, $\int$ the Communists. $\int$
I said

Nachtrag Nr. 18 zu den Redaktionsrichtlinien der MEGA   Mai 1984

Betr.:   Wiedergabe der "ss"- bzw. "ß"-Schreibung in deutschen Manuskripten von Marx im Edierten Text

Vermerk auf S. 19 (III. 1.1.) und S. 29 (III. 3.1.) sowie im Register unter "Orthographie – im Edierten Text"

1.   Die Wiedergabe der Schreibweise "ss" bzw. "ß" im Edierten Text folgt der Marxschen Handschrift unter Zugrundelegung folgender Regel, die Marx bis gegen 1860 bei Anwendung der deutschen Schreibschrift in der Regel konsequent beachtet hat:

– Am Ende eines Wortes oder eines Kompositums und vor Konsonanten steht "ß".

– Vor Vokalen steht "ss", auch innerhalb eines Kompositums. Diese Schreibung führte Marx auch bei Worttrennungen durch (z. B. ausser, aus=ser).

Beispiele: Verständniß

Verständni*ss*e

erlaßne

erla*ss*ene

verhältniß*m*ässig

2.   Diese Regel ist auch bei der Auflösung von im Manuskript abgekürzten Wörtern im Edierten Text anzuwenden.

Beispiele: grssrs   wird   grö*ss*eres

grßrs   "   größres

grssthls   "   gro*ss*entheils

grßthls   "   großtheils

3.   In späteren Manuskripten verwendet Marx meist schon die moderne "s"–Schreibung. Dieses unterschiedliche Verfahren bleibt im Edierten Text erhalten.

Nachtrag Nr. 19 zu den Redaktionsrichtlinien der MEGA   Mai 1984

Betr.:   Wiedergabe typographischer Eigenheiten gedruckter Textgrundlagen

Vermerke auf S. 29 (III. 3.1.) und 44 (II. 3.1.2.) sowie im Register unter "Druckbild"

1.   Jeder gedruckte Textzeuge ist gründlich auf typographische Eigenheiten hin zu analysieren. Sie sind in der Zeugenbeschreibung mitzuteilen. Bei der Textwiedergabe werden sie jedoch zugunsten der einheitlichen Regeln der MEGA-Typographie verändert. Darauf ist in den Hinweisen zur Edition aufmerksam zu machen.

1.1.   Ist die Textgrundlage in einer Antiqua-Schrift gesetzt, die noch nicht über die Type ß verfügt (wie z. B. alle "Kapital"-Ausgaben bei Meißner) und dafür ss oder andere Ersatzlösungen verwendeten, so ist bei der Textwiedergabe die ß-Schreibung an allen Stellen herzustellen, wo ein Fraktur–Druck ß gehabt hätte (siehe z. B. Bd. II/5).

Über das Verfahren bei Manuskripten in deutscher Schrift siehe Nachtrag 18.

1.2.   Enthält ein gedruckter Textzeuge & für "und, and, et" und &c, א für "etc", so ist — ausgenommen Firmennamen und ähnliche Namenspaarungen (z.B. Messrs. Johnson & Smith, Brown & Co., die Herren Ricardo & Co.) — das & durch "und, and, et" und das &c, א durch "etc." zu ersetzen.

1.3.   Verschiedene Formen der Unterführung in gedruckten Textzeugen werden so vereinheitlicht, daß stets das Unterführungszeichen unter dem ersten Buchstaben des Wortes steht.

Beispiele: Vorlage   Edierter Text
Einfuhr und Ausfuhr   Einfuhr und Ausfuhr
      "   "   "   "   "   "
Wolle und Garne   Wolle   und   Garne
      "   "   "   "   "   "

1.4.   Senkrechte und waagerechte Linien in Tabellen werden ebenso wie das Aus-punktieren zwischen zwei Tabellenspalten im Edierten Text in der Regel weg-gelassen. Die typographische Gestaltung von Tabellen erfolgt in der MEGA nach einheitlichen Prinzipien (z. B. Bd. II/5, S. 344).
Das gilt auch für die Wiedergabe von Tabellen in Handschriften (z. B. Bd. II/3.3, zwischen den S. 904/905).

1.5.   Auf Zeilenmitte gedruckte Trennlinien unter Unterschriften, nach bestimmten Abschnitten oder am Schluß sind in der Regel rein typographische Gestal-tungselemente, die im Edierten Text durch größeren Raum (Leerzeilen) ersetzt werden. Sind sie in Ausnahmefällen auch inhaltlich begründet und werden deshalb wiedergegeben, so ist das in den Hinweisen zur Edition zu begründen.

Bei Handschriften entscheidet die Analyse der Bedeutungen der darin vorkommenden derartigen Striche, ob und in welcher Form sie wiedergegeben werden. Bei Nichtwiedergabe im Edierten Text muß darüber in der Zeugen-beschreibung eine Mitteilung erfolgen.

2.   Bei der in der "New–York Tribune" vorherrschenden Wiedergabe bestimmter Doppelvokale (coälition, reëlection) handelt es sich nicht um eine typogra-phische Eigenheit, sondern um eine orthographische Besonderheit des ame-rikanischen Englisch, die beibehalten wird.

Nachtrag Nr. 20 zu den Redaktionsrichtlinien der MEGA   Mai 1984
Betr.:   Wiedergabe der Werktitel von Marx und Engels in den redaktionellen Texten
Vermerk auf S. 23 (III. 1.12.), 36 (I. 1.), 68/69 (V. 2.5.), S.82 (I. 4.3.) und 127 (II. 2.1.) sowie im Register unter "Titel"

1.   In den redaktionellen Texten (Einleitung, Apparat, Kopfleisten, Inhaltsver-zeichnissen, Kolumnentiteln, Bilderunterschriften) werden die Titel der Werke von Marx und Engels einheitlich in modernisierter Schreibweise dargeboten, unabhängig von der Originalschreibweise im Edierten Text. Dabei bildet die Schreibweise der Kopfleiste die Grundlage für die anderen redaktionellen Texte. Ausgenommen sind die Zeugenbeschreibungen, wo die originale Schrei-bung gegeben wird, und die bibliographische Verzeichnung im engeren Sinne (Quellennachweise), für die spezielle Festlegungen (I. 3.1.–8. auf S.112–115) gelten.
Beispiele: In seiner Schrift "Zur Kritik der politischen Ökonomie. Erstes Heft" befaßte sich Marx ... [= Schreibweise der Kopfleiste]
Marx stellte bereits 1859 fest: "... ." (Karl Marx: Zur Kritik der Politischen Oekonomie. Erstes Heft. In: MEGA² II/2. S. 98.)
[= Quellennachweis entsprechend bibliographischen Regeln]

2.   Die modernisierte Schreibweise in der Kopfleiste usw. schließt auch eine Mo-dernisierung der grammatischen Form ein, soweit dadurch keine Hinzufügung oder Weglassung von Worten eintritt.
Beispiele: Ed. Text: Illustrationen zu der neuesten Cabinetsstylübung Friedrich Wilhelm IV.
Red. Text: Illustrationen zu der neuesten Kabinettsstilübung Friedrich Wilhelms IV.
Ed. Text: An die Redaktion des Volksstaat.
Red. Text: An die Redaktion des "Volksstaats"

3.   Die einheitliche Schreibweise der Titel im Apparat umfaßt gleichfalls die Groß-
      und Kleinschreibung in englischen, französischen usw. Titeln entsprechend
      den allgemeinen Bestimmungen für bibliographische Angaben in den redak-
      tionellen Texten (siehe I. 3.3 auf S. 113/114 und Nachtrag Nr.13 vom Februar
      1983).

4.   Diese Regel — einschließlich einheitlicher Setzung von Anführungszeichen
      bzw. einheitliches Verzichts auf Anführungen — gilt auch für die Wiedergabe
      von Buchtiteln in Überschriften und in Zwischenüberschriften von Marx und
      Engels im Inhaltsverzeichnis, in redaktionellen Köpfen und Kolumnentiteln.
      Beispiele:
      Ed. Text: Bastiat. "Harmonies Economiques".
                   Alfred Darimon: De la Réforme des Banques.
                   Richard Jones, "Lectures on the Polit. Economy of Nations".
      Red. Text: Bastiat: Harmonies économiques
                   Alfred Darimon: De la réforme des banques
                   Richard Jones: Lectures on the political economy of nations

5.   Wenn seitens der Redaktion aus einer Schrift von Marx/Engels zitiert wird, ist
      — soweit bereits vorliegend — auf den betr. MEGA-Band zu verweisen.
      Beispiele: Karl Marx : Der leitende Artikel in Nr. 179 der "Kölnischen Zeitung".
                   In: MEGA^2 I/1. S. 189.
                   Marx an Dagobert Oppenheim, etwa Mitte August 1842. In: MEGA^2
                   III/1. S. 32.
                   Karl Marx: Zur Kritik der politischen Ökonomie. Erstes Heft. In:
                   MEGA^2 II/2. S. 100.
      In diesem Falle ist es nicht erforderlich, die Seitenzahl des Erstdrucks oder
      des Manuskripts usw. anzuführen.

6.   Wenn eine von Marx/Engels angeführte Stelle aus ihren eigenen Werken biblio-
      graphisch nachzuweisen ist, wird folgendermaßen verfahren:
      – bei Handschriften: Angabe des Titels entsprechend der Kopfleiste ohne
         Anführung der Manuskriptseite, dahinter der Hinweis auf MEGA-Band und
         Seite.
      – bei Drucken: Angabe des Titels der von Marx/Engels benutzten Ausgabe
         in deren Originalorthographie mit Seitenangaben, dahinter in Klammern
         der Hinweis auf MEGA-Band und Seite.
      Beispiele: Karl Marx: To the Editor of the "Evening Standard". September 4,
                   1871. In: MEGA^2 I/22. S. 272. [Nach dem redaktionellen Kopf. Der
                   Originaltitel lautet: To the Editor.]
                   Karl Marx, Friedrich Engels: Ansprache der Zentralbehörde des
                   Bundes der Kommunisten vom Juni 1850. In: MEGA^2 I/10.
                   S. 336–342. [Nach dem redaktionellen Kopf. Der Originaltitel
                   lautet: Die Central-Behörde an den Bund.]
                   Marx an Engels, 19. November 1850. In: MEGA^2 III/3. S. 91.
                   Karl Marx: Zur Kritik der Politischen Oekonomie. H.1. Berlin 1859.
                   S. 100 (MEGA^2 II/2. S. 185).

7.   Ist eine nachzuweisende Schrift von Marx/Engels noch nicht in der MEGA ver-
      öffentlicht, erfolgt die Angabe des Titels der von Marx/ Engels benutzten
      Ausgabe bzw. der Erstausgabe, bei Handschriften der Titel, wie er voraus-
      sichtlich im redaktionellen Kopf des betreffenden MEGA-Bandes erscheinen
      wird. In diesen Fällen werden Seitenzahlen des benutzten Drucks oder der
      Handschrift angegeben.

8.   Für einen von der Redaktion anzuführenden Werktitel von Marx/ Engels, der
      noch nicht in der MEGA erschienen ist und somit noch nicht als Kopfleiste
      vorliegt, wird in allen Fällen eine modernisierte Schreibweise des Titels
      entsprechend den obigen Festlegungen vorweggenommen.

Nachtrag Nr. 21 zu den Redaktionsrichtlinien der MEGA   Mai 1984
Betr.: Verzeichnung von Drucken mit einem kooperativen Verfasser in den redaktionellen Texten
Vermerk auf S. 112 (I.2.5.) sowie im Register unter "Verfasserangaben"

1.   Drucke mit einem kooperativen Verfasser (z. B. Zentralbehörde des Bundes der Kommunisten, Internationale Arbeiterassoziation) werden in der Regel unter dem Sachtitel angeführt.

Beispiele: Adresse des Délégués de Lyon à l'Assemblée Nationale et à la Commune de Paris. (25 avril 1871.) In: Le Mot d'Ordre ...
Aux Gardes Nationaux de Paris. Proclamation du Comité Central de la Garde Nationale. [Paris, 19 mars 1871.] In: The Standard ...

2.   Sie können unter dem kooperativen Verfasser erscheinen, wenn der Sachtitel nur aus einem Gattungsbegriff (z.B. Protokoll, Resolution, Statut) besteht, also nicht aussagekräftig genug ist.

Beispiele: Association Internationale des Travailleurs: Compte rendu du Congrès de Genève. In: Le Courrier International ...
Association Internationale des Travailleurs: Règlement provisoire. (Paris o. J.)

3.   Sind Marx/Engels die Verfasser solcher kooperativen Dokumente, erscheinen diese unter ihrer Verfasserschaft, die dann zumeist in eckigen Klammern vorgesetzt werden muß.

Beispiele: [Marx, Karl:] The Civil War in France. Address of the General Council of the International Working-Men's Association. [London] 1871.
[Marx, Karl, Friedrich Engels:] Beschlüsse der Delegirtenkonferenz der Internationalen Arbeiterassoziation, abgehalten in London vom 17. bis 23. September 1871. Leipzig 1871.

Nachtrag Nr. 22 zu den Redaktionsrichtlinien der MEGA   Mai 1984
Betr.: Angaben über Herausgeber von Publikationen in den redaktionellen Texten
Vermerk auf S. 115 (I. 4.1.) sowie im Register unter "Zusätze (bibl.)"

1.   Herausgeber einer Publikation sind deutlich von Autoren zu unterscheiden. Angaben über den bzw. die Herausgeber gehören zu den bibliographischen Zusätzen und erscheinen nach dem Sachtitel. Wenn kein Autor vorhanden (Sammlungen von Gesetzen, Beschlüssen u.a. Dokumenten), werden diese Publikationen im Literaturregister unter dem Sachtitel, nicht unter dem Herausgebernamen aufgeführt.

Beispiele: Collection des constitutions, chartes et lois fondamentales des peuples de l'Europe et des deux Amériques ... par Pierre-Armand Dufeau, Jean-Baptiste Duvergier et Joseph Guadet. Paris 1821–1823.
Collection complète des lois, décrets, ordonnances, règlements, et avis du Conseil-d'Etat, publiée sur les éditions officielles du Louvre ... par Jean-Baptiste Duvergier. T. 1–78. Paris 1824–1878.
Scrittori classici italiani di economia politica. (Hrsg. Pietro Custodi.) Parte antica. T. 1–7.
Quesnay, François: Analyse du tableau économique. In: Collection des principaux économistes. T. 2: Physiocrates ... par Eugène Daire. Pt. 2. Paris 1846.

2. Wird der Herausgeber im Edierten Text genannt (z. B. "im Band 2 der Sammlung von Duvergier"), so ist in einer Erläuterung die Brücke zum Sachtitel herzustellen. In besonderen Fällen (z. B. häufiges Auftreten der Herausgebernennung im Edierten Text) kann im Literaturregister von diesen Namen ein Verweis auf den Sachtitel vorgenommen werden.
    Beispiele:
    Duvergier, Jean-Baptiste siehe Collection complète des lois ...
    Custodi, Pietro siehe Scrittori classici italiani ...

3. Herausgebernamen erscheinen nur im Namenregister, wenn sie im Edierten Text genannt werden.
    Beispiele: Edierter Text
    In Custodis Sammlung ...
    Quesnay sagt (in der Ausgabe von Daire auf S. 100) ...

4. In besonderen Ausnahmefällen, wo infolge des großen Eigenanteils des Herausgebers an den Texten oder seiner besonderen Leistung die Ausgabe faktisch unter seinem Namen bekannt und deshalb auch traditionell bibliographisch stets unter seinen Namen geführt wurde (z. B. Büchmann: Geflügelte Worte), kann der Herausgeber wie ein Autor behandelt, d.h. sein Name vor den Sachtitel gesetzt werden. Dieses Verfahren ist als ausgesprochene Sonderregelung zu betrachten, für deren Anwendung in der MEGA nicht maßgebend ist, ob die eine oder andere Bibliographie so verfährt.

Nachtrag Nr. 23 zu den Redaktionsrichtlinien der MEGA   Mai 1984
Betr.: Anführung von Verfassernamen im Namen- und Literaturregister
Vermerk auf S.136 (II.4.1.), S. 124/125 (II. 1.2.1.) und S. 112 (I.2.6.) sowie im Register unter "Verfasserangaben"

1. Entsprechend der Regel, daß alle im Literaturregister genannten Autoren auch im Namenregister aufgeführt sein müssen, werden in den Fällen, wo Marx/Engels eine Quelle nach einer anderen Quelle zitieren, die Verfasser beider Quellen im Namenregister erfaßt, unabhängig davon, ob beide, nur einer von beiden oder auch keiner im Edierten Text namentlich erscheinen.
    Beispiele: (unterstrichene Namen erscheinen im Namenregister)
    Anghiera, Pietro ...   Nach: William Hickling Prescott ...
    Baines, Edward ...   Nach: Samuel Laing ...
    Dionysius ...   Nach: Barthold Georg Niebuhr ...
    Luther, Martin ...   Nach: Wilhelm Zimmermann ...
    Ricardo, David ...   Nach: Jean-Baptiste Say ...

2. Redaktionelle Angaben im Rahmen des kommentierenden Apparats (vor allem in Erläuterungen) über zusätzliche, offizielle oder moderne Quellenpublikationen bzw. über eine andere als die von Marx/Engels benutzte Quelle bleiben sowohl im Literatur- als auch im Namenregister unberücksichtigt.

3. Herausgebernamen erscheinen nur im Namenregister, wenn sie im Edierten Text angeführt sind (siehe dazu auch Nachtrag Nr. 22).

4. Bei im Literaturregister vorkommenden russischen Namen in einer anderen Sprachform (z. B. französisch) wird die Schreibweise des Namenregisters vorgesetzt. Fehlt auf der Vorlage der Vorname in übersetzter Form, braucht er nicht redaktionell zugefügt werden.
    Beispiele: [Bakunin, Michail Alexandrowitsch] Michel Bakounine:
    [Buturlin, Dimitri Petrowitsch] Boutourlin:

Wenn nur die Vornamen auf der Vorlage infolge Übersetzung von der originalsprachigen Form abweichen, wird ihre originale Form nicht zusätzlich angeführt. Die entsprechenden Angaben bietet das Namenregister.
Beispiel: Bakunin, Michel:
              (nicht: Bakunin, Michel [Michail]:)

Nachtrag Nr. 24 zu den Redaktionsrichtlinien der MEGA   Mai 1984
Betr.:   Wiedergabe der Absatzbildung in Quellen beim Zitieren in Erläuterungen, Text-
         geschichten und Einleitungen
         Vermerk auf S. 206 (3.4.) sowie im Register unter "Absätze"

1.   Die Absatzbildung in Erläuterungen, Textgeschichten und Einleitungen wird
         vom Aufbau der Erläuterungen usw. als Ganzes bestimmt. Wird innerhalb der
         Erläuterung usw. aus Büchern, Zeitungen, Dokumenten usw. zitiert, finden Ab-
         sätze im Quellentext keine Berücksichtigung (ausgenommen bei Aufzählungen
         u. ä.)

2.   In Ausnahmefällen kann bei Zitierung umfangreicher Passagen die Absatz-
         bildung der Quelle übernommen werden.

3.   Bei vollständiger bzw. nahezu vollständiger Wiedergabe von Dokumenten u.ä.
         innerhalb einer Erläuterung usw. werden Absätze sowie gegebenenfalls die
         Gestaltung von Köpfen und Füßen der Quelle übernommen.

Nachtrag Nr. 25 zu den Redaktionsrichtlinien der MEGA   Mai 1984
Betr.:   Wiedergabe der Zeichen ∟ oder Γ vor Satzanfängen in Marxschen Hand-
         schriften im Edierten Text
         Vermerk auf S. 24 (III. 2.3.) sowie im Register unter "Zeichen" und "Absätze"

1.   Das in Manuskripten von Marx vorkommende Zeichen ∟ oder Γ (meist am Be-
         ginn einer Zeile, die einer Ausgangszeile folgt, manchmal auch vor einem Satz-
         anfang inmitten einer laufenden Zeile), wird nicht im Edierten Text reproduziert,
         wenn es generell an den entsprechenden Stellen als Absatzzeichen benutzt
         wurde. In diesen Fällen genügt ein entsprechender Hinweis in der Zeugen-
         beschreibung, möglichst durch das Faksimile einer solchen Handschriftenseite
         im Band anschaulich gemacht.

2.   Wenn die Analyse der Handschrift ergibt, daß Marx dieses Zeichen auch zu
         anderen Zwecken verwandte, z. B. zur Hervorhebung bestimmter Textabsätze,
         zur Kennzeichnung des Beginns eines neuen Themas oder zur Hervorhebung
         bestimmter Quellennachweise, so wird das Zeichen im Edierten Text reprodu-
         ziert und seine Bedeutung in den Hinweisen zur Edition erklärt.

3.   In diesen Fällen wird das Marxsche Zeichen ∟ im Edierten Text mit dem
         halbfetten Großbuchstaben **L** in der Groteskschrift (Maxima) vor dem
         Satzanfang wiedergegeben (also nicht als Randzeichen behandelt).
         Beispiel: What is the Commune, this sphinx so tantalizing to the
                       Bourgeois mind?
                       L In its most simple conception the form under which the
                       working class ....Paris and the other centres of
                       industry.
         [Besondere Hervorhebung eines Absatzes]

Die Seitenangaben zwischen Schrägstrichen / / im nachstehenden „Register zu den Richtlinien" verweisen auf die Originalpaginierung der Editions- und Redaktionsrichtlinien von 1976 sowie auf die Nachträge /NT/ von 1982–1984.

Register
zu den Richtlinien

/207–214/

Zeitfracht Medien GmbH
Ferdinand-Jühlke-Straße 7
99095 Erfurt, Deutschland
produktsicherheit@kolibri360.de